Das große Buch vom Zeichnen und Skizzieren

Geschichte, Technik, Material, Themen, Theorie und Praxis der Zeichenkunst

von

José M. Parramón

Aus dem Französischen
übertragen von
Christa L. Cordes

EDITION
MICHAEL FISCHER

Titel der Originalausgabe:
„El gran libro del dibujo“

Aus dem Französischen übertragen von
Christa L. Cordes

5. Auflage 1993

Herstellung und Satz:
Verlagsservice Henninger GmbH, Würzburg

Printed in Spain

ISBN 3-924433-32-1

1

Inhaltsverzeichnis

Vorwort, 9

Die Geschichte der Zeichenkunst, 11

20 000 Jahre vor Christus, 12
Ägypten: die Kunst der Pharaonen, 13
Die Griechen, 14
Rom, 16
Der mittlere Osten und die islamische Kunst, 17
Der ferne Osten: China und Japan, 18
Die mittelalterliche Kunst in Europa, 20
Die Rennaissance: das 15. Jahrhundert, 22
Leonardo da Vinci, 24
Michelangelo, 26
Raffael, 28
Das 16. Jahrhundert: Florenz und Rom, 30
Das 16. Jahrhundert: Venedig, 32
Die Renaissance in Europa: Dürer, 33
Die Renaissance in Europa, 34
Der Barock: die Carracci, erste Zeichenakademien, 35
Der Barock: Caravaggio, 36
Rubens, 37
Rembrandt, 39
Das 18. Jahrhundert: Italien und England, 40
Frankreich und das Rokoko, 41
Das 18. Jahrhundert: England und Spanien, 42
Der Neoklassizismus, 43
Romantik und Realismus, 44
Der Impressionismus, 45
Die Zeichnung heute, 46

Material, Zubehör und Techniken, 49

Zeichnen – wie, wo und womit, 50
Das Atelier: Beleuchtung, Mobiliar und Zubehör, 52
Das Zeichenpapier, 55
Verschiedene Zeichenpapiersorten, 56
Das Papier: Handelsformen, Stärke und Format, 58
Befestigen, Montieren und Spannen des Papiers, 59
Der Bleistift und seine Varianten, 60
Der Radiergummi, 61
Die Wischer, 62
Verwischen mit den Fingern, 63
Wie man den Stift und den Wischer hält, 64
Grundstriche mit dem Bleistift, 65
Die Bleistifttechnik, 66
Die Möglichkeiten mit Bleistift, 68
Zeichenkohle, Kohlestift und ihre Derivate, 70
Die Technik mit Zeichenkohle und Kohlestift, 72
Die Möglichkeiten mit Zeichenkohle, 74

Farbkreiden und Rötel, 76
Mischtechniken, 78
Die Federzeichnung, 80
Die Technik der Federzeichnung, 82
Zeichnen mit der Rohrfeder oder dem Zahnstocher, 84
Pinsel und Chinatusche, 85
Die Farbstifte, 86
Vincent van Goghs Lektion, 88
Malerisches Zeichnen mit Farbstiften, 90
Wasservermalbare Farbstifte, 93
Die Marker, 94
Die Lavierung, 96
Techniken der Lavierung, 97
Lavier- und Aquarelltechniken, 98
Die Lavierung in der Praxis, 100
Wachsstifte und Ölpastellkreiden, 102
Techniken mit Wachsstiften und Ölpastellkreiden, 103
Die Pastellstifte, 104
Die Technik des Pastellzeichnens, 106

Die Grundregeln des künstlerischen Zeichnens, 109

Die Grundregeln, 110
Die gedankliche Berechnung der Maße, 112
Die Berechnung der Maße und Proportionen, 114
Die Grundregeln der Perspektive, 116
Die Parallelperspektive, 117
Die Schrägperspektive, 118
Die Luftperspektive, 119
Ein Mosaik in der Perspektive, 120
Die Einteilung einer Fläche in der Tiefe, 121
Die Perspektive der Schatten, 122
Die Hilfslinien für die Perspektive, 123
Die Perspektive: Beispiele, 124
Cézannes Lehrsatz, 126
Rahmen, Aufbau und Skizze, 128
Licht und Schatten, 132
Die Tonwertbestimmung, 134
Die Strichrichtung, 136
Der Kontrast, 137
Kontraste und Atmosphäre, 138
Der weibliche Akt, 140
Der Kanon des menschlichen Körpers, 142
Anatomie: die Struktur des menschlichen Körpers, 144
Der Akt, 146
Die bekleidete Gestalt, 148
Der Kanon des menschlichen Kopfes, 150

2

Die Zeichnung, eine Kunst, 153

Das Porträt, 154
Die Skizze, 156
Der Entwurf, 160
Thema und Interpretation, 162
Die Kunst der Komposition, 164
Das Gesetz des Goldenen Schnitts, 165
Die Kompositionsschemata, 166
Die dritte Dimension, 167
Die optische Verkürzung, 168

Die Praxis der künstlerischen Zeichnung, 169

Eine Rohrfederzeichnung mit Ölpastellkreide, 170
Zeichenkohle, Rötel und Spitzlichter mit Kreide, 172
Ein weiblicher Akt mit Bleistift, 176
Ein Porträt mit Farbstiften, 180
Malerisch zeichnen mit Pastellstiften, 184

Worterklärungen, 188

Meinen Kindern Carmen, Mercedes und José Maria

3

Abb. 3: Francesc Serra (1912–1976): *Kopfstudie*, Zeichnung mit blauer Kreide und Spitzlichtern mit weißer Kreide auf cremefarbenem Papier, Privatbesitz.

Vorwort

Bevor die großen Meister mit einem Gemälde begannen, zeichneten und malten sie mehrere Skizzen und Entwürfe. So halten es die Maler noch heute. Die alten Meister begannen ihre Werke mit einer Art gemalten Zeichnung. Das heißt, sie behandelten ihre Leinwand oder ihre Holztafel zunächst mit einer Grundierung aus Leim und Gips, die in manchen Fällen getönt war, oder mit einer Farbschicht aus einem rötlichen Siena (Tizian, Velasquez) oder Silbergrau (Rubens) etc. übermalt wurde. Anschließend arbeiteten sie mit zwei Pinseln und ein oder zwei Farben neben Weiß auf dieser Schicht. Rubens zeichnete sein Modell zum Beispiel auf silbergrauer Grundierung mit einem dunklen Ocker und betonte die hellen Stellen anschließend mit weißer Farbe. Diese gemalte Zeichnung nahm er als Ausgangspunkt für sein Bild.

Die „Mülltonne" war eine berühmte Gruppe von acht Künstlern, die 1908 durch eine Ausstellung ihrer Bilder in den schmutzigen Slums von New York bekannt wurde. Eines ihrer Gründungsmitglieder, John Sloan, schrieb ein Buch, in dem er seine Auffassung über die Kunst darlegte. Er sagte: „Die großen Maler pflegten Form und Farbe zu trennen. Zunächst malten sie die Form in einer neutralen Farbe: sie zeichneten. Anschließend fügten sie die Farbe hinzu." Und er schloß mit der Feststellung:

Malen ist Zeichnen.

Ja, wir zeichnen, während wir malen. Malt der Künstler einen Baum, muß er dessen Höhe und Breite mit Farben zeichnen; er muß die bräunliche Farbe der Schattenzone anlegen und die beleuchteten Stellen mit Ocker oder Siena darstellen. Ingres erklärte ebenfalls:

Wir malen, wie wir zeichnen.

Ziel dieses Buches ist es, zu lehren, wie man malerisch zeichnet.

Dies wird schon auf den ersten Seiten deutlich, wenn wir bei der Zusammenfassung der Geschichte der künstlerischen Zeichnung Werke auf farbigem Papier, die mit Rötel oder in einer Mischtechnik ausgeführt wurden, vorstellen. Diese Arbeiten von Leonardo da Vinci, Michelangelo und Raffael und mehr noch von Rubens und Watteau sind tatsächlich gemalte Zeichnungen. Das wird noch deutlicher, wenn wir erfahren, mit welchem Material sie arbeiteten: Kreiden, Farbstiften, Wachsstiften, Ölpastellkreiden und Pastellstiften, mit denen man sowohl zeichnen als auch malen kann.

Bei der Nennung des zum Zeichnen benötigten Materials bin ich, was Marken und Hersteller betrifft, völlig unparteiisch vorgegangen. Nach der jeweiligen Beschreibung folgen einige Hinweise über die Benutzung und die Technik des Materials. Da hier vom malerischen Zeichnen die Rede ist, sei daran erinnert, daß die Themen Perspektive, Proportionen, Licht und Schatten, Konstraste, Atmosphäre, Komposition, Tiefe etc. sowohl bei der Zeichnung als auch bei der Malerei Anwendung finden. Unsere Beispiele bestehen jedoch immer aus Zeichnungen.

4

Abb. 4: Peter Paul Rubens (1577–1640); *Maria Verkündigung,* ein erstes Stadium der Holztafel. Rubens, Velasquez und weitere Künstler trennten Form und Farbe. Rubens legte zunächst eine silbergraue Grundierung auf die Holztafel und zeichnete sein Modell mit leichten Ockerstrichen und weißer Farbe für die beleuchteten Stellen, wie Sie anhand dieses Beispiels erkennen können. Ashmolean Museum, Oxford.

Vorwort

Schließlich möchte ich Sie mit diesem Buch von der Notwendigkeit überzeugen, soviel wie möglich zu zeichnen und überall Motive nach der Natur zu suchen; denn es gibt keine besseren Mittel und Wege, um eine wahre Meisterschaft zu erreichen. Praxis und Arbeit sind die wichtigsten Voraussetzungen, um erfolgreich zu werden.
Matisse sagte: „Wir müssen wie ein Arbeiter schuften. Wer etwas wirklich Wertvolles geleistet hat, hat so gearbeitet." Arbeit bedeutet auch Nachdenken, „das Bild im Kopf haben" (Monet) oder die Straße „mit wachem Verstand entlangzuwandern und die Gesichter der Männer und Frauen an einem bewölkten Tag zu beobachten" (Leonardo). Und die Zeit gut zu nutzen: „Alle Welt wundert sich, wieviel ich male. Tatsache ist ganz einfach, daß ich mich in mein Atelier einschließe, statt wie viele mir bekannte Künstler in der Gegend herumzulaufen." (Delacroix).
Geneviève Laporte, die Lebensgefährtin von Picasso, schrieb das Buch „Picassos heimliche Liebe". Darin schildert sie Picassos Vorstellungen und Ideen während der Zeit ihres Zusammenlebens. „Wir haben oft über junge Künstler gesprochen. ‚Junge Künstler glauben, daß es genügt zu tun, was ich in dem Alter tat: in Saus und Braus zu leben, zu diskutieren, zu trinken, zu rauchen, in Cafes herumzusitzen und auf den Ruhm und den Erfolg zu warten'. Er stieß eine Rauchwolke aus und sagte mit halbgeschlossenen Augen: ‚Das stimmt nicht. Man muß arbeiten.'"

José M. Parramón

5

6

Abb. 5 und 6: Die Zeichenkunst bietet zahlreiche Möglichkeiten sowohl hinsichtlich der Themen wie zum Beispiel Porträts, Landschaften, Stilleben etc. als auch der Technik. Auf diesen Abbildungen sehen Sie das Porträt eines jungen Mädchens mit Kreide auf feinkörnigem Papier gezeichnet und eine Zeichnung von Kakteen mit Wachsfarben.

Abb. 7: Maurice Quentin de La Tour (1704–1788), *Selbstporträt,* Louvre, Paris.

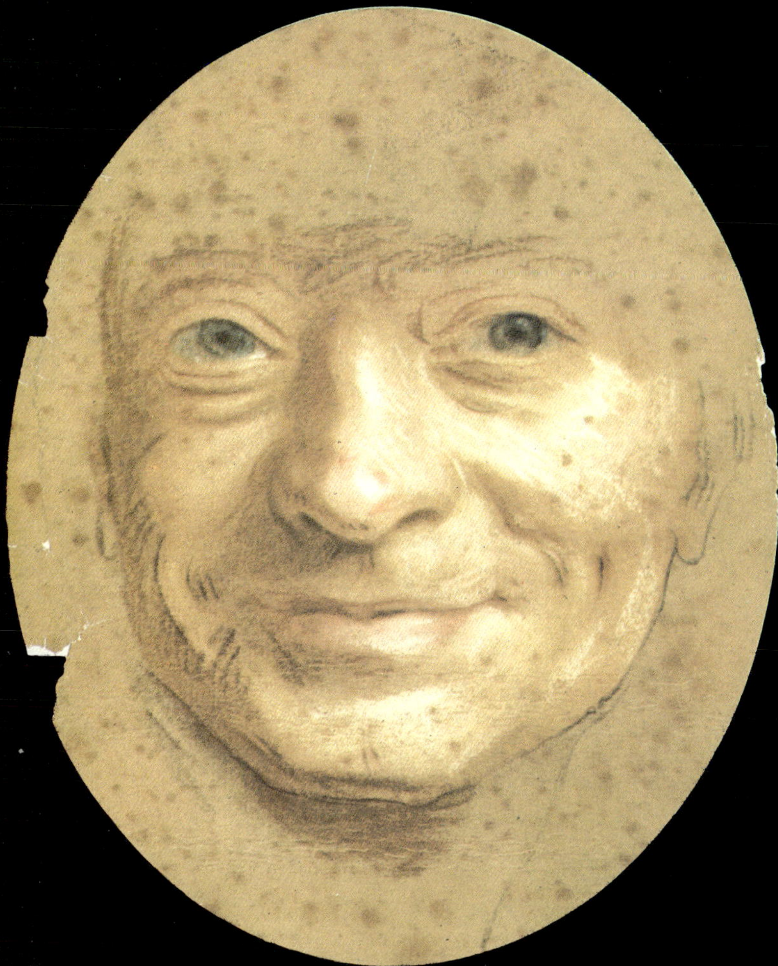

Die Geschichte der Zeichenkunst

„Der kleinste Versuch von der Hand eines Malers bringt die Kunsttheorie weiter als eine Million Bücher."
Sir Joshua Reynolds (1723–1792)

20 000 Jahre vor Christus

Zu Beginn unseres Jahrhunderts berichtete der deutsche Ethnologe Leo Frobenius von einer seiner Reisen, daß die Schwarzen eines afrikanischen Stammes das Bild einer Gazelle zunächst an eine Felswand malten und mit Pfeilen darauf zielten, bevor sie auszogen, um das Tier zu jagen und zu erlegen.
Frobenius und die meisten Ethnologen stimmen darin überein, daß dies kein Einzelfall war. Schon vor mehr als zwanzigtausend Jahren zeigten die Männer des Paläolithikums dasselbe Verhalten; auch sie zeichneten Tiere an die Wände der Höhlen, in denen sie lebten. Diese Zeichnungen stellten magische Symbole dar, durch deren Vermittlung sie die Hilfe der Götter beim Fischen und Jagen erflehten.
Diese Männer waren die ersten bekannten Künstler. Nach Möglichkeit benutzten sie harte Felswände als Malgrund und gravierten die Tiere mit Flintstein in großem Maßstab im Profil hinein. Anschließend zogen sie die Umrisse mit Kohle nach und kolorierten die Flächen mit verschiedenen Erdfarben, vor allem in Ocker und Rotbraun. Die Farbstoffe dafür banden sie mit Blut, Fetten und pflanzlichen Harzen.
Die Völker jener Zeit waren Nomaden und von Grund auf Naturalisten. Deshalb waren ihre Zeichnungen völlig realistisch. In der neolithischen Periode kam die praktische Anwendung der Geometrie hinzu. Schalen, Geschirr, Werkzeug und Waffen wurden mit geometrischen und abstrakten Formen verziert.
Erst 3200 v. Chr. erfolgte eine Weiterentwicklung. Damals begann die Geschichte des alten ägyptischen Reiches.

8

9

Ägypten: die Kunst der Pharaonen

Im alten Ägypten wurden die Könige als Götter betrachtet. Sowohl der König als auch seine Untertanen glaubten an die Unsterblichkeit. Deshalb unterstand die ägyptische Kunst stets dem Gott des Staates und war dazu da, das Leben nach dem Tod fortzusetzen. Alte ägyptische Gemälde, ganz gleich, ob sie sich an den Wänden oder auf Papyrus befanden, sind in Gräbern gefunden worden. Sie stellen jeweils dar, wie und was der Tote gewesen ist. Diese Art Mitteilungsbilder wurde zunächst auf Kalksteintafeln skizziert, sogenannten „Ostrakas". Auf deren Grundlage führten die Künstler ihre Werke an den Wänden oder auf einer mit Gips grundierten Holztafel aus.
Die ägyptischen Künstler zeichneten anspruchsvolle Themen mit feinen Pinseln, die aus einem an einem Ende ausgefaserten Stock bestanden, und roter Farbe aus Eisenoxid, das mit Gummiarabikum und Eiweiß gebunden wurde. Nachdem die Umrisse gezogen waren, kolorierten die Maler die Formen ohne Berücksichtigung von Licht und Schatten mit gleichförmigen Tönen.

Abb. 8: *Bison,* Höhlen von Altamira, Santillana del Mar, Santander.

Abb. 9: *Bison auf einem Rentierhorn,* Magdalenagrotte, Museum von St. Germain-en-Laye, Frankreich. Schon vor 13 000 Jahren waren die Menschen in der Lage, die Formen und Bewegungen eines Tieres sicher in Stil und Aufbau zu zeichnen.

Ägypten: die Kunst der Pharaonen

10

Abb. 10: *Ägyptische Tänzerinnen,* Ausschnitt des Freskos am Grab des Bildhauers Nebamon nahe Theben, Neues Reich (15. Jahrh. v. Chr.), British Museum, London. Auf dieser Abbildung ist die Technik der ägyptischen Kunst gut zu erkennen: Die Umrisse wurden in Rot mit dem Pinsel gezogen, die Körper in Lichter Ocker mit flachen Farben ohne das Spiel von Licht und Schatten wiedergegeben.

11

Abb. 11: *Inspektion des Viehs (Ausschnitt),* Grab des Nebamon. Schule von Theben, British Museum, London. Die ägyptische Kunst unterliegt einer Reihe traditioneller Formen. Bei den menschlichen Gestalten sind die Gesichter ausdruckslos, die Züge sind unpersönlich, der Kopf und die Beine erscheinen immer im Profil, während der Torso von vorn gezeichnet wurde. (Diese Regel bleibt mit einigen sehr wenigen Ausnahmen, wie die Körper der Tänzer auf dieser Abbildung, immer gleich.) Von Beginn an wurde der weibliche Körper in der ägyptischen Kunst in Lichtem Ocker gemalt, während die männlichen Körper rot erscheinen. Seltsamerweise gibt es eine derartige Schablonenhaftigkeit bei der Tierzeichnung nicht. Tiere werden wesentlich lebensnaher dargestellt, um eine Vorstellung von Volumen zu erzeugen.

Die Griechen

Mit den ersten Olympischen Spielen alter Zeitrechnung, im Jahre 776 v. Chr., begann die Aufzeichnung der griechischen Geschichte. Die Chronisten jener Zeit, Pausanias, Plutarch und Aristoteles bei den Griechen, und Plinius, Herodot und einige weitere bei den Römern, berichten auch über die griechischen Maler und Zeichner. Sie nennen zum Beispiel Polygnot als einen der größten Meister, der Wandgemälde schuf und eine Schule gründete. Sie erwähnen auch den berühmten Bildhauer Phidias, den ersten Schüler des Polygnot. Er kopierte die Gestalten seines Meisters und schuf die Figuren für den Parthenon. Sie erzählen von Zeuxis, der so realistisch malte, daß die Vögel eines Tages versuchten, die Beeren aus seinem Bild herauszupicken. Wir erfahren, daß Alexander der Große dem bekannten Maler Apelles wegen seiner großen künstlerischen Fähigkeiten als einzigem gestattete, ein Porträt von ihm anzufertigen. Der römische Historiker Plinius erzählt in Band 35 seiner „Naturgeschichte", in der er sich mit der alten Kunst befaßt, daß die Schüler des Parrhasios das Zeichnen mit Silber- oder Bleispitzen auf Pergament oder Holztafeln

12

13

14

Abb. 12 (oben): *Mädchen, bereit zum Bade,* Onesimos, 490 v. Chr., Königliches Museum der Kunst und Geschichte, Brüssel.

Abb. 13: Euphronios und Euxitheos, *Traum und Tod heben den Körper von König Sarpedon auf,* Metropolitan Museum, New York.

Abb. 14: Exekias, Maler und Keramiker. *Achilles tötet Pentesilea, die Königin der Amazonen in Troja,* British Museum, London.

lernten, die mit Knochenstaub grundiert waren. Dies ist genau dieselbe Technik, die Cennino Cennini beschreibt.
Leider sind weder Entwürfe noch Zeichnungen dieser Gemälde oder Wandbilder der großen Meister der griechischen Antike erhalten. Allerdings bestätigen die griechischen Tongefäße und die römische Malerei – die die Griechen kopierte – die Existenz und den hohen Standard der von den griechischen und römischen Historikern erwähnten Werke.
In der Tat beruhen die Gestalten, Themen und Szenen auf griechischen Tongefäßen auf Motiven, die Wandgemälden entnommen sind. Zahlreiche Künstler waren gleichzeitig Maler und Töpfer. Die Qualität der Bilder auf manchen Tongefäßen, insbesondere auf den Grabvasen, den Lekythos, zeigen, daß die Zeichenkunst im antiken Griechenland in großer Blüte stand.
Andererseits ist allgemein bekannt, daß die meisten römischen Gemälde, die in Pompeji, Herculaneum und an weiteren Orten gefunden wurden, Kopien – und zwar schlechte – griechischer Gemälde sind. Hier ein Beispiel: Das Mosaik der Schlacht von Issos, das den kämpfenden Alexander den Großen zeigt, ist eine Kopie des berühmten Gemäldes von Apelles und seines Schülers Philoxenos aus dem vierten Jahrhundert vor Christus.

15

16

17

18

Abb. 15: Ein Maler der Pentesilea, *Das Urteil des Paris,* Kosmetikflasche, 460 v. Chr., Metropolitan Museum, New York.

Abb. 16: Grabgefäß Lekythos mit linearer Zeichnung auf weißem Grund. Nationalmuseum, Athen.

Abb. 17: *Chiron belehrt den jungen Achilles,* evtl. die Kopie eines Originals von Apelles, Wandgemälde aus Herculaneum, Nationalmuseum, Neapel.

Abb. 18: *Mosaik mit Alexander dem Großen in der Schlacht bei Issos,* Kopie eines Gemäldes von Apelles und seinem Schüler Philoxenos aus dem Hause des Faun in Pompeji, Nationalmuseum, Neapel.

Rom

Die römische Kunst war von Anfang an ein Abbild der griechischen Kunst. Sie begann im sechsten Jahrhundert vor Christus in Etruria in Mittelitalien, wo sich die etruskische Kunst bereits als ein Ausläufer der griechischen Kunst entwickelt hatte. Ihre größte Reife erreichte sie im dritten Jahrhundert vor Christus, als Rom über Mittelitalien zu regieren begann und dadurch auch mit den griechischen Städten im Süden der Halbinsel in Berührung kam.

Die griechischen Kunstschätze wurden nach Italien gebracht, und die Römer wurden bald zu leidenschaftlichen Sammlern alles Griechischen.

Der Entwicklungsstand, den die Zeichenkunst und die Malerei in Rom erreicht hatten, ist an den Häusern und Villen in Pompeji und Herculaneum abzulesen. Die Wandgemälde in Pompeji zeigen sowohl ornamentale, dekorative Darstellungen als auch Fresken, die von griechischen Wandgemälden kopiert wurden. Neben den Themen, dem Stil und der Kleidung gibt es einen weiteren Beweis für den großen griechischen Einfluß auf die römische Malerei: Griechische und römische Chronisten führen mehr als 50 griechische Maler und Zeichner auf. Der einzige römische Künstler, der bei römischen Historikern Erwähnung findet, ist Fabius Pictor. Dafür gibt es einen gewichtigen Grund: Die römischen Kaiser förderten die Kunst nicht um der Künste willen, sondern benutzten sie als ein Mittel der Propaganda. Zu Zeiten Kaiser Augustus gab es allein in Rom mehr als achtzig Statuen, die den Kaiser zeigten.

20

19

Abb. 19: *Porträt eines jungen Mannes,* (Anonymos), erste Hälfte des zweiten Jahrhunderts v. Chr., Staatliche Museen, Berlin. Griechische und römische Künstler, die sich im römischen Imperium in Fayum in Oberägypten niedergelassen hatten, malten ähnliche Porträts. Es handelt sich um enkaustische Malerei (Wachs gemischt mit Pigmenten), die auf Holz als Vorderseite des Sarkophags mit der Mumie angefertigt wurden.

21

Abb. 20 und 21 (oben): *Haus der Livia,* auf dem Palatin, Rom. Links: *Haus der Vettii,* Pompeji. In der eigentlichen römischen Kunst lassen sich vier verschiedene Stile unterscheiden: 1. Der *Inkustrationsstil,* der sich durch Vertiefungen zur Nachahmung von Türen, Fenstern und Pilastern auszeichnet. 2. Der *architektonische Stil,* der die Wirkung der Perspektive und der Tiefe (siehe Abb. oben) wiedergibt und manchmal mit Motiven aus der Natur durchsetzt ist. 3. Der *ornamentale Stil* ist in erster Linie dekorativ. 4. Der *illusionistische Stil* (links) ist eine Mischung der drei anderen. In der Mitte die Kopie eines griechischen Gemäldes.

Der mittlere Osten und die islamische Kunst

Die indische Kunst war in erster Linie eine buddhistische Kunst. Gleichzeitig war sie eine Bildhauerkunst. Bis zum Jahre 800 n. Chr. schmückten hinduistische Architekten die Tempel und Schreine mit zahlreichen Skulpturen. Viele dieser Tempel waren in Felsen gehauen.
Hier müssen vor allem die siebenundzwanzig Höhlen von Ajanta in Mittelindien erwähnt werden. Neben Skulpturen und Basreliefs finden sich dort eine Reihe von Wandgemälden, die zu den größten Meisterwerken der Menschheit gezählt werden. Im Mittelalter zeichneten die indischen Künstler auf Palmblättern, was zwangsläufig ein langes, schmales Format bedingte. Dabei bearbeiteten sie die Oberfläche mit einer Metallspitze. Anschließend schütteten sie dunkelblauen Staub auf die Fläche und bliesen ihn wieder herunter, damit sich die Zeichnung abhob. Papier wurde im vierzehnten Jahrhundert in Indien eingeführt. Es kam aus Persien und trug zur Herstellung von Zeichnungen und Miniaturen bei, die von nun an mit Wasserfarbe und Deckfarben (Gouache) gemalt wurden.
Im Jahre 622 verließ Mohammed Mekka und begab sich nach Tibriz (das heutige Medina) in Saudi Arabien. Er begründete eine neue Religion, den Islam. Hundert Jahre später war aus der islamischen Welt ein Imperium geworden.
Die Moslems waren kreative, gebildete Menschen. Sie waren – und sind heute noch – tief religiös. Der Koran verbietet die bildliche Darstellung des Menschen zwar nicht, die alten moslemischen Theologen vertraten jedoch die Ansicht, daß das Zeichnen von Menschen eine sündige Anmaßung sei. Deshalb wurde es untersagt. Die islamische Kunst brachte daraufhin unzählige Muster, Verzierungen und Ornamente hervor, bis der Koran zu Rate gezogen wurde, und man feststellte, daß das Verbot jeder Grundlage entbehrte.
Im vierzehnten Jahrhundert gelangte der mongolische Anführer Timur-i-Läng bis in die Türkei und nach Indien und gründete in Persien die erste Timuridenschule der Miniaturmalerei. Persien wurde daraufhin der Mittelpunkt islamischer Kunst. Erwähnt seien ferner die Schulen von Herat, des Moguls Akbar sowie die Künstler Behzad, Aga Riza und Riza, der Abbaside. Letzterer gründete die abbasidische Schule.

22

Abb. 22: *Zanbur, der Spion,* Mugar – Schule von Akbar, Metropolitan Museum, New York. Das Original dieser Manuskriptseite mißt 74 × 57,2 cm und ist mit Wasserfarbe, deckender Farbe und Gold auf Baumwolltuch gemalt, das auf Papier aufgezogen wurde. Es gehört zu einer Serie von vierzehn Bänden, die jeder hundert derartige Illustrationen enthalten. Beachten Sie den hochliegenden Blickpunkt dieser Abbildung, der zu einer besseren Sicht auf die dargestellte Szene beiträgt.

Abb. 23: *Balkis, Königin von Saba* (Anonymos), Ausschnitt, British Museum, London. Das Thema Königin von Saba und ihre Liebesbeziehung zu Salomon ist von zahlreichen berühmten Künstlern aufgegriffen worden.

23

Der ferne Osten: China und Japan

Die Chinesen benutzten zum Schreiben dasselbe Material wie zum Malen, also Seide oder Papier, Tinte und einen Pinsel.
Daran sollte sich jahrhundertelang nichts ändern. Immer hat es jedoch zwei klassische Stile in der chinesischen Kunst gegeben. Der eine besteht aus der linearen Pinselzeichnung. Hier werden die Umrisse und die inneren Linien auf einem weißen Untergrund gezogen und die Zeichnung anschließend mit gleichförmigen Farben ohne Schatten oder Volumen koloriert. Der zweite Stil stützt sich eher auf Farbtöne. Dieser Stil wurde in der Han-Periode entwickelt. Er entsprach den Bedürfnissen der Landschaftsmalerei.
Kalligraphie und Zeichnung gingen eine enge Verbindung ein. Gedichte und Aussprüche wurden auf eine Landschaft als Hintergrund geschrieben, die bereits das bevorzugte Thema der chinesischen Kunst war.
Als beste Vertreter der linearen Stilrichtung sollen Yen-Li-Pen (7. Jahrhundert) und Li-Long-Mien (11. Jahrhundert) genannt werden. Gute Beispiele für den tonalen Stil sind die Arbeiten von Wang Wei (8. Jahrhundert) und Mou-ki (13. Jahrhundert). Außer diesen Künstlern wollen wir die vier Wang als Vertreter beider Stilrichtungen erwähnen.
Die traditionellen Techniken der japanischen Kunst bestanden aus der Malerei mit Wasser- und Gouachefarben. Zunächst handelte es sich nur um eine Widerspiegelung des Buddhistischen und der chinesischen Kunst. Im zehnten Jahrhundert wurden jedoch neue Themen eingeführt, und es entstand ein rein japanischer Stil, der sogenannte Yamato-e. Während der Kamakura-Periode wurden die Themen dramatischer. Mit dem Auftauchen des Zen führten die Priester, und insbesondere ein Mönch namens Sesshü, einfache Themen und die monochrome Lavierung ein. Diese Stile wurden von der Kano-Schule gepflegt, die sich aus dem Sumi-e entwickelt hatte, und der Taso-Schule, die den nationalen Yamato-e-Stil vertrat.
1685 druckte Ishikawa Moronobu einen Stich mit einem weltlichen Thema. Die Idee setzte sich durch. Im 18. und 19. Jahrhundert erreichten Blätter japanischer Drucke Paris. Sie beeinflußten die Arbeit der Impressionisten und verbreiteten sich über die ganze Welt. Die meisten japanischen Künstler griffen die neue Ausdrucksform auf.

24

Abb. 24: Kuo-Hsi: *Chinesische Winterlandschaft* (Ausschnitt), 11. Jahrhundert, Museum of Art, Toledo, Ohio. Beispiel für eine grobskizzierte Landschaft mit Grautönen und Verwischungen, Kontrasten und Atmosphäre, die eine Vorstellung von Tiefe erzeugen.

25

Abb. 25: Ando Hiroshige (1797–1858), *Blumen und Vögel,* Eremitage, Leningrad.

Abb. 26: Katsushika Hokusai (1760–1849), *Vögel im Flug,* Uffizien, Florenz. Hokusai wurde 89 Jahre alt. Man schreibt ihm rund dreißigtausend Arbeiten, darunter Gemälde, Stiche und vor allem Zeichnungen zu. Seine berühmteste Sammlung ist die *Mangwa* (außerordentlich aufwendige Zeichnungen). Sie besteht aus fünfzehn Alben und stellt den Menschen vom eleganten Bürger bis zum bescheidenen Arbeiter in Aktion dar, seinen Werktag und seine Kleidung, die Straßen und Häuser im Alltag etc... Seine Arbeiten hatten großen Einfluß auf zahlreiche Künstler im Westen, insbesondere auf die Impressionisten Degas, van Gogh, Toulouse-Lautrec und einige weitere. Mit dieser Zeichnung auf weißem Japanpapier und einer Lavierung mit Chinatusche und Wasserfarbe in Lichter Ocker stellt Hokusai seine außerordentliche Vorstellungskraft und sein Gedächtnis sowie seine klare Vorstellung von einer Komposition unter Beweis.

26

Die mittelalterliche Kunst in Europa

Im vierten Jahrhundert nach Christus herrschte Rom über zwei riesige Gebiete: das weströmische und das oströmische Reich. Im Osten mußte Rom aufgrund der ständig wiederkehrenden Kriege und des Drucks von Seiten der Barbaren eine neues Machtzentrum schaffen. Deshalb gründete Konstantin der Große Konstantinopel.
Hundert Jahre später fielen die Barbaren in Italien ein, plünderten Rom und zerstörten die Hauptstadt des römischen Imperiums. Nur die Kirche überlebte das Inferno. Mit Hilfe der östlichen und westlichen Herrscher verdammte die Kirche die klassische Kunst und forderte die paläochristliche Kunst als Mittel der weiteren Verbreitung des Christentums. Skulpturen und Gemälde verkümmerten zu Ideogrammen.
Die Kunst tat einen Schritt zurück.
In Byzanz wurde die Kunst zu einem theologischen Ritus, den die Kirche leitete. Ihre Themen waren in erster Linie religiös. Darstellungen von Jesus, der Jungfrau Maria und den Heiligen in prunkvoller Kleidung tauchten in Mosaiken auf. Daneben begann die ikonoklastische Bewegung im Jahre 725 mit dem Versuch, die Sinnlichkeit der klassischen Periode zu überwinden. „Künstler, die zu malen oder skulptieren wagten, wurden schwer bestraft", schrieb der Bildhauer Ghiberti im fünfzehnten Jahrhundert. Nach dieser Periode begann in Byzanz eine Renaissance der Kunst. Es entstanden Zeichnungen und Gemälde auf Pergament und Miniaturen im alten klassischen Stil wie der Psalter von Paris oder die als „Joshua Rotulus" bekannte Schriftrolle.
In der Zwischenzeit war der Westen von den Barbaren überrollt worden. Der Historiker Arnold Hauser schrieb über dieses Zeitalter des Verfalls: „Im sechsten und siebten Jahrhundert war niemand in Westeuropa in der Lage, eine menschliche Gestalt zu zeichnen." Nach dieser düsteren Periode wird Karl der Große König der Franken und Kaiser des weströmischen Reiches. Vor dem achten Jahrhundert gab es bereits die berühmte irische Schule der Miniaturenmalerei, deren „Buch von Kells" hier besondere Erwähnung finden soll. Karl der Große zog die Künstler dieser Schule und auch Italiener und Engländer wie den berühmten Alcuin, an seinen Hof. Er forderte die Wiedererstehung der religiösen Kunst und gründete unter anderem die *Scriptoria* von Fulda, Luxeuil und Tours. Auch das Studium der Metrik und der Grammatik erhielt neuen Auftrieb. Das Ergebnis war die romanische Kunst. Nachdem das karolingische Reich schwächer wurde, übernahmen Fürsten, Barone und Grafen die Herrschaft. Der Feudalismus begann.
Im zwölften Jahrhundert entwickelte sich die Gotik. Die Welt veränderte sich. Das Leben kehrte in die Städte zurück, und die Kunst erwachte wieder. In Italien war Giotto bereits als Künstler erfolgreich. In Frankreich trug ein Architekt namens Villard de Honnecourt Hunderte von Skizzen in einem sogenannten Skizzenbuch zusammen. Er sammelte Pläne von Gebäuden, Studien von Gestalten, Tieren, Kriegsmaschinen etc.
Im 15. Jahrhundert begann man die Zeichnung als eigenständige Kunst zu betrachten. Hier ist Pisanello zu erwähnen. Er war die herausragende Gestalt des internationalen gotischen Stils und des Codex Vallardi. Dieser Codex ist die bedeutendste Sammlung von Zeichnungen jener Zeit. Wir finden darin Studien von Tieren, Kleidungsstücken und antikem Mobiliar sowie Skizzen von Gemälden einschließlich Aktzeichnungen, die ebenfalls mit der Metallspitze auf weißem, mit einer hellen Farbe grundiertem Papier angefertigt worden waren.
Die Renaissance der Kunst war endlich gekommen, und die Zeichenkunst hatte sich ein für allemal durchgesetzt.

27

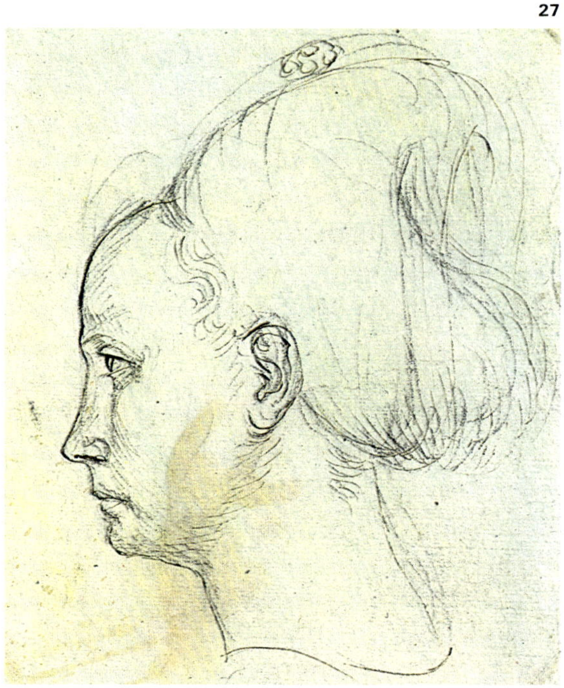

Abb. 27 und 28: Pisanello (1395–1455). Unten links: *Frauenkopf im Profil,* Studie. Louvre, Paris. Unten rechts: *Die Legende des heiligen Georg.* Anastasia-Kirche, Verona. Größe 25 × 17,2 cm.

Abb. 29: Simone Martini (1284–1344), *Gottvater mit den Engeln.* Hier handelt es sich um eine Zeichnung mit rötlicher Kastanienfarbe ähnlich der Rötelkreide, die für Wandmalereien und Fresken benutzt wurde.

Abb. 30: Diese Seite mit dem Initial aus dem *Book of Kells* (800 n. Chr.), wurde mit Gouache auf Pergament von 33 x 25 cm gemalt. Trinity College, Dublin.

Abb. 31: Lorenzo Monaco (1370/72–1425), *Marias Begegnung mit Isabelle,* Zeichenkabinett, Staatliche Museen Berlin–Dahlem. Lorenzo Monaco war für seine Zeit (Ende des 14. Jahrhunderts) ausgesprochen modern. Er führte den internationalen gotischen Stil in Florenz ein, der mit dem goldenen Hintergrund und den flachen Gesichtern der traditionalen Gotik zugunsten realistischer Details brach.

28

Abb. 32. *Josua empfangt die Emissäre* (Anonymos), Bibliothek des Vatikans. Josuas wird von einem byzantinischen Künstler des 10. Jahrhunderts dargestellt. Federzeochnung und Lavierung mit Tinte.

29

30

31

32

Die Erfindung des Papiers

Im Jahre 105 unserer Zeitrechnung erfand der Mandarin T'sai Lun im China der Han-Dynastie das Papier. Im Westen wurde diese Erfindung erst im Jahre 751 bekannt, als die Araber die Chinesen bei Talass schlugen und einige Experten der Papierherstellung gefangennahmen. Daraufhin wurden zunächst im Nahen Osten und in Nordafrika Papiermühlen erbaut. Europa folgte 1040 in Cordobá sowie 1105 in Jativa und Katalonien auf der Iberischen Halbinsel. Weitere Mühlen wurden in Italien (1250), Frankreich (1348) und Deutschland (1389) etc. errichtet. 1390 schreibt Cennino Cennini seinen berühmten „Traktat über die Kunst" und nennt darin das gesamte Zeichenmaterial. Um 1740 stellt der Engländer James Whatman das erste spezielle Aquarellpapier her. Hundert Jahre später entdeckt Etienne Canson in Frankreich eine Spezialverleimung: das berühmte Cansonpapier ist geboren.

33

Abb. 33: Grundstoffe für die Papierherstellung sind Holz, Pflanzenfasern, Altpapier und Lumpen. Das Material wird gesichtet, zermahlen und mit Leim und Wasser zu einem feinen Brei vermengt.

34

Abb. 34: Zur Herstellung eines Blattes Papier taucht man die „Form" (Metallsieb mit Rahmen) in den Papierbrei und nimmt die notwendige Menge heraus.

35

Abb. 35: Nachdem das abgetropfte Blatt eine gewisse Festigkeit erreicht hat, nimmt man es aus der Form und legt es zwischen ein Filztuch und feinen Stoff ohne Korn.

36

Abb. 36: Man legt mehrere Blatt Papier mit den Tüchern in die Presse, um das restliche Wasser auszudrücken. Dann wird das Papier getrocknet und nachbehandelt.

Die Renaissance: das 15. Jahrhundert

Vorreiter der Renaissance waren drei Florentiner Künstler: der Maler Masaccio, der Bildhauer Donatello und der Architekt Brunelleschi. Rund einhundert Jahre später tauchten die größten Maler und Zeichner aller Zeiten auf. Erwähnen wir hier nur Botticelli, Leonardo da Vinci, Michelangelo, Raffael, Tizian und Correggio.
Wenn man vom 15. Jahrhundert spricht, kommt man an einem Familiennamen nicht vorbei: Bellini. Vater Jacopo zeichnete zwei Skizzenbücher, die seine Söhne Gentile und Giovanni inspirierten. Giovanni folgte dem Leitfaden seines Vaters und wurde der berühmteste Maler seiner Zeit. Weitere erwähnenswerte Künstler sind Botticelli, der wahrscheinlich ein Schüler von Fra Filippo Lippi war, Paolo Uccello und Piero della Francesca, der Brunelleschis Theorien über die Perspektive verbesserte. Ferner ist Verrocchio, der Meister von Leonardo da Vinci, zu er-

37

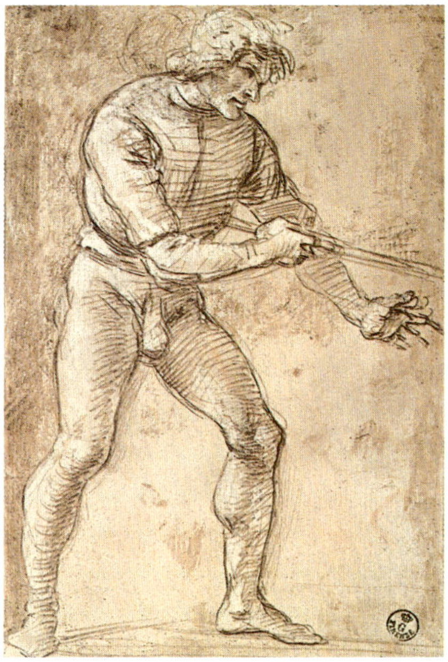
38

39

40

Abb. 37: Jacopo Bellini (1400–1470), *Ein Heiliger, predigend in der Stadt,* Zeichnung mit Pinsel und Feder auf Pergament, Louvre, Paris.
Abb. 38: Filippino Lippi (1458–1504), *Studie einer Gestalt in Bewegung,* Kohle oder Rötel mit weißer Kreide auf rosagefärbtem Papier, Uffizien, Florenz.
Abb. 39: Sandro Botticelli (1445–1510) *Herbstliche Fülle,* mit schwarzer Kreide auf rosa Papier. Darauf Zeichnung mit Pinsel und Wasserfarbe sowie Feder und Tinte in Sepia, mit weißer Kreide. British Museum, London.
Abb. 40: Andrea del Verrocchio (1435–1488), *Frauenkopf mit komplizierter Haartracht,* schwarze Zeichenkohle mit Weiß, Metropolitan Museum, New York.

wähnen, der Lorenzo di Credi in seiner Werkstatt als Hilfskraft beschäftigte.
Weitere Meister des Quattrocento sind zum Beispiel auch Antonello da Messina, der von dem Flamen Jan van Eyck beeinflußt war, der Flame van der Weyden, Memling aus Deutschland, Fouquet aus Frankreich, Huguet aus Katalonien und Gentile da Fabriano, Mantegna, Ghirlandaio und Perugino und Signorelli aus Italien.
Zu jenem Zeitpunkt war das Zeichnen bereits ein Pflichtfach für die Künstler. Man ging davon aus, daß ein guter Maler ein noch besserer Zeichner sein müsse. Die Künstler setzten bereits die gleichen Mittel ein, die heutigen Zeichnern zur Verfügung stehen, nämlich weißes und farbiges Papier, die Metallspitze (ein Äquivalent zum heutigen Bleistift), Zeichenkohle, Rötel, Kreide, Pinsel, die Lavierung und die Aquarelltechnik, Wasserfarben, Gouache etc.

Abb. 41: Antonello da Messina (1430–1479), *Porträt eines jungen Mannes,* Zeichenkohle auf sepiagetöntem Papier, Albertina, Wien.

Abb. 42: Lorenzo di Credi (1459–1537), *Kopf eines Jugendlichen mit langem Haar und Hut,* Zeichnung mit Metallspitze auf hellgelbem Papier, Albertina, Wien.

41

42

Die Metallspitze

Nach dem römischen Historiker Plinius zeichneten die Schüler des griechischen Malers Parrhasios schon mit einer Metallspitze. Es handelte sich um eine Art Griffel mit einer Blei-, Silber- oder Goldspitze. Damit konnte man beinahe ebenso schwarze Striche ziehen wie mit dem heutigen Graphitstift. Die Künstler zeichneten auf Pergament oder kleinen Holzplatten, die zuvor mit einer Grundierung aus Knochenpulver und Gummiarabikum behandelt wurden.
Der Autor des „Traktat über die Kunst" (1390), Cennino Cennini, erwähnt die Metallspitze – auch Griffel genannt – ebenfalls und nennt als Grundierung eine Mischung aus Knochenpulver und Speichel. Man kann daher davon ausgehen, daß Giotto bereits mit der Metallspitze zeichnete und sie von den meisten deutschen, holländischen und italienischen Künstlern des 15. und 16. Jahrhunderts verwendet wurde. Die Verwendung der Metallspitze erfuhr einen Aufschwung durch die Herstellung von Papier, das die Künstler selbst färbten.
Besorgen Sie sich ein 10 bis 12 cm langes Stück Lötblei oder -zinn, und spitzen Sie es mit einer Rasierklinge. Dann können Sie – möglichst auf gestrichenem Papier – mit diesem Gerät zeichnen.

43

Leonardo da Vinci

Leonardo da Vinci war ein Genie; er war der größte und vielseitigste Künstler der Renaissance. Leonardo war Bildhauer, Architekt, Städtebauer, Naturforscher, Biologe, Artillerist, Mechaniker, Anatom, Geologe, Schriftsteller und Poet zugleich. Er verkündete außerdem zweihundert Jahre vor Newton eine Theorie über die Schwerkraft. Er war ein Pionier der vergleichenden anatomischen Studien, er untersuchte die Zunge des Holzspechtes, des Krokodils und des Menschen. Man weiß, daß er mehr als dreißig weitere Entdeckungen machte, angefangen von der Dampfmaschine bis zur Haubitze, der Granate und der Dunkelkammer.
In erster Linie war Leonardo da Vinci jedoch Maler und Zeichner. In seinem Buch „Traktat über die Malerei" – das in fast alle Sprachen übersetzt wurde – gab er einige noch heute gültige Ratschläge.
Leonardo zeichnete alles, was seine Vorstellungskraft und Intelligenz anregte: Pläne und Skizzen seiner Erfindungen, Studien von Gestalten in Ruhestellung und Bewegung, Skizzen von Landschaften und Gestalten für Gemälde, Gesichter zum Studium der Pose und des Ausdrucks, Karikaturen und sein großartiges Selbstporträt. In seinen Zeichnungen machte er von allen bis dahin bekannten Techniken und Verfahren Gebrauch.
Kein Wunder, daß er auf blau-, grün-, ocker-, gelb-, creme- und rosagetöntem Papier zeichnete und Rötel, Feder und Tinte in unterschiedlichen Farben von Sepia hell bis dunkel oder beinahe Schwarz sowie Gelb- und dunkle Rottöne benutzte. Er verband gern mehrere Techniken miteinander, so Rötel, Zeichenkohle und die Metallspitze. Er legte großen Wert auf die Töne, das Helldunkel und die Abstufungen, die er mit den Fingern herstellte. Leonardo da Vinci verbesserte den „harten und trockenen Stil des 15. Jahrhunderts" (wie Vasari ihn nennt). Seine Interpretation der Kontraste, der Werte und der Atmosphäre wirken modern, obwohl er nie in eine bestimmte Stimmung verfiel (betrachten Sie diese Merkmale in seinen Zeichnungen).
Zum Schluß sei erwähnt, daß Leonardo da Vinci einer der drei Schöpfer der Hochrenaissance des 16. Jahrhunderts war, obwohl er der Generation vor Michelangelo und Raffael angehörte, die dreiundzwanzig beziehungsweise einunddreißig Jahre jünger als dieses Genie waren.

44

46

45

Abb. 44: (oben): Leonardo da Vinci (1452–1519), Gesichtsstudie des Engels der *Jungfrau auf den Felsen* (Louvre), Königliche Bibliothek, Turin.

Abb. 45: Ausschnitt des Engels des vorigen Bildes, Louvre, Paris. Leonardo überließ nichts der Improvisation. Der Aufbau und die Tonwertbestimmung des Gesichtes entsprechen denen einer perfekt ausgeführten fertigen Zeichnung.

48

47

Abb. 46: *Hl. Anna mit der Jungfrau und dem Kind,* National Gallery, London.

Abb. 47: Leonardo da Vinci, *Frauenkopf*, gezeichnet während des Malens an der *Verkündigung* in den Uffizien von Florenz.

Abb. 48: Leonardo da Vinci (1452–1519), *Jungfrau und Kind mit einer Katze,* British Museum, London.

Abb. 49: (rechts), Leonardo da Vinci, *Selbstporträt,* Rötelzeichnung, Königliche Bibiliothek, Turin.

49

Michelangelo

Eine der großen Herausforderungen der Bildhauer des 15. Jahrhunderts war die Darstellung des toten Christus, der beinahe waagerecht auf dem Schoß seiner Mutter Maria liegt, so daß beide Gestalten eine pyramidale Komposition bilden. Michelangelo Buonarotti gelang dies bereits im Alter von nur einundzwanzig Jahren. Die Pietà im Petersdom in Rom ist eine der gelungensten Kompositionen des toten Christus. Sechzehn Jahre später, im Alter von siebenunddreißig Jahren, beendete er die Decke der Sixtinischen Kapelle, das „mit dreihundert Quadratmetern und dreihundertdreiundvierzig Gestalten größte Wandgemälde aller Zeiten“ (Papini). Doch Michelangelo war ebenfalls Architekt und als solcher mit den Arbeiten am Petersdom in Rom befaßt, der sein persönliches Meisterwerk werden sollte.

Michelangelo war auch Dichter. Zu jener Zeit schrieben alle Künstler Gedichte. Außerdem war er ein produktiver Zeichner. Rund fünfhundert Zeichnungen – größtenteils Studien von Gestalten für Fresken oder Gemälde – sind von ihm erhalten. Manche dieser Zeichnungen sind nur Skizzen, andere wurden völlig ausgearbeitet. Einige sind mit Kohle angefertigt, andere mit Rötelkreide auf ocker- oder cremefarbenem Papier und Spitzlichtern aus weißer Kreide.

Es ist seltsam, daß sich Michelangelo während des Ausmalens der Decke der Sixtinischen Kapelle äußerst ungern als Maler sah und sich wesentlich lieber als Bildhauer betrachtete. Das erklärte er auch seinem Freund Giovanni da Pistoia in einem Gedicht: „Giovanni, verteidige meine tote Malerei und meine Ehre als Künstler. Dies ist nicht der richtige Ort für mich, denn ich bin kein Maler.“

50

51

52

Abb. 50: Michelangelo (1475–1564), *Studienblatt für die libysche Sibylle* (Ausschnitt), Rötelzeichnung, Metropolitan Museum Of Art, New York.

Abb. 51: *Die libysche Sibylle,* Fresko an der Wand der Sixtinischen Kapelle im Vatikan. Vatikanpalast.

Abb. 52: *Seele eines Verdammten,* Ausdrucksstudie mit Zeichenkohle, Uffizien, Florenz.

53

Abb. 53: Michelangelo, *Sitzender nackter Mann,* Rötelzeichnung mit weißer Kreide, Albertina, Wien. Die Studie der Sibylle (vorige Seite) und diese Studie des sitzenden Mannes, beide mit Rötelkreide, sind zwei ausgezeichnete Beispiele für Michelangelos künstlerische Fähigkeiten: ein herrlicher Aufbau der Formen, Maße und Proportionen, eine wunderbare Tonwertbestimmung, die präzise die beleuchteten Zonen aufhellt, und eine perfekte Lösung der Schattenzonen und des Helldunkel (Licht im Schatten). Die Zeichnungen liefern uns gleichzeitig eine meisterhafte Lektion in der Anatomie, ein damals noch völlig unbekanntes Thema, das Michelangelo für sich selbst studierte. Dazu ging er des Nachts in die Leichenhalle des Heiligengeisthospitals von Florenz und arbeitete dort heimlich beim Schein einer Öllampe. Zu jener Zeit war das Sezieren eines Leichnams, selbst zu wissenschaftlichen Zwecken, absolut verboten und wurde mit Gefängnis bestraft.

Raffael

Raffael Sanzio (Santi) wurde am 6. April 1483 in Urbino geboren. Wo er sich bis zu seinem siebzehnten Lebensjahr aufhielt, ist unbekannt. Dann arbeitete er in der Werkstatt von Perugino. Damals bekam er seinen ersten Auftrag: den Altaraufsatz „Der allerseligste heilige Nikolas von Tolentino“. Mit neunzehn Jahren malte er „Die Krönung der Jungfrau Maria“ und mit einundzwanzig Jahren „Die Vermählung der Jungfrau Maria“, ein Bild, das von allen Zeitgenossen – sogar von Perugino – bewundert wurde.

War Raffael ein Genie? Zweifellos.

Als er fünfundzwanzig Jahre alt war (1508), rief ihn Papst Julius II. nach Rom, damit er die Räume des Vatikans, die *Stanzen*, mit Gemälden schmückte. Perugino, Bramantino und Sodoma arbeiteten ebenfalls dort. Der Papst vertraute Raffael die erste Stanza, die *Stanza della Signatura*, an. Sobald er Raffaels erste Skizze sah, übergab er ihm den gesamten Auftrag und „entließ die übrigen samt ihren Ideen“, wie Vasari berichtet. Michelangelo war damals dreiunddreißig Jahre alt und hatte bereits mit der Sixtinischen Kapelle begonnen. Er und Raffael waren die einzigen Künstler, die der Vatikan beschäftigte. Sechs Jahre später wurde Raffael Bramantes Nachfolger als Architekt von St. Peter. Raffael war übrigens ein kluger Künstler. Er richtete eine Werkstatt mit zahlreichen guten Schülern ein. Auf diese Weise konnte er die Aufträge des Papstes, der Könige und Fürsten, die Gemälde, Fresken und Wandbespannungen bei ihm bestellten, allesamt ausführen. Raffael starb im Alter von siebenunddreißig Jahren.

Abb. 54 (unten links): Raffael Santi (1483–1520), *Studie eines nackten Mannes.* Vorzeichnung mit Metallspitze und Ausführung mit Rötelkreide auf weißem Papier, Albertina, Wien. Wir finden in diesen Zeichnungen dieselbe Qualität und Ausführung wie bei Michelangelo. Es ist jedoch festzustellen, daß Raffaels Zeichnungen sozusagen normaler, nicht so leidenschaftlich sind. Diesen Stil wird man später als Modell für die klassische Zeichnung betrachten.

54

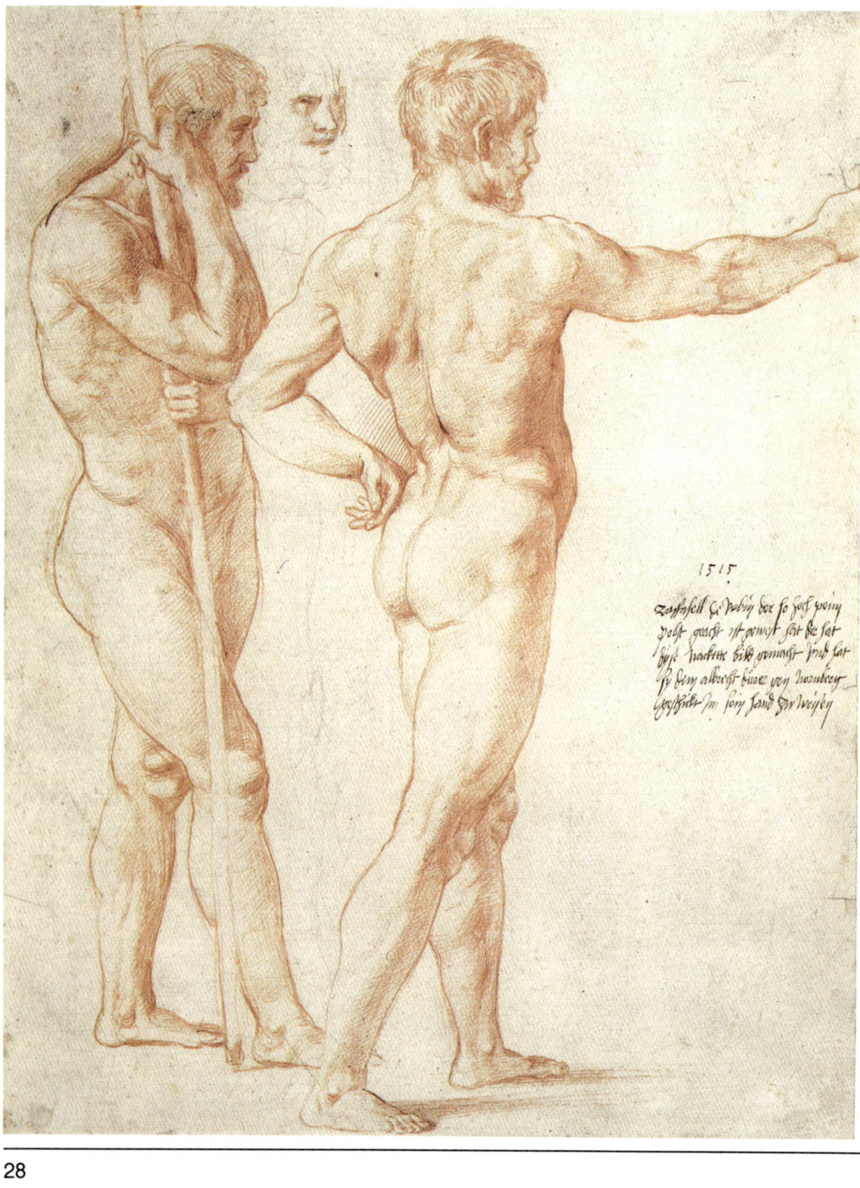

55

56

Abb. 55 und 56 (links): Studie für *Venus und Psyche,* Rötelzeichnung, Louvre, Paris. Links: Schule von Raffael, *Venus und Psyche;* Villa Farnesina, Rom.

Abb. 57: Studie für *die heilige Katherina von Alexandria,* Zeichenkohle mit weißer Kreide auf weißem Papier, Louvre, Paris.
Abb. 58: *Die heilige Katherina von Alexandria,* National Gallery, London.
Abb. 59: Raffael, *Studie einer lesenden Frau, ein Kind haltend,* Zeichnung mit Metallspitze und weißer Kreide auf grauem Papier, Devonshire-Sammlung, Chatsworth.
Abb. 60: Raffael, *Die Schule von Athen,* Schwarze Kreide, Gouache. Ambrosische Pinakothek, Mailand.

57

58

59

60

Das 16. Jahrhundert: Florenz und Rom

Der Florentiner Lorenzo der Herrliche war Fürst und Bankier, aber auch Dichter, Philosoph und Mäzen der Künstler. Nach seinem Tod, der den Wegzug seiner Familie, der Medici, von Florenz und die Diktatur der Savonarolas zur Folge hatte, ging die Stellung von Florenz als kultureller Mittelpunkt Italiens verloren. Den Platz von Florenz nahm nun Rom ein. Dort übten die Förderung der Künste durch Papst Julius II. und der Ruhm der Skulpturen und Gemälde des Vatikans auf alle Künstler eine große Anziehungskraft aus.

Die Renaissance hatte in Florenz begonnen. Nach Brunelleschi, Masaccio und Donatello erkannten die Florentiner Leonardo und Verrocchio als große Künstler an. Verrocchio war zunächst Maler und wurde erst später Bildhauer. Er gab die Malerei auf, als er das Gemälde „Die Taufe" seines Schülers Leonardo sah. Andrea del Sarto, Pontormo, Rosso und Bronzino arbeiteten ebenfalls in Florenz. Gemeinsam mit Tintoretto (Venedig) und Parmigianino (Parma) begannen sie eine manieristische Bewegung, die zwischen der Renaissance und der Kunst des Barocks blühte.

Rom war zu dieser Zeit (1500 bis 1525) die führende Stadt der Renaissance. Michelangelo und Raffael fertigten die repräsentativsten Skulpturen und Gemälde dieser Epoche an. Papst Julius II. war von ganzem Herzen ein Kunstliebhaber. Neben den bereits erwähnten Florentiner Künstlern zog es zahlreiche weitere, auch solche aus Venedig und Parma, nach Rom, die dort für einige Zeit zeichnen, malen und bildhauerisch tätig sein wollten. Selbst Leonardo war in Rom und lebte von 1513 bis 1516 im Vatikan.

All diese Künstler waren große Zeichner. Sie werteten das Zeichnen als eigenständige Kunst auf.

Abb. 63 (rechts): Jacopo Pontormo (1494–1556), *Drei nackte Männer,* Studie für die dritte Tafel der *Geschichte Josefs*, Rötelzeichnung, Museum der schönen Künste, Lille.

Abb. 64 (rechts oben): Antonio Correggio (1489–1534), *Eva mit dem Apfel,* Rötelzeichnung mit weißer Kreide, Louvre, Paris.

Abb. 65 (rechts unten): Francesco Parmigianino (1503–1540), *Studie für eine Karyatide* (weibl. Figur als Säule), Vorzeichnung mit Metallspitze und Rötel mit weißer Kreide auf cremefarbenem Papier. Albertina, Wien.

Abb. 61: Andrea del Sarto (1486–1531), *Kopf eines alten Mannes,* Kohlezeichnung, Uffizien, Florenz.

Abb. 62: Federico Barocci (1535–1612), *Studie des Kopfes eines alten Mannes,* Graphit, Rötel und weiße Kreide auf graugrün getöntem Papier, Eremitage, Leningrad.

61

62

63

64

65

Das 16. Jahrhundert: Venedig

Tizian war der erste venezianische Maler, der ohne irgendeine Vorskizze unmittelbar auf der Leinwand malte. Er legte keinen Wert auf Umrißlinien, sondern schuf die Formen mit Hilfe von Farbflecken in einem Stil, der beinahe den Impressionismus vorwegnahm. Das beweist, welch ein hervorragender Zeichner er gewesen sein muß.
Von Tizians Kollegen in Venedig seien hier Lotto, Veronese und Sebastian del Piombo erwähnt, der gemeinsam mit Tizian einige von Giorgione unvollendet gelassene Werke fertigstellte. Die meisten Venezianer zeichneten mit Kohle, schwarzer Kreide oder dem italienischen Stein, ein Material, das unserem Kohlestift ähnelt; aber weicher ist. Sie zogen diese Materialien der Metallspitze vor, weil sie in erster Linie Maler waren und daher beim Vorzeichnen kräftige, ausdrucksstarke Striche mit Kontrasten und Atmosphäre benötigten. Ein Schüler von Tizian war übrigens El Greco.

66

67

68

69

70

Abb. 66 (oben): Tizian (1490–1576), *Porträt einer jungen Frau,* Kohlezeichnung mit weißer Kreide auf ockergrauem Papier, Uffizien, Florenz.
Abb. 67: Sebastiano del Piombo (1485–1547), *Stehender nackter Akt,* Kohlezeichnung mit weißer Kreide auf blaugetöntem Papier. Louvre, Paris.

Abb. 68: Tintoretto (1518–1594), *Studie der römischen Büste des Kaisers Vitellius,* Graphit mit weißer Kreide, Bayerische Staatsgemäldesammlungen, München.
Abb. 69: Paolo Veronese (1528–1588), *Frauenkopf,* Schwarzkreide mit weißer Kreide auf blauem Papier, Kunstinstitut, Chicago.

Abb. 70: Lorenzo Lotto (1480–1556), *Kopf eines bärtigen Mannes,* Kohlezeichnung mit weißer Kreide auf *verdaccio*-getöntem Papier, Jànos Scholz, New York.

Die Renaissance in Europa: Dürer

Albrecht Dürer machte Nordeuropa mit den Formen und der Denkweise der italienischen Renaissance bekannt. Er war ein wißbegieriger, kreativer Mensch von außergewöhnlichem Talent. Dürer reiste ständig umher, hörte gut zu und beobachtete scharf. Er erfuhr viel Neues, gab sein Wissen aber auch an andere weiter. Auf seinen Reisen nach Italien lernte er Bellini, Tizian, Leonardo und Mantegna kennen. Dank seiner Bemühungen verbreitete sich der Holzschnitt bald in ganz Europa.

Dürers Werk besteht aus zahlreichen Stichen, Zeichnungen, Vorstudien und Aquarellen – ein ungewöhnliches Verfahren zu jener Zeit; Dürer benutzte diese Technik erstmals als eigenständige Kunst. Ferner finden wir bei ihm Ölgemälde, Abhandlungen über die Proportionen des menschlichen Körpers, über Befestigungsanlagen und Kunsttheorien. Er war ein hervorragender Grafiker und Zeichner.

Holzschnitt und Radierung

Albrecht Dürer war zu Beginn des 16. Jahrhunderts einer der bekanntesten Holzschneider und Radierer Europas. Hier eine kurze Beschreibung seiner beiden Techniken.

Der Holzschnitt erfolgt als Hochdruck auf einer harten Holzplatte mit planer, polierter Oberfläche. Der Künstler schneidet sein Bild mit verschiedenen Spezialmessern seitenverkehrt hinein. Dabei bleiben jene Bildteile als Grate und Flächen stehen, die schwarz erscheinen sollen. Der fertige Druckstock wird mit Druckerschwärze eingefärbt. Anschließend legt man ein angefeuchtetes Blatt Papier auf die Platte und drückt es mit einer Walze oder einer Bürste auf das Holz. So entsteht der erste Probedruck.

Die Radierung entsteht im Tiefdruckverfahren auf einer Metallplatte, die normalerweise aus Kupfer besteht. Die Platte wird mit einer säurefesten Schicht überzogen. Anschließend zeichnet man das Bild mit einer Radiernadel so ein, daß das Metall in den Rillen freigelegt wird. Die Platte wird einem Säurebad (aqua fortis) ausgesetzt, das das Metall angreift. Nach Entfernen der restlichen Schutzschicht wird die Platte mit Druckerschwärze überzogen, die sich in den Rillen absetzt. Der Druck erfolgt mit einer Handpresse.

72

Abb. 72: Jan van der Straet, genannt Stradamus (1530–1605): Holzschnittatelier im 16. Jahrhundert.

71

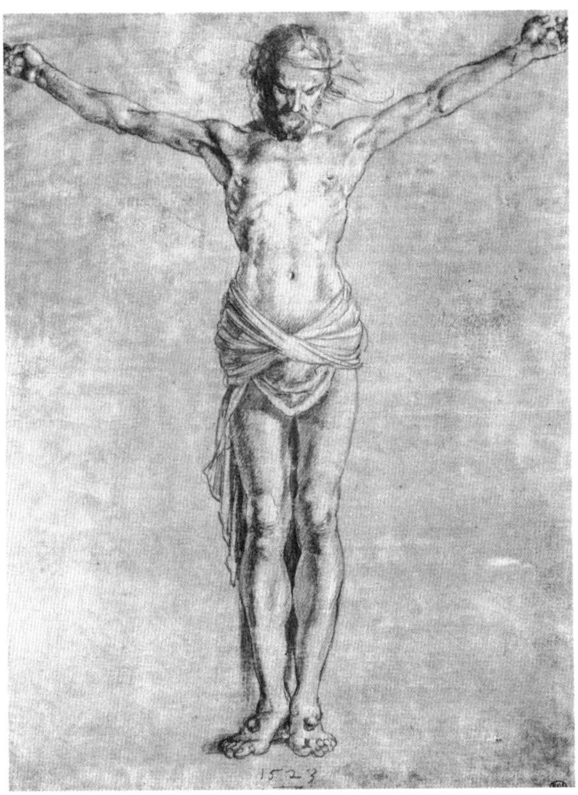

Abb. 71: Albrecht Dürer (1471–1528), *Christus am Kreuz,* Bleimetallspitze mit weißer Kreide auf cremefarbenem Papier, Louvre, Paris.

73

Abb. 73: Albrecht Dürer, *Mädchen als Holländerin gekleidet,* Zeichnung mit Pinsel und Wasserfarbe, National Gallery, Washington.

74

Abb. 74: Albrecht Dürer, *Die vier Engel des Euphrat* (Ausschnitt), Holzschnitt.

Die Renaissance in Europa

Die Eroberung Europas durch Italien aus künstlerischer Sicht war eine herausragende Leistung. Mit Ausnahme einiger Künstler mit ausgesprochen starker Persönlichkeit, wie der holländische Maler Brueghel, machte sich der italienische Einfluß in den Ateliers der meisten europäischen Künstler bemerkbar. Die neuen Theorien über die Perspektive (Uccello und Piero della Francesca), die Wiederentdeckung der Anatomie mit Hilfe sezierender Zeichnungen (Leonardo und Michelangelo), die neuesten Techniken, das Sfumato und das Helldunkel (Leonardo) sowie die Themen der Renaissance mit dem Menschen im Mittelpunkt faszinierten Dürer, inspirierten Holbein, gaben Gossaert (genannt Mabuse) neue Themen ein und drängten die meisten Künstler, nach Italien zu reisen, um das Wesen der Renaissance zu erfassen.

Leider ging die Renaissance eines Tages zu Ende. Am 31. Oktober 1517 begann Luthers Reformation. Zehn Jahre später (1527) eroberte Karl V. mit seinen Armeen Rom. Die Künstler gaben die beschauliche Renaissance auf und befaßten sich mit einem intellektuellen Stil, der halb den Traum, halb die Wirklichkeit darstellte: den Manierismus.

Abb. 75: Hans Holbein d.J. (1497–1543), *Porträt von Anne Meyer,* Eingangszeichnung mit Metallspitze, anschließend mit Zeichenkohle und verwischter farbiger Kreide bearbeitet. Auf hellgelbem Papier, Kunstmuseum, Basel.

75

Abb. 76: Hans Baldung, genannt Grien (1484–1545), *Saturn,* Kohlezeichnung, Albertina, Wien.

76

78

79

Abb. 78: Pieter Brueghel d.Ä. (1525/30–1569), *Der Maler und der Kritiker,* Federzeichnung mit dunkelbrauner Tinte, Albertina, Wien.

Abb. 79: Jan Gossaert, genannt Mabuse (1478/88–1532), *Der Sündenfall,* Federzeichnung in Dunkelsepia, Albertina, Wien.

77

Abb. 77: Jean Clouet (1485/90–1541), *Porträt einer Unbekannten,* Kohlezeichung mit Rötel, British Museum, London.

Der Barock: die Caracci, erste Zeichenakademien

Als Luther die Reformation einleitete (Wittenberg 1517), reagierte die katholische Kirche mit einer fanatischen, unerbittlichen Haltung gegenüber den Sitten und der Kunst. Nach der Gegenreformation wurde die Kirche wieder toleranter und versuchte, neues Profil zu gewinnen, das mit dem Dogma in Übereinstimmung stand. Die Ikonografie wurde erneuert, die Darstellung des Übernatürlichen betont. Andererseits waren Könige und Fürsten so auf die Zurschaustellung ihrer Pracht bedacht, daß sie großartige Projekte in Auftrag gaben. So entstand der Barock: eine visuelle, dynamische, bewegte, maßgerechte Kunst mit Formen und Figuren, die sich zu bewegen und die zu gestikulieren scheinen, so echt wirken sie. Es heißt, Correggio und selbst Michelangelo mit seinem „Jüngsten Gericht" seien die Initiatoren des Barocks gewesen. In Wirklichkeit bestimmten die Carracci und Caravaggio den neuen Stil. Die Carracci waren eine Bologneser Familie aus drei Mitgliedern: Ludovico, der Ältere, und seine Vettern, die Brüder Annibale und Agostino. Die drei gründeten die *Academia dei Incamminati* in Bologna. Aus der Akademie, die sich zunächst Akademie der natürlichen Kunst nannte, ging später die „Bologneser Schule" hervor. Diese Schule wurde von Künstlern wie Domenichino, Reni, Albani und Guercino besucht. Dort wurde Zeichnen und Malen auf der Grundlage der großen Meister der Renaissance gelehrt und der künstliche Realismus des Manierismus abgelehnt. Hannibal war der berühmteste der Brüder Carracci. Er hatte viele Anhänger und malte unter anderem die Fresken in der Galerie des Farnese-Palastes, die zu den besten des Jahrhunderts zählen.

80

81

82

Abb. 80: Annibale Carracci (1560–1609), *Porträt eines Mitgliedes der Familie Mascheroni,* Rötelzeichnung mit weißer Kreide, Albertina, Wien.

Abb. 81: Agostino Carracci (1557–1602), *Liegender toter Mann,* Jànos Scholz, New York.

Abb. 82: Ludovico Carracci (1555–1619), *Frauenkopf, nach oben links blikkend,* Kohlezeichnung mit Weiß auf beigefarbenem Papier, Metropolitan Museum, New York.

Barock: Caravaggio

Die Carracci hatten den Barock bereits als fantastischen, sentimentalen, wenn auch sorgfältig durchdachten und harmonischen Stil eingeführt, da tauchte Caravaggio mit seinem ebenfalls barocken revolutionären Stil auf. Es heißt, Caravaggio sei auf die Welt gekommen, um „die Kunst der Malerei zu zerstören“ (Poussin), obwohl manche Künstler ihn bewunderten und seine Malweise kopierten (Rubens). Caravaggio war der Gründer der naturalistischen Schule, der alle großen Meister seines Jahrhunderts folgten. Leider sind uns keine Zeichnungen von Caravaggio bekannt. Wir wisssen jedoch, daß er seine Gemälde ohne jede Vorzeichnung begann und ebenso wie Tizian und Velasquez gleichzeitig zeichnete und malte.

83

Abb. 83: Pietro Berrettini, genannt Pierre de Cortone (1596–1669), *Junge Frau,* Studie, Schwarzkreide und Rötel mit weißer Kreide auf grauem Papier, Albertina, Wien.

84

Abb. 84: Pierfrancesco Mola (1612–1666), *Laufende Gestalt mit einem Stein in der Hand,* Kohle und Rötel, British Museum, London.

85

Abb. 85: Guido Reni (1575–1642), *Kopf eines jungen Mannes,* Schwarzkreide und Rötel, Eremitage, Leningrad.

86

Abb. 86: Nicolas Poussin (1594–1665), *Landschaft mit Fluß,* Feder und Pinsel, Lavierung mit brauner Aquarellfarbe, Albertina, Wien.

Rubens

87

Abb. 87: Peter Paul Rubens (1577–1640), *Oberkörper einer jungen Frau* (Ausschnitt), Zeichnung mit Schwarzkreide, Kohle und Rötel mit weißer Kreide auf cremefarbenem Grund, Boymans-van-Beuningen-Museum, Rotterdam. Eine ausgezeichnete Arbeit, wie alle Werke von Rubens. Sein Biograph sagt, daß Rubens mit großer Schnelligkeit und sicherem, ausdrucksvollem Strich zu zeichnen pflegte. Diese Qualitäten werden in der Zeichnung deutlich. Die Striche für das Haar sind spontan und in Windeseile angelegt; die Züge sind „alla prima" geschaffen. Beachten Sie die Ausführung von Augen, Nase und Mund. Alles ist völlig korrekt und doch so einfach gezeichnet! Mit genau den richtigen Tönen und Strichen! Beachten Sie die breite chromatische Skala, die Rubens mit Hilfe von Schwarzkreide, Rötel, weißer Kreide und dem cremefarbenen Hintergrund erzielt.

Rubens

Am 17. September 1621 sandte Peter Paul Rubens einen Brief an William Trumbell, der engen Kontakt zum englischen Hof hatte. Darin erklärte er sich mit der Rücksendung eines Bildes einverstanden, das er für den englischen Botschafter in Holland, Mr. Carleton, gemalt hatte. Und er fügte hinzu, daß man ihm nicht gesagt habe, ob das Bild restlos original sein oder nur seine Handschrift tragen solle.

In der Tat stammen fast alle Bilder von Rubens von seinen Anhängern und Schülern. Rubens war ein sehr beschäftigter Mann. Er war Künstler, aber auch ein Diplomat im Dienst des Gouverneurs der Niederlande. Um allen Verpflichtungen nachzukommen und trotzdem in der Lage zu sein, mehr als zweitausendfünfhundert Bilder zu malen, organisierte er seine Arbeit und sein Atelier und beschäftigte zahlreiche Anhänger und Schüler, wie van Dyck, Jordaens, Snyders, van Unden und Wildens. Die gesamte Mannschaft arbeitete nach Zeichnungen und Farbskizzen von Rubens', die er als Aquarelle oder Lavierungen anfertigte. Manchmal legte Rubens nicht einmal letzte Hand an ein Bild. Nur bei äußerst wichtigen Aufträgen malte er selbst die Köpfe, Hände oder Arme der Gestalten im Vordergrund. Kein Wunder, daß man Rubens künstlerische Qualität heutzutage sowohl nach seinen Zeichnungen und Skizzen als auch nach dem Endergebnis beurteilt. Seine Biographen erzählen, daß er erstaunlich rasch und mit klaren, langen und ausdrucksstarken Strichen zeichnete. Er arbeitete am liebsten auf cremefarbenem Papier mit Zeichenkohle oder Kohlestift.

Rubens war einer der besten und produktivsten Zeichner der Kunstgeschichte (ebenso wie Rembrandt).

Abb. 88 (unten): Peter Paul Rubens, *Das kleine jüngste Gericht,* Kohlezeichnung, British Museum, London.

Abb. 89 (oben rechts): Peter Paul Rubens, *Der Löwe,* Kohlezeichnung mit weißer Kreide auf Papier in Grau-Siena hell, National Art Gallery, Washington.

Abb. 90 (unten rechts): Peter Paul Rubens, *Studie eines nackten Mannes, einen schweren Gegenstand hebend,* Zeichnung mit Kreide in Siena dunkel und weißer Kreide auf beigefarbenem Grund, Zeichenkabinett, Louvre, Paris.

88

89

90

Abb. 91 (gegenüber): Rembrandt (1606–1669), *Gleichnis des unwürdigen Gastes bei der Hochzeitsfeier,* Zeichnung mit dunkelbrauner Tinte und leichter Lavierung, Albertina, Wien.

Rembrandt

Rembrandt war ebenfalls ein Ausnahmekünstler. Er ist ein weiteres Musterbeispiel eines rastlosen Malers und Zeichners. 1851 wagte der Maler Delacroix die Prophezeiung, daß Rembrandt eines Tages über Raffael gestellt werden würde. Ingres nannte ihn daraufhin einen Ketzer. Delacroix Vorhersage erfüllte sich jedoch. Heuzutage wird Rembrandt in einem Atemzug mit Raffael als einer der großen Meister der Malerei und der Zeichnung genannt – wenn er nicht sogar höher eingestuft wird.
Rembrandt werden rund sechshundertfünfzig Gemälde sowie dreihundert Radierungen in der Kaltnadeltechnik und zweitausend Zeichnungen einschließlich zahlreicher Rötel- und Aquarellskizzen zugeschrieben.
Zeitgenossen von Rembrandt waren neben Rubens, Jordaens, van Dyck und Teniers in Flandern, Riberá, Zurbarán, Velasquez und Murillo in Spanien und Le Nain, Poussin, La Tour und Claude Lorrain in Frankreich.

93

91

94

92

Abb. 92: Antoine van Dyck (1599–1641), *Die Ausgießung des Heiligen Geistes auf die Apostel,* Pinselzeichnung mit sienafarbener Tinte, Eremitage, Leningrad.

Abb. 93: Rembrandt, *Blick auf Omval,* Radierung, 1645, Het Rembrandthuis, Amsterdam.

Abb. 94: Rembrandt, *Selbstbildnis mit verstörten Augen,* Het Rembrandthuis, Amsterdam.

Abb. 95: Rembrandt, *Kleopatra,* Rötelzeichnung auf cremefarbenem Papier.

95

Das 18. Jahrhundert: Italien und England

Im 18. Jahrhundert zeichneten die meisten italienischen Künstler wie Ricci, Canaletto, Guardi, Piranesi, Carlevari und Pannini sogenannte Veduten (Ansichten von Venedig und den antiken Ruinen Roms), die als Kupferstiche umgesetzt und in Sepia und Schwarz gedruckt wurden. Diese Veduten wurden an ausländische Besucher verkauft, insbesondere an Engländer. Wenig später kam irgend jemand auf den Gedanken, sie zu kolorieren, und zwar mit Wasserfarben.

Abb. 96: Canaletto (1697–1768), *Lagune mit Landhaus und Turm,* Federzeichnung und Lavierung in Ocker und Siena, Eremitage, Leningrad.

Abb. 97: Francesco Guardi (1712–1793), *Häuser am Canale Grande in Venedig,* Federzeichnung und Lavierung in Sepia, Albertina, Wien.

Paul Sandby, der „Vater des Aquarells", wie die Engländer meinen, entwickelte diese mechanische Arbeit weiter. Gegen Ende des 18. Jahrhunderts war die Aquarellmalerei eine nationale englische Kunst. Die Aquarelle wurden dank Künstlern wie Cozens, Pars, Towne, Girtin und Turner etc. berühmt. Besondere Aufmerksamkeit verdient dabei die Wand- und Freskenmalerei von Tiepolo, der Hunderte von Aquarellzeichnungen hinterließ.

96

98

97

99

Abb. 98: Giovanni Battista Tiepolo (1696–1770), *Der hl. Hieronimus in der Wüste, den Engeln lauschend,* Federzeichnung und Lavierung in Siena, National Gallery of Art, Washington, Alisa Mellen Bruce Fund.

Abb. 99: Giovanni Battista Piranesi (1720–1778), *„Carceri-d'Invenzione"* (Die Gefängnisse), Radierung, Beid Colnaghi & Co. Ltd., London.

Frankreich und das Rokoko

Während der Renaissance war Italien der künstlerische Mittelpunkt der Welt. Im Barock verlegte sich das Zentrum in die Niederlande, danach war Frankreich in der Welt führend. Der neue Stil nannte sich Rokoko. Er übernahm vom Barock das Luxuriöse, die Sinnlichkeit, ersetzte die ausdrucksvolle Kraft und Dynamik jedoch durch eine intimere Darstellung.
Berühmte Künstler des Rokoko waren Watteau, Boucher und Fragonard. Watteau wurde als Maler der „fêtes galantes" betrachtet.

Abb. 100: Jean Antoine Watteau (1684–1721), *Drei Studien des Kopfes eines jungen Negers,* Zeichenkohle und Rötel mit weißer Kreide auf cremefarbenem Papier, Louvre, Paris.

Er war ein Bewunderer und Jünger von Rubens. Er hinterließ dicke Skizzenblocks mit Hunderten von Zeichnungen von Gestalten, Köpfen, Händen und Kleidungsstücken, die er für seine Bilder verwendete. Boucher war ein Schüler von Watteau und tat sich als Dekorationsmaler, Zeichner und Maler intimer, mythologischer Szenen von respektlosem Charme hervor. Fragonard ist der bekannteste Maler galanter und sentimentaler Szenen. Er arbeitete zunächst mit Chardin und wurde dann Schüler von Boucher.

100

101

102

Abb. 101: Jean Honoré Fragonard (1732–1806), *Angelika erscheint vor Sacripant,* Schwarze Zeichenkohle mit Aquarell in Braun und Grau, Kunstmuseum der Universität Princeton.

Abb. 102: François Boucher (1703–1780), *Schlafende Diane,* Kreide in Siena mit weißer Kreide auf beigefarbenem Papier, Akademie der schönen Künste, Paris.

Das 18. Jahrhundert: England und Spanien

Abb. 103: Francisco de Goya y Lucientes (1746–1828), *Die Schrecken des Krieges: mit und ohne Grund,* Radierung, Nationales Kupferkabinett Madrid. Goya ist ein spanischer Ausnahmekünstler. Im Gegensatz zu Velasquez fertigte er neben seinen berühmten Gemälden Hunderte von Zeichnungen und Studien zu gesellschaftlichen Themen oder als Protest gegen den Krieg an. Diese Zeichnungen sind allgemein bekannt und werden wegen ihrer Qualität und Transparenz in aller Welt bewundert.

103

Abb. 104: Thomas Gainsborough (1727–1788), *Frauenstudie,* wahrscheinlich für das Gemälde *Der Bach in Richmond,* Zeichenkohle und Kreide in Siena mit Spitzlichtern auf farbigem Papier, British Museum, London.

104

105

Abb. 105: Alexander Cozens (1717–1786), *Komposition für eine Landschaft,* Chinatusche mit Pinsel, British Museum, London.

Abb. 107 (nächste Seite): Pierre Paul Prud'hon (1758–1823), *Venus,* Kohlezeichnung mit weißer Kreide auf blauem Papier, National Gallery of Art, Washington, Alisa Mellon Bruce Fund.

Abb. 108 (folgende Seite): Jean Baptiste Camille Corot (1796–1875), *Landschaft,* Kohlezeichnung, British Museum, London.

Der Neoklassizismus

Am 14. Juli 1789 begann mit dem Sturm auf die Bastille die französische Revolution. David, der Maler dieser Revolution, legte die Grundlagen für einen klassischen Stil, der auf die antike römische Republik zurückgriff. Einer der hervorragendsten Vertreter und vehementesten Verteidiger dieses neoklassizistischen Stils und darüber hinaus ein ausergewöhnlicher Zeichner war Jean-Auguste Dominique Ingres. Ingres ist bekannt für seine Skizzen und seine Bleistiftporträts. Schon zu Lebzeiten war Ingres wegen seines akademischen Stils umstritten. Seine leidenschaftlichsten Gegner waren Géricault und Delacroix. Auch der deutsche Mengs war ein berühmter Künstler dieser Epoche. Er war einer der bekanntesten Maler des Neoklassizismus, ein Wunderkind, das bereits mit dreizehn Jahren herrliche Pastellporträts anfertigen konnte und mit siebzehn offiziell als Hofmaler nach Dresden gerufen wurde. In Frankreich gehörten Proud'hon, der bereits auf die Romantik hinwies, und Corot, der als Klassiker begann und dessen letzte Bilder nahe an den Impressionismus heranreichen, zu dieser Periode.

106

Abb. 106: Jean-Auguste Dominique Ingres (1780–1867), Studie für *Das türkische Bad,* Bleistift, Louvre, Paris.

107

108

Romantik und Realismus

Die Romantik war eine Reflexion des leidenschaftlichen, einfallsreichen und individuellen Geistes des 19. Jahrhunderts. Der Realismus lehnte dagegen die großen historischen Themen und den dramatischen Inhalt der Romantik ab und entwickelte einen Stil, der die Natur getreulich wiedergab. Als Wortführer der Romantik sollten wir Delacroix erwähnen. Der große Kolorist war ein Meister der Skizze und der Zeichnung. Andere bekannte Maler der Romantik waren Géricault in Frankreich und Fuseli und Blake in England.

Abb. 109: Eugène Delacroix (1790–1863), *Studie eines weiblichen Aktes,* für *Der Tod von Sardanapalo,* Pastellzeichnung, Louvre, Paris.

Abb. 110: Gustave Courbet (1819–1877), *Selbstportrait mit Pfeife*, Kohlezeichnung, Wadsworth Athenaeum, Hartford.

109

Als Vertreter des Realismus lassen sich Daumier, Rousseau, Courbet und Millet in Frankreich und Fortuny in Spanien nennen. Zu der Gruppe der Künstler, die als Romantiker begannen und den Impressionismus vorbereiteten, gehören Turner, Corot, Boudin und der Amerikaner Homer. Es ist festzustellen, daß alle Künstler der Periode zwischen 1830 und 1870 exzellente Zeichner waren.

Der Impressionismus

Monet, Manet, Pissarro, Renoir, Degas, Sisley, Cézanne, Boudin, Berthe Morisot... In den sechziger und siebziger Jahren des 19. Jahrhunderts wies die große Jury des Pariser Salons die Werke aller dieser Künstler zurück. Um einen Ausweg aus diesem Dilemma zu finden, organisierten sie den sogenannten „Salon der Refüsierten". Die Ausstellung war ein völliger Fehlschlag. Im „Figaro" konnte man dazu lesen: „Fünf oder sechs Irre – einer von ihnen war eine Frau –, eine Gruppe armer Teufel, verleitet von einem närrischen Ehrgeiz... Ein schreckliches Spektakel menschlicher Eitelkeit, die an Wahnsinn grenzt." Der Titel eines der ausgestellten Werke: „Impression, soleil levant" (Impression, Sonnenaufgang) von Manet, regte die Fantasie des Kunstkritikers Leroi an. Um die Mitglieder der

110

Der Impressionismus

Gruppe lächerlich zu machen, nannte er sie in einem Artikel des „Charivari" Impressionisten. Der Name setzte sich durch und blieb als Bezeichnung für einen bis heute noch gepflegten Stil erhalten.

Der Impressionismus bedeutete eine echte Revolution. Er brachte eine radikale Veränderung der Farbpalette, der Komposition und Motivwahl sowie die Gewohnheit, in der freien Natur zu malen, mit sich. Alle Impressionisten zeichneten viel, hauptsächlich in Form von Skizzen und fast niemals in akademischer Weise. Degas mit seinen außergewöhnlichen Pastellbildern, Toulouse-Lautrec mit seinen Buntstift- oder Kreideskizzen und van Gogh mit seinen originellen Zeichnungen mit Bleistift, Tusche oder Rohrfeder sind wunderbare Beispiele für einen Zeichenstil, der durchaus mit den Vorläufern der modernen Kunst Schritt halten konnte.

Abb. 111, 112: Edouard Manet (1832–1883), *Porträt von Madame Jules Guillemet,* Kohlezeichnung, Eremitage, Leningrad. Es handelt sich um eine Vorzeichnung für das Pastellbild auf Pappe (Abb. 112), City Art Museum, St. Louis.

111

112

113

114

115

Abb. 113: Georges Seurat (1859–1891), *Porträt der Mutter des Künstlers,* Kohlestift, Metropolitan Museum, New York.

Abb. 114: Edgard Degas (1834–1917), *Nach dem Bad,* Pastellzeichnung, Sammlung Durand-Ruel, Paris.

Abb. 115: Vincent van Gogh (1853–1890), *La Crau, gesehen vom Montmajour,* Federzeichnung mit Tinte in Siena und Sepia auf verwischter Kohlezeichnung, British Museum, London.

Die Zeichnung heute

Es ist völlig ausgeschlossen, in wenigen Zeilen die große Anzahl von Zeichnungen, Namen der berühmten Künstler, Tendenzen und Stile zusammenzufassen, denen wir im 20. Jahrhundert begegnen. Wir nennen daher nur einige moderne Ausdrucksformen und fügen zu jedem „Ismus" den Namen der repräsentativsten Vertreter hinzu: „Nachimpressionismus" mit van Gogh, Gauguin und Cézanne; „Pointillismus", von dem uns Seurat mit einer seiner Illustrationen auf der vorigen Seite (Abb. 113) ein Beispiel gibt; „Fauvismus" (fauve = wild), der mit Matisse begann, dessen erste Werke aufgrund ihrer schockierenden Farbsynthese als wild bezeichnet wurden und dessen Zeichnungen ebenfalls eine Synthese der Formen aufweisen (Abb. 121); die „Nabi-Bewegung" mit Bonnard und Vuillard an der Spitze, die später in Richtung „Intimismus" abwanderten, ein figurativer Kunststil mit Szenen des Interieurs. Der „Kubismus" wurde von Picasso und Braque eingeleitet und von Juan Gris fortgesetzt. Wir sollten uns daran erinnern, daß Picasso, einer der größten Zeichner der Kunstgeschichte, zahlreiche unterschiedliche Stile anwandte, so daß er schließlich als klassischer moderner

Abb. 119: Edward Hopper (1882–1967), *Selbstporträt,* Kohlezeichnung, National Portrait Gallery, Washington.

Abb. 120: Pablo Picasso (1881–1973), *Der Verrückte,* Aquarell in Ultramarin auf ockerfarbenem Papier, Picasso-Museum, Barcelona.

116

117

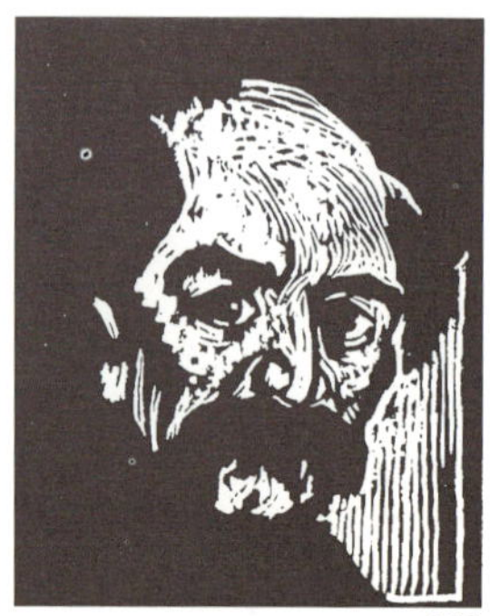

118

119

120

Abb. 116: John Singer Sargent (1856–1925), Bleistiftzeichnung, Fogg Art Museum, Harvard Universität.

Abb. 117: Ramón Casas (1866–1932), *Porträt von Joaquin Alvarez Quintero,* Kohlezeichnung, Museum der modernen Kunst, Barcelona.

Abb. 118: Emil Nolde (1867–1956), *Porträt einer Italienerin,* Holzschnitt, Albertina, Wien.

Künstler aller Stilrichtungen, außer der Abstrakten, bezeichnet werden konnte. Zu nennen sind ferner der „Symbolismus" mit Max Ernst, der „Surrealismus" mit Salvadore Dali als Hauptvertreter, der sich sowohl in Zeichnungen als auch in Gemälden ausdrückte; dem „Expressionismus" gehören Nolde, Ensor, Modigliani und Grosz an, für den das Zeichnen von großer Bedeutung ist. Die „Metaphysische Malerei und Zeichnung" pflegen de Chirico und Carrà; der „Futurismus" wurde von dem bereits erwähnten Carrà als Versuch eines Ausgleichs gegenüber der Unbeweglichkeit des Kubismus eingeführt. Die „abstrakte Kunst" begann mit einem Aquarell von Kandinsky und wurde von Mondrian weiterentwickelt, dessen Graphismus großen Einfluß auf die Dekoration, die Werbung und die Gebrauchsgrafik besaß ... Die „Op Art" mit Vasarely ist eine Reaktion auf die „Pop Art", als deren Anhänger der Amerikaner R. B. Kitaj zu nennen ist, ein außergewöhnlicher Zeichner der figurativen Kunst (siehe Abb. 126). Erwähnt seien noch der „Tachismus" und der „Hyperrealismus".

Die Geschichte der Zeichnung, die Geschichte der Kunst geht weiter. Manche Leute bestreiten dies. Sie behaupten, die Kunst habe mit den immer neuen Versuchen und Ismen einen Stillstand erreicht. Man solle daher zurückkehren zum Realismus der Klassik. Ortega y Gasset antwortete auf diese weit verbreitete Vorstellung mit wenigen, zutreffenden Worten: „In der Kunst bestand aufgrund der falschen Verwendung der Begriffe ‚Realismus' und ‚Idealismus' lange Zeit eine große Verwirrung. Unter ‚Realismus' verstehen wir die exakte Wiedergabe eines Motivs.

Realität bedeutet im Sinne der Kunst also Kopieren. Der Idealismus, das Ideal, die Illusion gehören dagegen zum Kunstwerk."

121

122

123

Abb. 121: Henri Matisse (1869–1954), *Frau in einem Sessel,* Kohlezeichnung.

Abb. 122: Aubrey Beardsley (1872–1898), *Die Wagnerianer,* Feder und Pinsel mit schwarzer Chinatusche, Victoria and Albert Museum, London.

Abb. 123: Fernand Léger (1881–1955), *Gesicht und Hände,* Pinsel und Tinte auf Bleistiftzeichnung, Museum of Modern Art, New York.

Die Zeichnung heute

124

125

Abb. 124: George Grosz (1893–1959), *Menschen im Café,* Bleistiftzeichnung, British Museum, London.

Abb. 125: Walter Sickert (1860–1942), *Frau vor einem Spiegel,* dunkelblauer Stift mit weißer Kreide auf warmgrauem Papier, British Museum, London.

Abb. 126: R.B. Kitaj (geb. 1932), *Rauchende Marynka,* Pastellzeichnung und Kohle auf Papier. Im Besitz des Künstlers.

Abb. 127: Egon Schiele (1890–1918), *Selbstporträt des Künstlers beim Zeichnen eines weiblichen Aktes vor einem Spiegel,* Bleistiftzeichnung, Albertina, Wien.

126

127

Material, Zubehör und Techniken der künstlerischen Zeichnung

Zeichnen – wie, wo und womit

Als Grundausrüstung zum Zeichnen benötigt man einen Bleistift Nr. 2 oder 2B höherer Qualität, Zeichenpapier, Radiergummi und ein Zeichenbrett, das aus einer Zeichenmappe oder einem Holzbrett bestehen kann. Natürlich darf der Bleistift auch härter oder weicher sein, und wir können preiswerteres Papier, Standardqualität oder Zeichenpapier höherer Qualität verwenden. Statt eines Bleistiftes eignen sich auch Zeichenkohle, Rötelstifte, farbige Kreiden, Farbstifte, Zeichenfeder und Aquarellpinsel. Und das Papier kann weiß oder farbig sein. Diese zahlreichen technischen Möglichkeiten, die wir innerhalb unseres Buches genauer beschreiben werden, ändern jedoch nichts an der Tatsache, daß man für die beste Zeichnung im Grunde nur Bleistift und Papier benötigt. Das Zeichnen ist eine grundlegende grafische Kunst, denn darauf beruhen die gesamte bildnerische Kunst, die Architektur sowie die Werbung und die Gebrauchsgrafik. Es ist das ideale Verfahren zur Anfertigung von Ganzbildern und Porträts, von Skizzen, Kompositionsstudien für ein Gemälde, Kartons (Skizzen für ein Fresko), Illustrationen, Fernsehspots und Werbeanzeigen.
Aber wie zeichnet man, wo und womit? Diese Frage wollen wir Schritt für Schritt untersuchen. Sehen wir uns zunächst an, wie und wo der Künstler zeichnet, befassen wir uns also mit dem Atelier, wo der Künstler normalerweise arbeitet, mit seiner Haltung – ob er steht oder sitzt – und mit der Grundausstattung des Raums. Zum Arbeiten benötigt man unbedingt einen Hocker, eine Zeichenmappe, Zeichenbrett, Staffelei etc. Anschließend befassen wir uns mit dem Atelier, der Beleuchtung, dem Material und den Techniken ... Schauen Sie sich zuvor jedoch die Abbildungen auf dieser Doppelseite an, und lesen Sie aufmerksam die Bildlegenden.

Abb. 131: Beim Zeichnen im Freien, auf dem Lande oder am Meer, in der Nähe eines Dorfes oder einiger Schiffe, am Strand etc. können Sie die Zeichenmappe als Unterlage benutzen, sie auf einen Stein, ein Sims oder eine andere Kante stützen und sich selbst auf einen weiteren Stein oder ähnliches setzen. Das heißt, Sie benötigen nur einen Bleistift, einen Radiergummi und die Zeichenmappe zum Arbeiten. Und vergessen Sie nicht zwei Metallklemmen. Man braucht sie, um das Papier festzuhalten.

128

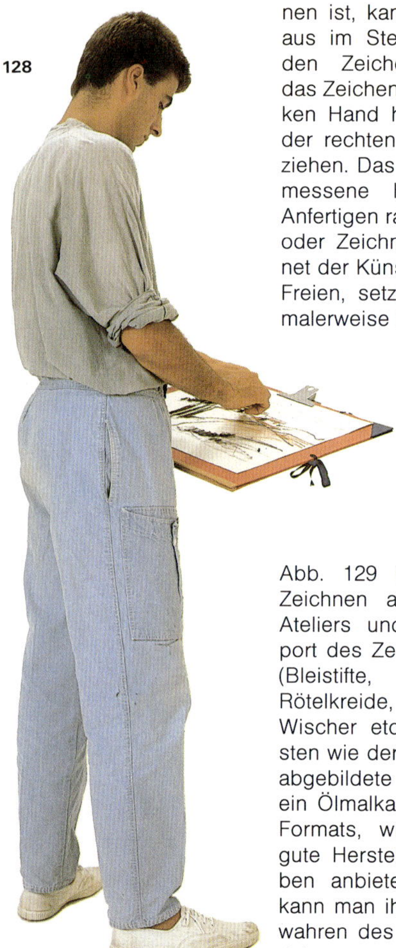

Abb. 128: Wie anhand dieser Illustration zu erkennen ist, kann man durchaus im Stehen zeichnen, den Zeichenblock oder das Zeichenbrett in der linken Hand halten und mit der rechten seine Striche ziehen. Das ist eine angemessene Haltung beim Anfertigen rascher Skizzen oder Zeichnungen. Zeichnet der Künstler jedoch im Freien, setzt er sich normalerweise hin.

129

Abb. 129 (oben): Beim Zeichnen außerhalb des Ateliers und zum Transport des Zeichenmaterials (Bleistifte, Zeichenkohle, Rötelkreide, Radiergummi, Wischer etc.) ist ein Kasten wie der auf dem Foto abgebildete ideal. Es ist ein Ölmalkasten kleineren Formats, wie ihn einige gute Hersteller von Ölfarben anbieten. Im Atelier kann man ihn zum Aufbewahren des Zeichenmaterials verwenden.

Abb. 130 (unten): Man sitzt beim Zeichnen auf einem Hocker, einem Stuhl oder in einem Sessel, stützt das Zeichenbrett auf den Schoß und lehnt es gegen eine Tischkante oder, wie auf dieser Abbildung, gegen eine Stuhllehne. Das ist eine völlig geläufige Arbeitsweise, wenn man nach einem Modell arbeitet und keine Staffelei zur Verfügung hat.

130

131

132

Abb. 132: Man sollte tunlichst mehrere Zeichenmappen unterschiedlicher Größe im Atelier haben, in denen man das Papier ordnen kann und fertige, zuvor fixierte Zeichnungen aufbewahrt. Wie schon erwähnt, kann man die Mappe auch im Freien als Unterlage benutzen. Beachten Sie die schwarze Zeichenmappe im Vordergrund. Sie ist mit einem Metallgriff ausgestattet, so daß sich die Zeichnungen und das Papier leichter transportieren lassen.

Abb. 133 (unten): Zusammenlegbare Staffelei mit Malkasten. Dieses klassische Modell für die Ölmalerei ist auch zum Zeichnen gut geeignet. Man arbeitet darauf mit einer Zeichenmappe oder einem Zeichenbrett und Papier statt einer Leinwand als Malgrund. Der Malkasten kann nicht nur für Ölfarben, sondern auch für Zeichenmaterial und Werkzeug benutzt werden. Zur vollständigen Ausrüstung für die Arbeit im Freien gehört noch ein zusammenlegbarer Hocker.

Abb. 134 (unten): Hier noch eine Studiostaffelei zum Zeichnen mit einem Zeichenbrett und Zeichenpapier, das von zwei Metallklemmen gehalten wird. Beachten Sie die Haltung und die Stellung des Künstlers beim Zeichnen auf diesem zweistufigen Foto. Der Abstand zwischen Hocker und Staffelei ermöglicht es dem Künstler, zum Aufbau kleiner Einzelheiten nahe an die Zeichnung heranzugehen oder sich zurückzulehnen und mit ausgestrecktem Arm und halbgeschlossenen Augen zu arbeiten. Das ist die typische Haltung des Künstlers, der sein eigenes Werk überdenkt.

133

134

Das Atelier: Beleuchtung, Mobiliar und Zubehör

Jeder Raum oder jede Ecke im Haus eignet sich zum Zeichnen, vorausgesetzt, man kann dort einen Tisch so nahe ans Fenster rücken, daß das Licht von der linken Seite fällt. An Mobiliar benötigen wir nur ein Zeichenbrett und einen Stuhl. Es gibt keine Spezialateliers für den Zeichner. Alle Künstler, die zeichnen, sind auch Maler und umgekehrt. In der Praxis verhält es sich so, daß Sie Ihr eigenes Plätzchen haben und allein sein müssen, wenn Sie zeichnen oder malen wollen, wenn Sie ein Porträt von jemandem anfertigen, Ihre Katze skizzieren, eine Gestalt malen – vor allem, wenn es sich um ein Aktbild handelt – und dabei auch gefühlsmäßig erfahren wollen, was Zeichnen oder Malen bedeutet. Mit anderen Worten: Sie benötigen ein Atelier. Ein etwa 3 × 4 Meter großer Raum – oder etwas größer – wie der links abgebildete (Abb. 135) wäre ideal. Er

135

Abb. 135: Hier die grafische Darstellung eines Ateliers von 4,50 m Länge und 3,50 m Breite. Beachten Sie die Richtung des Außenlichtes, das links von Tisch und Staffelei hereinfällt.

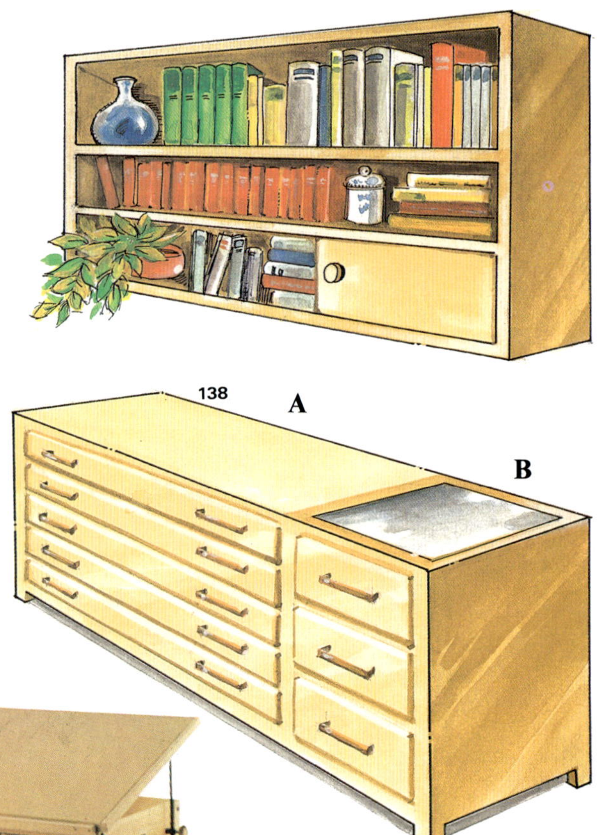

138

136

Abb. 136: Dies ist der sogenannte Scherentisch, ein zusammenlegbares Modell, das schon seit mehr als hundert Jahren erhältlich ist. Die Platte des Tisches kann beliebig geneigt werden.

137

Abb. 137: Der *Pionier-Tisch* ist ein elegantes und funktionelles Modell mit beliebig verstellbarer Tischplatte, Schubläden zur Aufbewahrung des Materials und Holmen zum Aufsetzen der Füße.

Abb. 138: Ein Regalelement für Bücher und Material sowie eine Kommode mit flachen Schubläden und einer Opalglasplatte, die von unten mit einer Neonröhre in der ersten Schublade beleuchtet wird.

sollte mit dem darin aufgeführten Mobiliar, Zubehör und einer geeigneten Beleuchtung ausgestattet sein. Sehen Sie sich die nun folgende Aufstellung an:

Lampen, Mobiliar und Zubehör

Beleuchtung
1. Fensteröffnung für Tageslicht
2. Schreibtischlampe
3. Stimmungsvolle Lampe
4. Schwenkbare Lampe an der Staffelei
5. Allgemeine Deckenbeleuchtung

Möbel und Zubehör
A) Studiostaffelei
B) Zeichentisch mit leicht geneigter Platte (Abb. 136)
C) Schreibtischsessel
D) Beistelltisch
E) Schubladenkommode mit Leuchtplatte (Abb. 138)
G) Bücherregal
H) Sessel und Sofa für das Modell
I) Drehstuhl zum Zeichnen an der Staffelei

Der Tisch auf der unteren Illustration wurde speziell zum Zeichnen entworfen und ist mit einer pultförmigen Staffelei ausgestattet. Die rechte Hälfte des Tisches dient als Ablage für Material und Werkzeug. Der Sessel ist für die Arbeit am Tisch, der Drehstuhl für die Staffelei gedacht. Beide Stühle sind auf Rollen und sollten unbedingt fünfbeinig sein.

Abb. 139: Hier die Zeichnung eines Künstlers, der in seinem Atelier ein Porträt anfertigt. Wir sehen einen Tisch, der speziell für einen Zeichner angefertigt wurde. In der Mitte befindet sich ein geneigtes Zeichenbrett, zu beiden Seiten ist genügend Platz, um das Material zur Hand zu haben. Das Zeichenmaterial und die Skizzen sowie die in Arbeit befindlichen Studien können in den Schubläden aufbewahrt werden. Beachten Sie die pultförmige Staffelei, die Lampe mit dem schwenkbaren Arm, um das Licht auszurichten, den Sessel auf kleinen Rollen etc.

139

Das Atelier: Beleuchtung, Mobiliar und Zubehör

Abb. 140: Wie bekannt, gibt es zahlreiches unterschiedliches Material und Zubehör zum Zeichnen: harte und weiche Bleistifte, Zeichenkohle und Rötel, Feder und Chinatusche etc. Daneben ist jedoch einiges Zubehör erforderlich, das keinesfalls fehlen darf. Betrachten Sie die Einzelheiten des Fotos.

1. Ein Spray zum Fixieren von Bleistift-, Kohle-, Rötel- und Kreidezeichnungen. Pastellzeichnungen sollten allerdings nicht fixiert werden, da sich deren Farben dabei verändern.
2. Metallineal mit Zentimetereinteilung von 50 bis 70 cm Länge. Es sollte aus Metall sein, damit man das Papier oder die Pappe gegebenenfalls daran entlang mit einer Rasierklinge oder einem Cutter schneiden kann, ohne das Lineal zu beschädigen.
3. Lineal mit Zentimetereinteilung von 30 cm Länge.
4. Transparente Winkeldreiecke aus Kunststoff.
5. Klemmen zur Befestigung der Zeichnung am Zeichenbrett. Ich empfehle, die größten zu erwerben, mit denen man das Papier bei der Aquarellmalerei gleichzeitig spannen kann.
6. Rolle gummiertes Kreppband zur Einrahmung von Lavierungen und Aquarellen vor Beginn der Arbeit. Es ist nach Abschluß der Arbeit leicht wieder zu entfernen und hinterläßt einen absolut sauberen Bildrand.
7. Dose Spezialkleber zum Aufziehen des Papiers auf Pappe oder Holz.
8. Rolle Haushaltspapier zum Ausdrücken des Pinsels und Absaugen der Flüssigkeit kleinerer oder größerer Flächen während der Herstellung einer Lavierung oder eines Aquarells.
9. Glasgefäß mit Wasser zum Malen von Lavierungen oder Aquarellen. Für eine Lavierung mit Chinatusche benötigt man destilliertes Wasser. Wollen Sie im Freien arbeiten, empfehle ich die Verwendung eines unzerbrechlichen Kunststoffgefäßes.
10. Bleistiftspitzer.
11. Spezialbleistiftspitzer.
12. Heftzwecken zur Befestigung des Papiers am Zeichenbrett.
13. Klinge oder Cutter zum Schneiden von Papier und Pappe mit Hilfe eines Metallineals.
14. Papierschere.

141

Abb. 141: Ein Ständer zum Aufbewahren großer Zeichenmappen mit Ihrem Ersatzpapier und Ihren fertigen Arbeiten leistet im Atelier gute Dienste. Man benötigt ihn auch, um seine Werke Freunden oder Kunden zu zeigen.

140

Das Zeichenpapier

Mit Ausnahme gewisser Spezialpapiersorten wie Metallpapier, kunststoffbeschichtetes Papier oder sehr dünnes Papier (z. B. Seidenpapier), läßt sich grundsätzlich jedes Papier zum Zeichnen verwenden. Eine der berühmtesten Pastellzeichnungen des Impressionisten Odilon Redon „Vase mit Blumen“ wurde sogar auf Packpapier angefertigt. Trotzdem muß man hier Papier herkömmlicher Qualität, wie das glatte Offsetpapier aus einem Papierbrei aus Holzschnitzeln, das mechanisch oder in der Form gefertigt wird (z.B. Fabriano), und Papier hoher Qualität, wie das von Canson, Hahnemühle Schoellershammer, Whatman oder ebenfalls von Fabriano, unterscheiden. Diese Papiersorten enthalten einen hohen Anteil Textilfasern und sind teuer. Daher liefern manche Hersteller auch ein Papier mittlerer Qualität. Qualitätspapier erkennt man am Handelszeichen oder Namen des Herstellers, der in einer Ecke des Blattes eingeprägt ist beziehungsweise als traditionelles Wasserzeichen erscheint, das man erkennt, wenn man das Papier gegen eine Lichtquelle hält. Zu den professionellen Zeichenpapiersorten zählen:

A) Satiniertes Papier,
B) Papier mit feinem Korn,
C) Papier mit mittlerem Korn,
D) Papier mit grobem Korn,
E) Weißes und farbiges Büttenpapier,
F) Cansonpapier mi-teintes.

Ferner gibt es weniger gebräuchliche Papiersorten wie Reispapier, das sich vor allem für die Sumi-e-Technik eignet, Schabkarton für Federzeichnungen als Imitation von Holzschnitten, Parole-Papier, das mit einer Stoffschicht versehen und innen mit einem Aluminium- und einem Polyesterblatt verstärkt ist.

A) *Satiniertes Papier* besitzt ein beinahe unsichtbares Korn. Es wird gepreßt und mit heißem Kalander gewalzt und eignet sich insbesondere für Feder- und Bleistiftzeichnungen. Es ermöglicht zahlreiche Kontraste und makellose Abstufungen; es ist insbesondere für Porträtzeichnungen zu empfehlen.

B) *Papier mit feinem Korn.* Dieses Papier eignet sich hervorragend für Zeichnungen mit dem Graphitstift, mit Wachsstift oder Buntstiften. Das Papierkorn steigert die Wirkung der Zeichnung, ohne die Harmonie zu stören oder die Gleichmäßigkeit der Abstufung und Verwischung zu beeinträchtigen.

C) *Papier mit mittlerem Korn.* Dieses Papier eignet sich insbesondere für Pastellkreide, Rötelstift, farbige Kreide, sowie Lavierungen und Aquarelle.

D) *Papier mit grobem Korn.* Man benutzt es normalerweise für die Aquarellmalerei.

E) *Weißes und farbiges Büttenpapier (Ingres).* Dieses Papier befindet sich inzwischen seit mehr als einhundert Jahren auf dem Markt. Es eignet sich außerdem gut für Kohlezeichnungen. Es besitzt eine besondere Struktur, die gegen das Licht gehalten deutlich sichtbar ist und sich auch bei der fertigen Zeichnung bemerkbar macht. Das grobe Korn entsteht durch das Sieb, auf das das Papier während des Herstellungsprozesses gegeben wird. Büttenpapier (Ingres) wird auch für Rötel-, Kreide- und Pastellzeichnungen verwendet. Heuzutage bevorzugt man jedoch meistens Papier mit mittlerem oder grobem Korn für diese Techniken.

F) *Farbiges Cansonpapier (mi-teintes).* Hierbei handelt es sich um feinkörniges Papier. Es wird in einer breiten Farbskala hergestellt (siehe Seite 57, Abb. 146). Das Korn ist auf der Vorderseite gröber als auf der Rückseite. Durch Hinzufügen von Leim zum Papierbrei vor dem Verstreichen der Masse auf dem Sieb erreicht man eine gleichmäßige Verleimung auf beiden Seiten. Die Qualität ist also auf der Vorder- und Rückseite gleich, so daß der Künstler die Wahl zwischen einer feinen und einer rauhen Struktur hat. In beiden Fällen besitzt das Papier eine gute Struktur und ideale Verleimung für die Zeichnung mit Kohle oder Rötelstift und Spitzlichtern mit weißer Kreide. Es ist ebenfalls geeignet für Zeichnungen mit Kreide, Pastellkreide und Farbstifte.

Abb. 142: Zur Kennzeichnung guten Zeichenpapiers prägen die Hersteller ihr Markenzeichen entweder in eine Ecke des Blattes, oder sie versehen es mit dem traditionellen Wasserzeichen, das beim Hindurchschauen zu erkennen ist.

142

Verschiedene Zeichenpapiersorten

143 Abb. 143: Hier einige Beispiele für Zeichenpapier und ihre Hersteller. Oben: 1. *Arches satiniert* mit feinem Korn, 2. *Schoellershammer Turm glatt* mit mittlerem Korn und 3. *Canson* mit grobem Korn. Selbstverständlich stellen alle hier erwähnten Firmen auch andere Papiersorten her. Die englische Firma *Whatman* liefert zum Beispiel ein feinkörniges Papier, wie das gezeigte Beispiel (6), stellt aber auch grobkörniges Papier her. Das gleiche gilt für die holländische Firma Schut (10), die ebenfalls satiniertes und glattes Papier anbietet. Als geeignetes Papier für Skizzen und Vorstudien empfehle ich das normale Offsetpapier (9).

Abb. 144 und 145: Auf dieser Seite sehen Sie eine Auswahl farbigen Zeichenpapiers der französischen Marke *Canson*, das sowohl in 100 g (Ingres) als auch in 160 g (mi-teintes) lieferbar ist. Die meisten Hersteller von Zeichenpapier wie Fabrino in Italien. Canson in Frankreich und Hahnemühle sowie Schoellershammer in Deutschland etc. bieten farbiges Zeichenpapier mit mittlerem oder grobem Korn an. Sie liefern auch das sogenannte *Ingres-Büttenpapier*. Wie anhand der Abbildungen zu erkennen, empfiehlt sich farbiges Papier vor allem für die Arbeit mit Zeichenkohle und Rötelkreide, Pastellkreiden sowie Farbstifte.

Abb. 146: Francesc Serra (1912–1976), Zeichnung mit Kohle und Rötel auf farbigem Papier (Ausschnitt), Privatsammlung.

144

145

146

Das Papier: Handelsformen, Stärke und Format

Das Papiergewicht wird als Flächengewicht in Gramm pro Quadratmeter und als Kilogewicht je tausend Bogen (ein Ries) angegeben. Dabei gibt es sowohl sehr dünnes Papier von nur 45 Gramm pro Quadratmeter, als auch pappeähnliches Papier von 370 Gramm pro Quadratmeter. Zeichenpapier wird als Einzelbogen und auf Pappe aufgezogen mit folgenden Standardmaßen angeboten:

Viertel Bogen	35 × 50 cm
Halber Bogen	50 × 70 cm
Ganzer Bogen	70 × 100 cm

Ferner ist es in Rollen von zwei Meter Breite bis maximal zehn Meter Länge erhältlich. In Blöcken von zehn bis 25 Blatt ist es entweder mit einer Spiralbindung versehen oder an allen vier Seite auf dicke Pappe verleimt, so daß die Blätter eine kompakte Einheit bilden und ihre Form beibehalten. Diese Verleimung ist vor allem ideal für Lavierungen und die Aquarellmalerei. Am häufigsten werden Blöcke mit einem Inhalt von zehn Blatt verwendet. Es ist zu beachten, daß sich das meiste Aquarellpapier auch hervorragend für die Arbeit mit Bleistift, Zeichenkohle, Rötel, Kreide und Pastellkreide eignet. Es gibt allerdings einige Ausnahmen. Eine davon ist das Papier mit grobem Korn, das speziell für die Aquarellmalerei entwikkelt wurde. Die andere Ausnahme bildet die Federzeichnung, die ein sehr glattes Papier ohne jedes Korn erfordert.
Die Formate für Zeichenpapier sind grundsätzlich nicht standardisiert. Zunehmend wird Zeichenpapier jedoch auch in Deutschland im DIN-Format angeboten: A 1, 2, 3, 4 und 5, so daß dem Künstler eine breite Auswahl zur Verfügung steht.
Nachstehend finden Sie eine Liste von Herstellern hochwertigen Zeichenpapiers, das normalerweise in allen Ländern erhältlich ist.

Hersteller von hochwertigem Zeichenpapier

Arches	Frankreich
Canson und Montgolfier	Frankreich
Daler	England
Fabriano	Italien
Schoellershammer	Deutschland
Whatman	England

147

148

Abb. 147: Zeichenpapier wird als Einzelblätter, auf Pappe aufgezogen und in Rollen angeboten (maximale Größe: 2 m breit und 10 m lang). Wie auf dieser Abbildung zu erkennen, besitzen manche Blätter den charakteristischen unregelmäßigen Büttenrand, der früher ein Kennzeichen für handgeschöpftes Papier war.

Abb. 148: Zeichenpapier ist ebenfalls als Spiralblock oder, wie das Aquarellpapier, an allen vier Seiten verleimt erhältlich. Zeichenpapier mit feinem Korn ist gleichermaßen zum Zeichnen und zum Malen mit Aquarellfarben zu verwenden.

Befestigen, Montieren und Spannen des Papiers

Während des Zeichnens muß das Papier auf einem Zeichenbrett oder einer Zeichenmappe liegen und gut darauf befestigt sein. Dafür nimmt man Nadeln oder besser noch Metallklemmen wie jene auf Abbildung 140, Nr. 5, auf Seite 54.
Wollen Sie jedoch mit Wasser- beziehungsweise Aquarellfarben zeichnen oder malen, liegen die Dinge anders. Das Papier dehnt sich aufgrund der Feuchtigkeit der Farben normalerweise aus, und es entstehen Wellen und Falten. Ich nehme an, Sie kennen die Lösung für dieses Problem. Auf jeden Fall will ich Sie Ihnen hier noch einmal zeigen (siehe Abb. 149–154).
Ich muß allerdings darauf hinweisen, daß diese Methode des Spannens mit Hilfe von Klebestreifen nicht generell von allen Profis angewendet wird. Viele erreichen mit Hilfe zahlreicher Nadeln dasselbe Ergebnis. Andere benutzen acht Klemmen rund um das Blatt und halten es damit auf dem Brett gespannt. Schließlich spannen manche das Papier auch mit Hilfe von Heftklammern aus einer Heftmaschine, wie sie Dekorateure benutzen (Tucker – siehe Abb. 153). Das gelingt jedoch nur, wenn das Papier dick genug ist und mindestens 200 bis 225 Gramm pro Quadratmeter wiegt. Dünneres Papier muß auf jeden Fall gespannt werden.

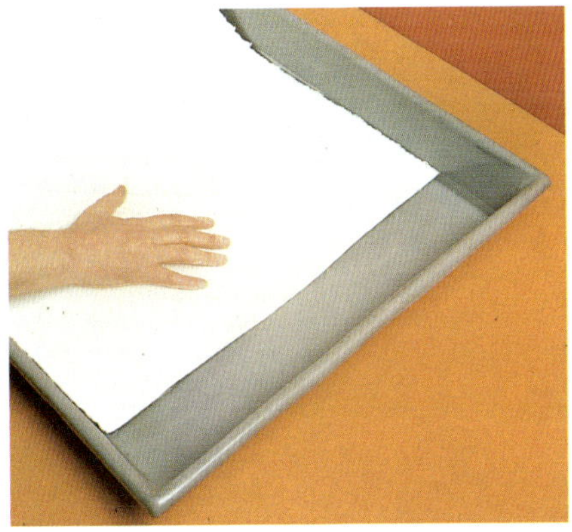
149

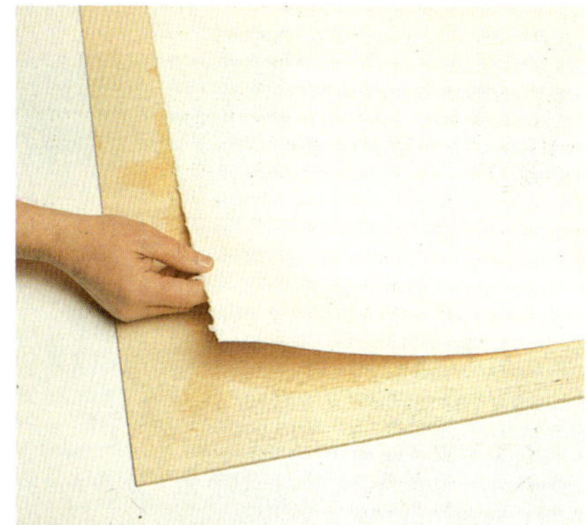
150

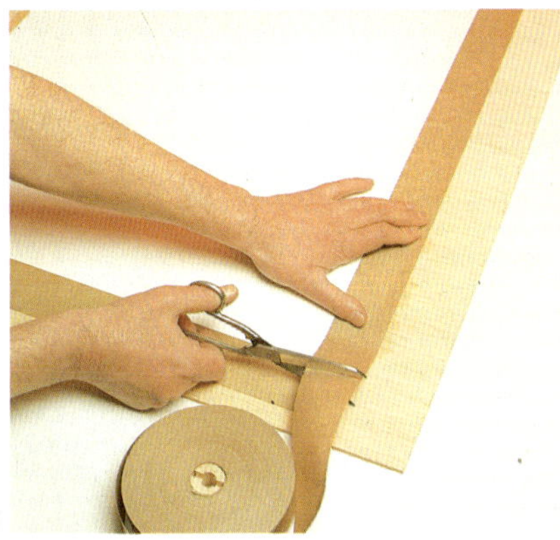
151

152

153

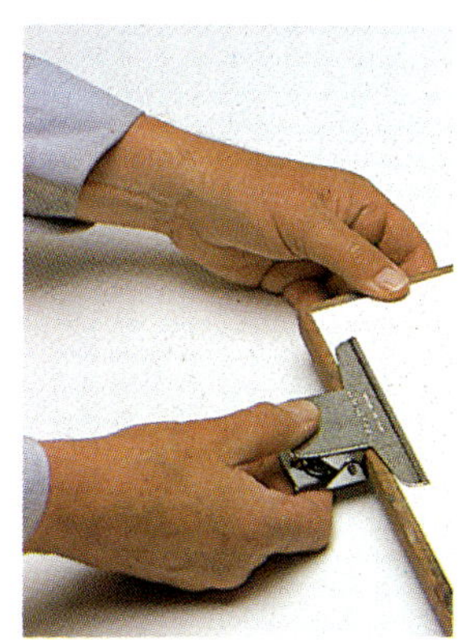
154

Abb. 149: Will man eine Lavierung mit verdünnter Chinatusche oder ein Aquarell auf zu feinkörnigem Papier anfertigen, muß man dieses zuvor anfeuchten und spannen, um durch Wasser und Farbe hervorgerufenes Wellen zu verhindern. Nehmen Sie dafür das Zeichenpapier in beide Hände, und lassen Sie das Wasser etwa zwei Minuten lang darüberlaufen.

Abb. 150: Legen Sie das durchnäßte Papier sofort auf ein Holzbrett, und ziehen Sie es ein wenig mit beiden Händen, damit es sich stärker dehnt.

Abb. 151: Befestigen Sie das Papier an einer Seite mit einem zwei bis drei Zentimeter breiten Klebeband.

Abb. 152: Befestigen Sie nun auch die anderen drei Seiten mit einem Klebestreifen. Lassen Sie das Papier in waagerechter Lage vier bis fünf Stunden trocknen. Anschließend können Sie auf der glatten gespannten Fläche malen, ohne daß diese sich verzieht.

Abb. 153 und 154: Sie können das zuvor angefeuchtete Papier auch mit einer Heftmaschine befestigen, wie Dekorateure sie benutzen. Handelt es sich um dickeres Papier (mehr als 200 g), läßt es sich auch mit Heftzwecken befestigen oder mit Klemmen mit breiten Backen spannen.

155

Abb. 155: Für die Arbeit mit Zeichenkohle, Rötel, Farbstiften, Pastellkreide etc. braucht das Papier nicht aufgezogen oder gespannt zu werden. Befestigen Sie es einfach mit Heftzwecken oder Klemmen auf einem Zeichenbrett. Letzteres ist allerdings unbedingt erforderlich.

Der Bleistift und seine Varianten

Der Bleistift mit seiner Graphitmine ist das typischste Zeicheninstrument. Graphit ist ein solides Mineral. Es besitzt einen metallischen Glanz und ist von fetter Substanz. Entdeckt wurde es 1560 in Cumberland im Norden Englands. 1640 kam es als Zeicheninstrument auch nach Frankreich. 1792, also während der französischen Revolution, brach England seine Beziehungen zu Frankreich ab und stellte auch die Graphitlieferungen ein. Damals entwickelte der französische Ingenieur und Chemiker Nicolas Jacques Conté den sogenannten Conté-Stift aus einer Mischung von Graphit und Ton, die von Zedernholz umgeben wurde. Später vervollkommnete er seine Bleistifte, mit denen sich nun ein dunkles beziehungsweise helleres Schwarz zeichnen ließ.

Diese Merkmale wurden beibehalten und noch verbessert. Heutzutage stellen die Markenfabrikanten Bleistifte von unterschiedlicher Qualität und Gradation her. Im einzelnen:

1. *Qualitätsbleistifte mit 19 Gradationen* (siehe Abb. 157).

Stifte mit der Markierung B sind für die künstlerische Zeichnung bestimmt, z. B. B, 2B, 6B etc. Stifte, die die Bezeichnung H tragen, eignen sich für technische Zeichnungen, z. B. H, 2H, 5H, 7H etc. (HB eignen sich für beides).

Abb. 156: Bleistifte und ihre Varianten. Von rechts nach links: drei Bleistifte höherer Qualität 6B, 2B, HB (A, B, C); Bleistift der Standartqualität Nr. 2, entsprechend dem Stift B höherer Qualität (D); Graphitstift (E); Graphitmine von 5,6 mm Durchmesser der Marke Koh-i-Noor und Minenhalter (F), Graphitstab von Koh-i-Noor unterschiedlicher Gradation (G, H), Minenhalter von Staedtler Mars mit normalem Durchmesser für Minen von 9H bis 4B (I); Minenhalter von Caran d'Ache mit Spezialdurchmesser für weiche Gradationen von 4B bis 8B (J); Zimmermannsstift mittlerer Gradation von Faber-Castell (K), Stift von Schwan „Stabilo" mit 1 cm dicker weicher Mine (L).

156

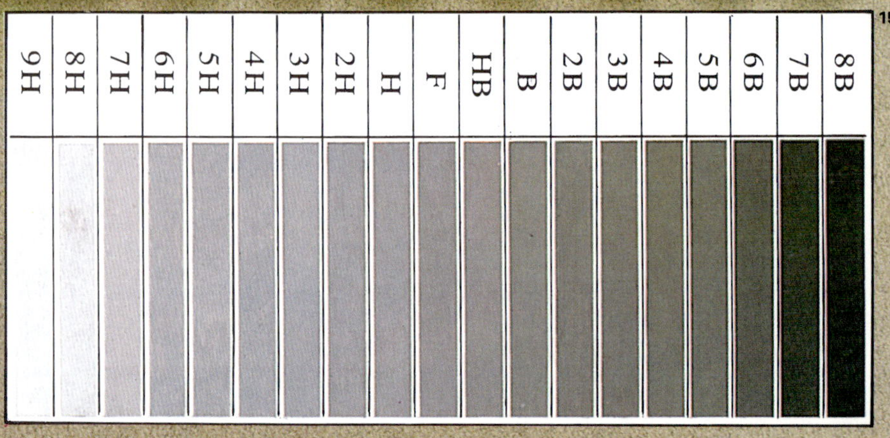

157

Der Radiergummi

2. *Bleistifte in der Standardqualität mit vier Gradationen:*
Weich, Nr. 1 entsprechend 2B und Nr. 2 entsprechend B.
Hart: Nr. 3 entsprechend H, und Nr. 4 entsprechend 2H.
Nachstehend sehen Sie, woraus ein ausreichendes Bleistiftsortiment bestehen sollte:
1 Bleistift 2B. Dies ist der am meisten verwendete Bleistift. Es handelt sich um einen weichen Stift, der intensive Schwarztöne erzeugt, aber auch weiche Grautöne und dünne Linien ermöglicht.
1 Bleistift 4B und 1 Bleistift 8B: für rasche Striche, schnelles Skizzen und zum Schwärzen sehr dunkler Stellen.
1 Bleistift Nr. 2 (Standardqualität): zur allgemeinen Verwendung und zum Schattieren.
Bleistifte gibt es in unterschiedlicher Größe und unterschiedlichen Handelsformen, mit denen sich jeweils spezielle Striche und Wirkungen erzielen lassen. Betrachten Sie den reinen Bleistift (Abb. 156, E), die 5,6 mm Mine (F), die mit einem Spezialhalter gefaßt wird, und den Graphitstab (H). Vergessen Sie nicht die äußerst praktischen Minenhalter (I und J). Der zweite eignet sich besonders für weiche Bleiminen wie 6B, 7B etc.

Abb. 158: Bleistiftradiergummi (A) oder Plastikradiergummi, die kompakt, aber ebenfalls weich sind (B, D), eignen sich zum Löschen fetter Bleistiftstriche am besten, weniger jedoch für Kohle, Kohlestifte, Kreiden oder Pastellstifte. Für letztere, die fettfrei sind, benutzt man biegsame Radierer aus Knetgummi. Sie absorbieren stärker. Den Radiergummi sollte man jedoch nicht übermäßig einsetzen. Am besten beginnt man von vorn, anstatt die Papierfaser zu beschädigen.

Abb. 159: Mit dem Radiergummi läßt sich auch zeichnen, zum Beispiel das Weiß hervorheben, Begrenzungen anlegen etc., wie bei Beethovens Maske. Links die Zeichnung im vorletzten Stadium vor der Intensivierung der Schatten und der Betonung des Lichtes (A). Rechts die fertige Zeichnung mit dem vom Radiergummi hervorgeholten Licht.

158

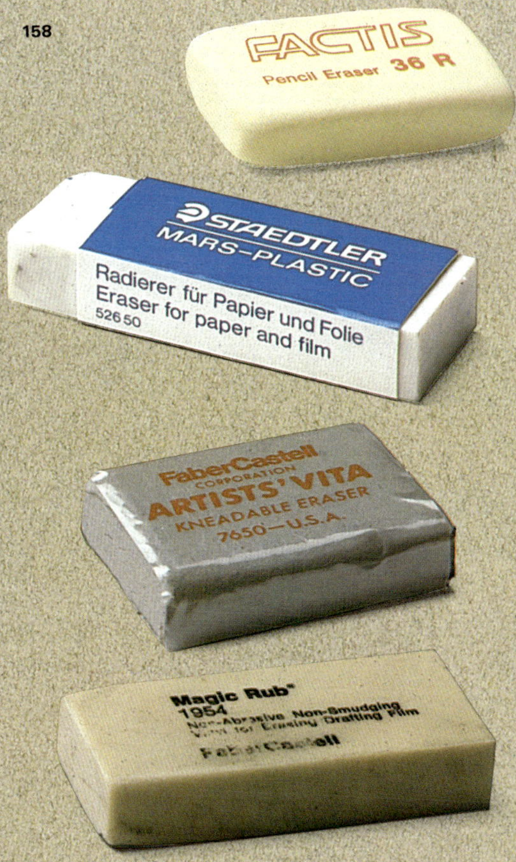

A

B

C

D

Abb. 157: Komplettes Bleistiftsortiment höherer Qualität der Marke Faber-Castell mit allen Gradationen. Die Gradationen, die mit Ziffern und Buchstaben gekennzeichnet werden, sind am Stiftende ins Holz gedruckt. Die Buchstaben F, G, H und die Bezeichnungen 2B, 3B etc. bis 8B entsprechen weichen Minen. Die Mine HB ist von mittlerer Härte. Beachten Sie die Intensität des Schwarz der Gradation B. Sie reicht bis zum absoluten Schwarz der weichsten Mine 8B und umgekehrt bis zum schwächsten Grau der härtesten Mine 9H. Wegen ihrer subtilen Gradation arbeitet der Künstler normalerweise mit weichen Minen. Am gebräuchlichsten ist der Stift 2B; allerdings benutzt man bei bestimmten Gelegenheiten auch die harten Stifte H und 2H.

159 A

B

Die Wischer

Abb. 160: Wischer gibt es in unterschiedlichen Stärken. Man sollte für jede Farbe ein gesondertes Exemplar verwenden. Ein Ende benutzt man für die dunkelsten Töne, das andere für die helleren.

Wie Ihnen bekannt, bestehen Wischer aus dünnen Rollen mit einer Spitze zu beiden Seiten. Sie werden meistens aus saugfähigem Papier hergestellt; es gibt sie jedoch auch aus Waschleder. Man benutzt sie zum Radieren und Verwischen von Flächen oder Strichen mit Bleistift, Zeichenkohle, Rötelstift, Kreide und Pastellkreide.
Normalerweise arbeitet man mit drei Wischern – einem dicken, einem mittleren und einem dünnen – und benutzt das eine Ende für intensives Verwischen und das andere für leichtere Arbeiten. Jeder Wischer erhält also sozusagen eine „zweifarbige" Funktion.

Bei Zeichnungen mit sehr kleinen zu verwischenden Zonen benötigen wir äußerst spitze Wischer, die manchmal so spitz wie ein Bleistift sind. Einige Fabrikanten stellen diese Art Wischer her, wie auf Abbildung 160 zu sehen (der kürzeste auf der linken Seite). Abbildung 161 zeigt, wie man solch einen Wischer aus einem dreieckigen Löschpapier (siehe die Maße bei A) selber herstellt, indem man es wie eine selbstgedrehte Zigarette aufrollt (B und C) und mit einem Klebestreifen zusammenhält (F).

160

Abb. 161: So können Sie sich einen „angespitzten" Wischer zum Zeichnen kleinerer Formen selbst herstellen. Man beginnt mit einem Dreieck der angegebenen Größe (Abb. 161 A) aus saugfähigem Papier (z.B. Zeitungspapier) und rollt es wie eine Zigarette auf. Befestigen Sie das Ende mit einem Klebestreifen.

161

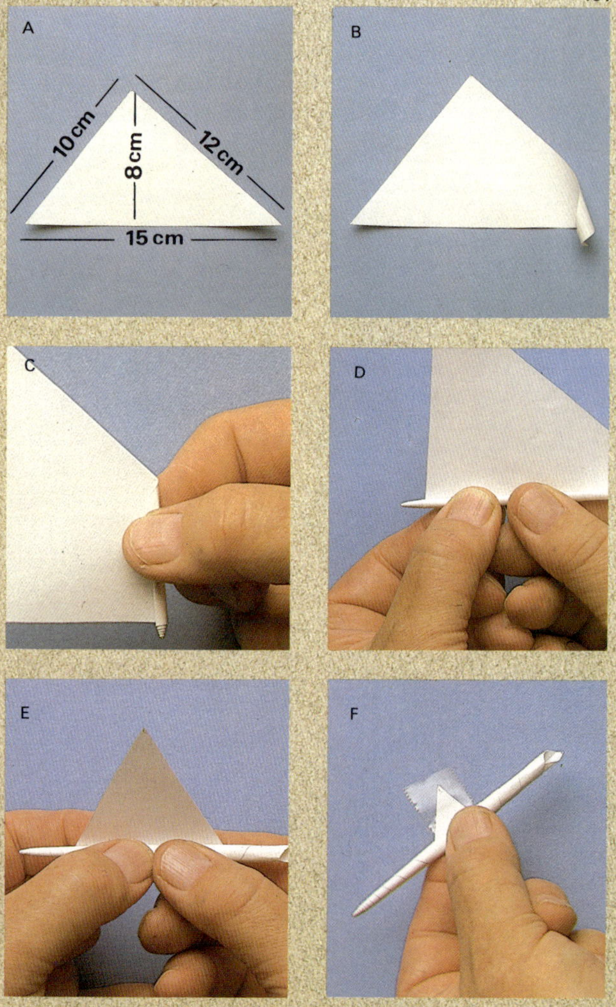

Verwischen mit den Fingern

Die meisten mir bekannten Künstler zeichnen und verwischen lieber mit den Fingern als mit einem Papierwischer.
Ich glaube, dafür gibt es mehrere Gründe: die Fingerspitzen sind *geschmeidig*: sie passen sich leicht der Struktur des Papiers an. Außerdem sind sie *feucht*. Sie halten die Feuchtigkeit und verbinden sie – so gering sie auch sein mag – mit der fetten Substanz des Graphits, so daß ein intensiveres Schwarz entsteht. Die Fingerspitzen erzeugen *Wärme*. Beim Reiben auf dem Graphit trägt diese Wärme zum Verschmelzen bei und verstärkt gleichzeitig die Töne. Außerdem ist die Arbeit mit den Fingerspitzen unmittelbarer. Man setzt also leichter seinen künstlerischen Willen in bezug auf Aufhellung, Verschmelzung oder Schwärzung um. Betrachten Sie auf Abbildung 162, wie man mit allen fünf Fingern, also Daumen, Zeigefinger, Mittelfinger etc. verwischen kann. Sie werden feststellen, daß der Ringfinger und der kleine Finger ein wenig seitlich aufgesetzt werden. Die äußerste Spitze ermöglicht dann ein genaues Verwischen.
Abbildung 164 zeigt schließlich, daß man neben den Fingerspitzen gelegentlich auch den unteren Teil des Handballens einsetzt.

163

A

B

Abb. 163: Hier sehen Sie den Unterschied zwischen Farbflecken vor und nach dem Verwischen (B). Das verwischte Grau ist immer intensiver als das mit Strichen angelegte (A).

Abb. 162: Die Fingerspitzen sind hervorragend zum Verwischen einer Zeichnung mit Bleistift, Rötel etc. geeignet. Beachten Sie, daß die Verwischungen der Zeichnungen 3, 5 und 6 mit der Fingerkante erfolgen, um kleinere Flächen besser bearbeiten zu können.

162

1 2 3 4 5 6

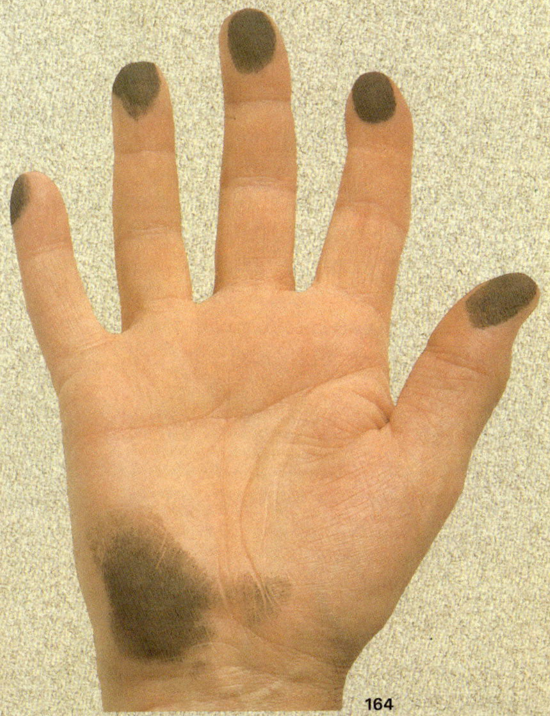

164

Abb. 164: Folgende Stellen der Hand benutzt man zum Verwischen: die Fingerkuppen im allgemeinen und den Handballen in bestimmten Fällen, um größere Flächen zu bearbeiten.

Wie man den Stift und den Wischer hält

Bleistift, Wischer, Rötelstücke ...
Wir zeichnen an einer Staffelei, das Zeichenbrett steht senkrecht, und wir arbeiten im Sitzen oder im Stehen, wobei das Blatt auch mehr oder weniger leicht geneigt werden kann. Versuchen Sie auf alle Fälle so zu zeichnen, daß Sie ein großes Blickfeld haben und das gesamte Blatt überblicken können. Sie dürfen also keineswegs die Haltung eines Menschen einnehmen, der in normal großer Schrift schreibt und nicht zeichnen will. Mit anderen Worten:

Der Mindestabstand zwischen den Augen des Künstlers und dem Zeichenpapier muß zwischen 45 und 65 cm betragen.

Abbildung 165 zeigt, weshalb diese Standardhaltung die Art und Weise, wie man den Stift, den Wischer, das Rötelstück etc. hält, beeinflußt. Es gibt grundsätzlich zwei Möglichkeiten, einen Stift zu halten:

Abbildung 166: *Standardhaltung*. Dies ist die normale Bleistifthaltung. Man faßt das Zeichengerät – Bleistift, Wischer etc. – jedoch etwas höher, um die Bewegungsfreiheit der Hand und des Stiftes zu vergrößern. Es sollte nicht vergessen werden, daß man beim Schreiben alle fünf bis sechs Buchstaben mit der Hand weiterrückt. Der Profizeichner hält den Stift jedoch derart, daß er seine Striche nur abzubrechen braucht, wenn es notwendig ist. Auf diese Weise kann er fortlaufende Linien zeichnen, ohne den Stift abzuheben oder die Hand anzuhalten, wie es beim Schreiben erforderlich wäre.

Abbildung 167: *innenliegender Stift*. Diese Haltung ist für den Künstler beim Linienziehen, Schattieren oder Abstufen am geläufigsten und bequemsten. Der Arm ist ausgestreckt und folgt der gesamten Zeichnung mühelos auf- und abwärts und von links nach rechts.

Abbildung 168: *eine Variante der innenliegenden Stifthaltung*. Bei dieser Stifthaltung können Sie während des Zeichnens kräftiger aufdrücken, um eine Schattierung, eine schwarze Zone etc. zu verstärken. Diese Stifthaltungen sind natürlich nur bei relativ großen Zeichnungen von mindestens 30 × 40 cm erforderlich. Für sehr kleine Zeichnungen treffen die vorigen Anmerkungen nicht zu.

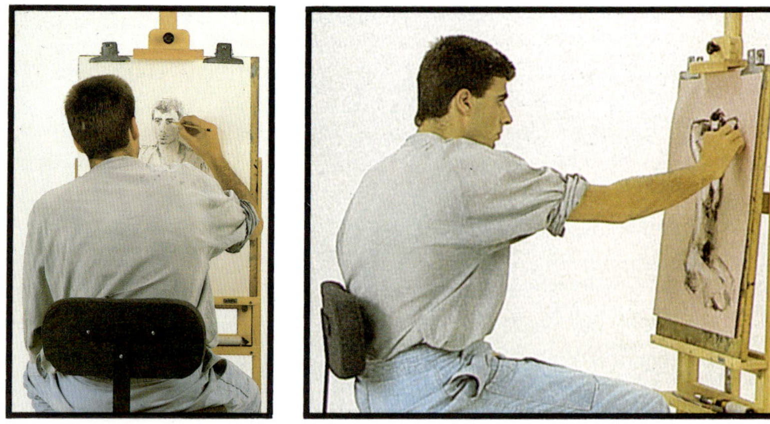

165

166

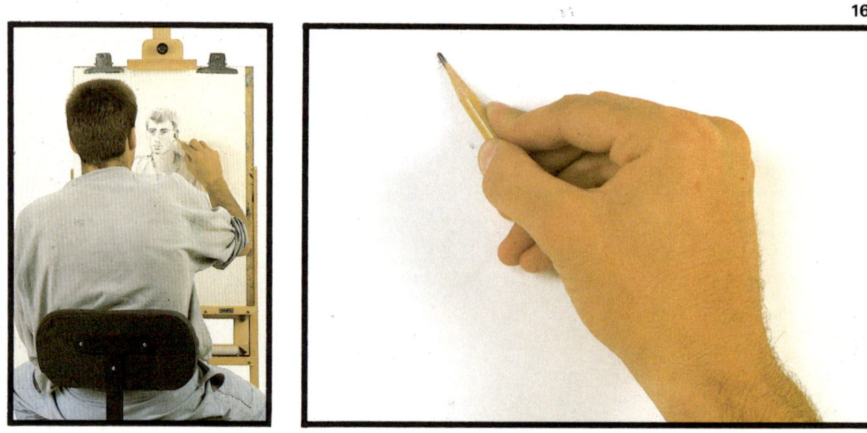

167

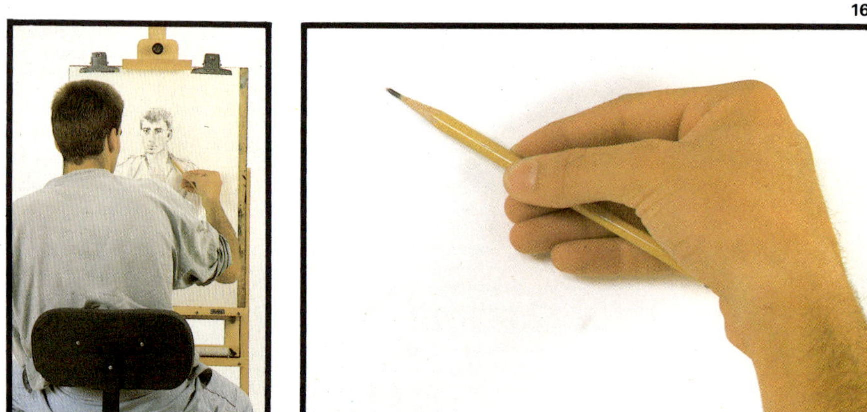

168

Grundstriche mit dem Bleistift

6 B 169 2 B

H H

2 B 170

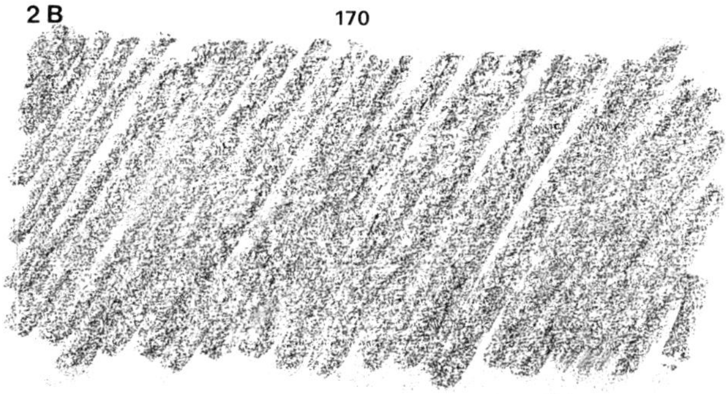

2 B 171

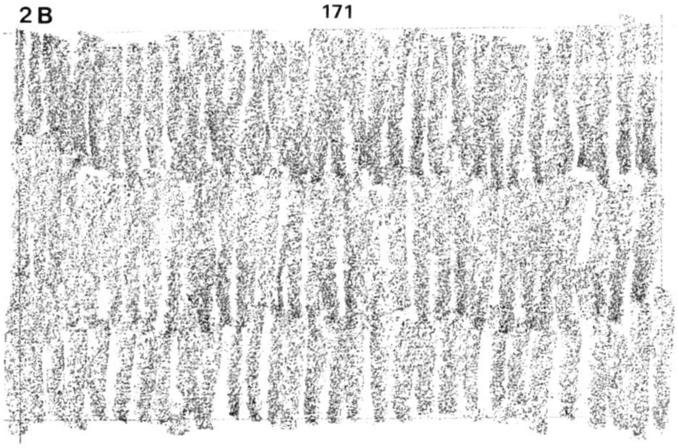

172

2 B

Abb. 169: Auf dieser Abbildung sieht man den Unterschied zwischen einer Abstufung mit weichem Bleistift 6B und 2B (oben) und der unteren Abstufung, die ausschließlich mit einem harten Stift H angefertigt wurde.

Abb. 170: Grauton mit diagonalen Strichen eines weichen Bleistifts 2B. Die diagonale Strichrichtung ist am bequemsten und wird daher in der künstlerischen Zeichnung am meisten benutzt. Der weiche Bleistift 2B wird von Profis am meisten verwendet.

Abb. 171: Gleichmäßiger Grauton aus senkrechten Strichen mit dem weichen Bleistift 2B.

Abb. 172: Mit dem weichen Stift 2B läßt sich eine breite Tonwertskala erzielen, mit der Sie Formen wie diese unschwer zeichnen können. Beachten Sie, wie die Striche die Form „umschließen".

Abb. 173: Mit dem nicht ganz so weichen Stift Nr. 2 in der Standardqualität muß man je nach Papierart stärker aufdrücken. Vergleichen Sie dazu die weiche Abstufung mit einem Stift 2B links.

Abb. 174: Abstufung mit Hilfe kleiner kreisförmiger Striche mit einem Stift 2B höherer Qualität und einem Stift Nr. 2 in der Standardqualität. Den Stift Nr. 2 benötigt man natürlich für die helleren Zonen im unteren Teil.

Abb. 175, 176: Mit Hilfe der „umschließenden" Striche wird das Volumen der Körper besser ausgedrückt, wie die Beispiele zeigen. Üben Sie diese Striche anhand einfacher Modelle wie dieser, um mehr Sicherheit und eine lockere Hand zu bekommen.

2 B 173 2

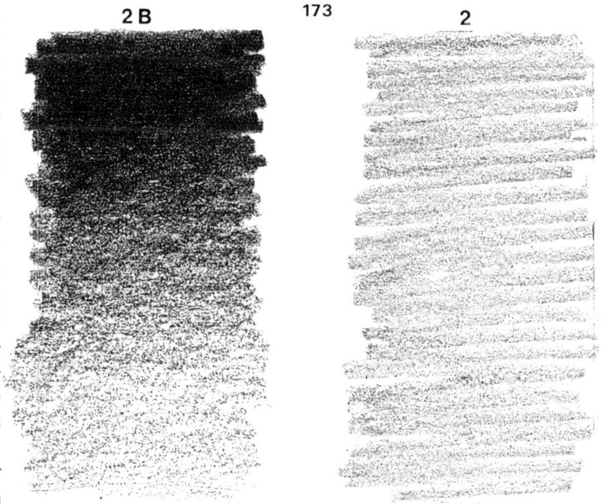

2 2 B

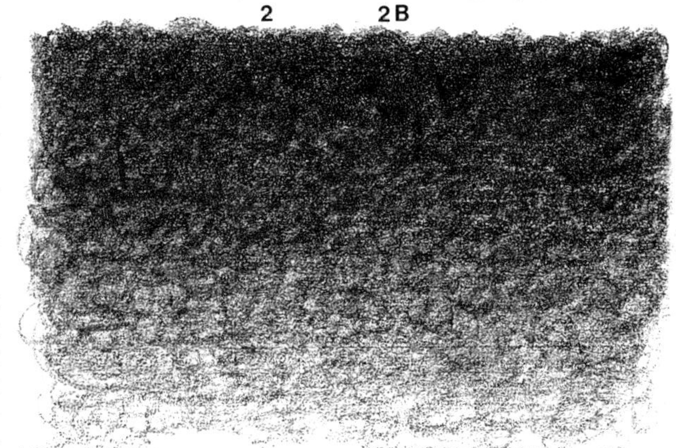

2 B

175

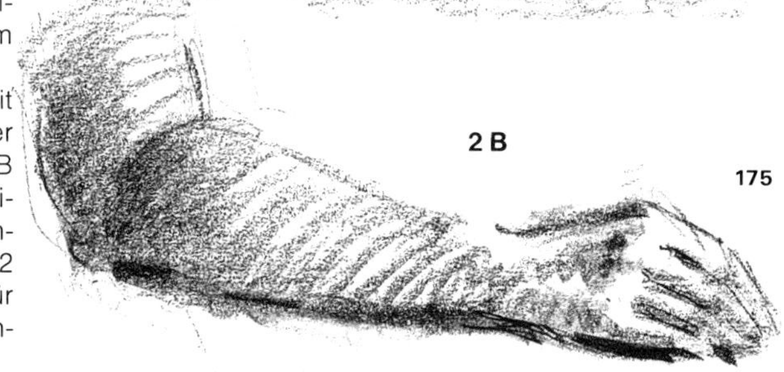

176

2 B

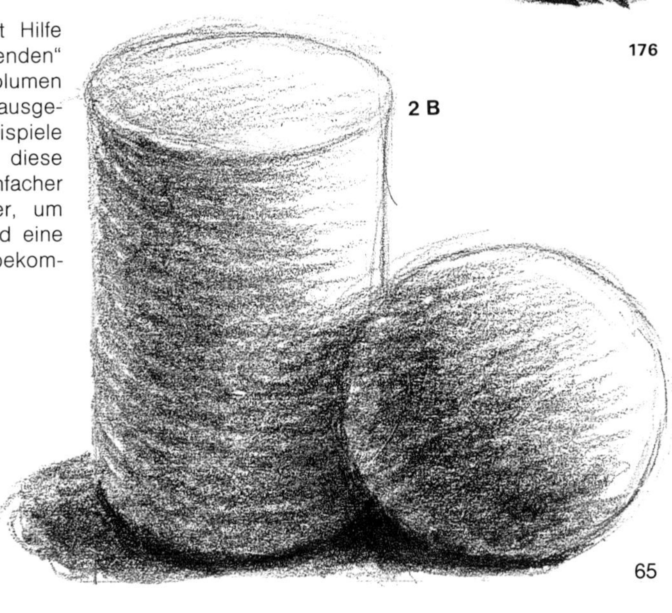

Die Bleistifttechnik

Beginnen wir unsere Erörterung der Bleistifttechnik mit ein paar grundsätzlichen, aber notwendigen Bemerkungen.
Falls Sie mit einem Druckbleistift arbeiten, treffen die folgenden Hinweise allerdings nicht zu. Zeichnen Sie jedoch mit einem Holzbleistift, sollten Sie diesen mit der Hand (mit Hilfe einer Klinge oder eines Schneidemessers) anspitzen, weil Sie dadurch Form, Länge und Schärfe der Mine besser unter Kontrolle haben (Abb. 177). Wollen Sie Striche von der Breite des Minendurchmessers ziehen, müssen Sie den Stift in der üblichen Weise, als wollten Sie damit schreiben, und mit etwa 45° Neigung halten (Abb. 178). Halten Sie den Stift dagegen innenliegend, kann der Neigungsgrad 30° oder weniger betragen. Die Mine ist dann breiter, und der Strich ebenfalls (Abb. 179). Mit der „Rückseite" der Mine werden die Striche feiner (Abb. 180). Zeichnet man mit einem Stück Graphit (siehe Seite 60, Abb. 156 G und H) und legt dieses beim Skizzieren flach auf – wie Abbildung 182 es zeigt –, erhält man herrliche breite Schattierungen. Um eine Form nach und nach abzuschatten, muß der Bleistift während des Zeichnens ganz langsam gedreht werden (Abb. 182). Nun zu den Beispielen auf der folgenden Seite und einigen weniger bekannten technischen Kniffen. Zu diesen gehören:
A) Der Einfluß der Papierstruktur auf das Endergebnis der Zeichnung. Zeichnen Sie ein kompliziertes Bild (z. B. das Gesicht auf dieser Abbildung) und benutzen Sie ein grobkörniges Papier (Abb. 184), ist das Ergebnis grob und verschwommen. Sie müssen daher entweder ein kornloses Papier (Abb. 183) benutzen oder die Gestalten größer zeichnen (Abb. 185).
B) Durch eine kombinierte Benutzung von Bleistiften unterschiedlicher Gradationen lassen sich Kontraste und Atmosphäre schaffen.
C) Wie die Abbildungen 189 und 190 zeigen, bietet die Verwischtechnik Ausdrucksmöglichkeiten von herausragender künstlerischer Qualität.

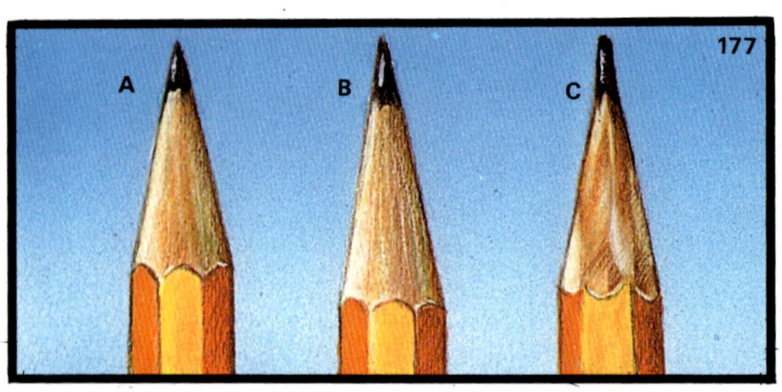

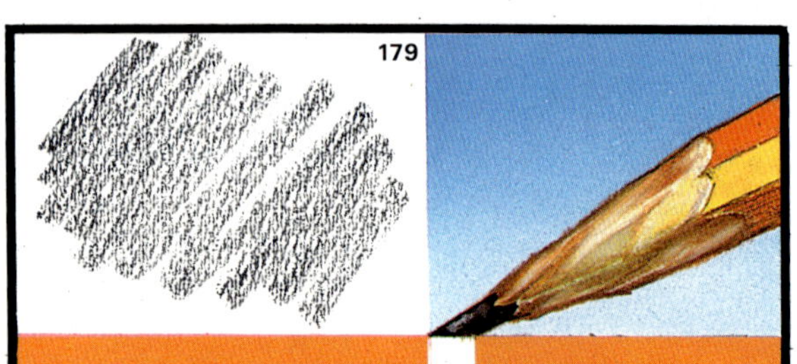

Abb. 177: Legt man Wert auf einen langen Kegel, kann man den Bleistift mit einem Spitzer anspitzen (B). Nach Möglichkeit sollte man jedoch eine Klinge oder einen Cutter dafür verwenden, um die Länge und die Form der Spitze besser unter Kontrolle zu halten (C).
Abb. 178: Hier die Breite des Bleistiftstrichs bei normaler Haltung mit einem Neigungswinkel von 45°.
Abb. 179: Hält man den Bleistift innen in der Hand, kann man ihn bis zu 30° und weniger neigen. Die Mine liegt dann stärker auf, so daß breitere Striche entstehen.
Abb. 180: Hält man den Bleistift beinahe senkrecht, lassen sich so feine Striche wie diese ziehen.
Abb. 181: Um den Strich zu intensivieren, dreht man den Stift am besten nach und nach um sich selbst.
Abb. 182: Breite Grauflächen fertigt man mit einem kleinen flach aufgelegten Graphitstab an.

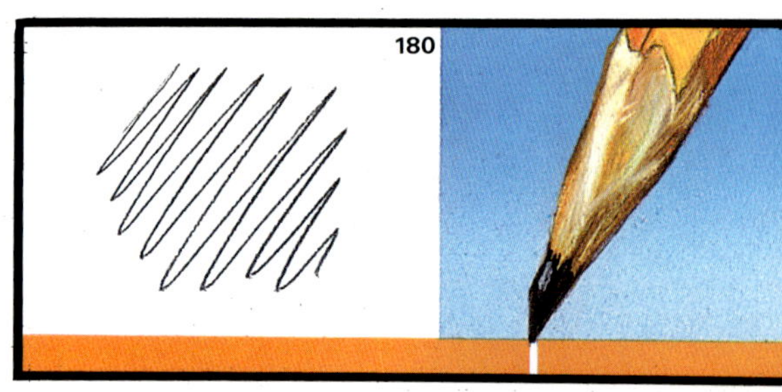

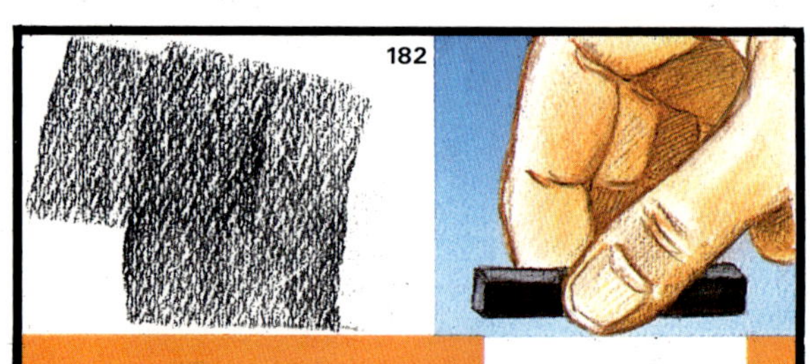

Abb. 183: Diese Zeichnung wurde mit einem weichen Stift 2B auf satiniertem Papier höherer Qualität angelegt, das praktisch keinerlei Korn aufweist. Aus diesem Grund sind die Grautöne auch ohne Verwischen gleichförmig.

Abb. 184: Die gleiche Zeichnung, ebenfalls mit einem Stift 2B, jedoch auf Papier höherer Qualität mit mittlerem Korn, weist ein unpräzises Endergebnis mit unregelmäßigen Grautönen und Abstufungen auf. Das Papierkorn ist so deutlich zu sehen, als handelte es sich um Sandpapier.

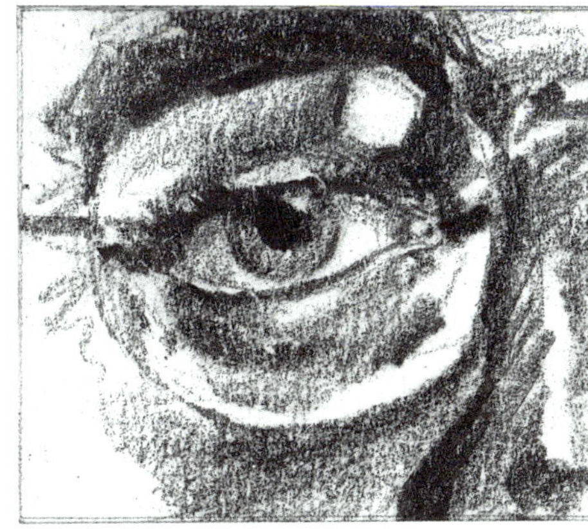

Abb. 185: Hier ein vergrößerter Ausschnitt der vorigen Abbildung mit einem Stift 2B, ebenfalls auf Papier mittleren Korns. Die Grautöne und die Abstufungen sind jetzt nicht so grob, die Formen treten klarer hervor, wodurch das Endergebnis erheblich verbessert wird.

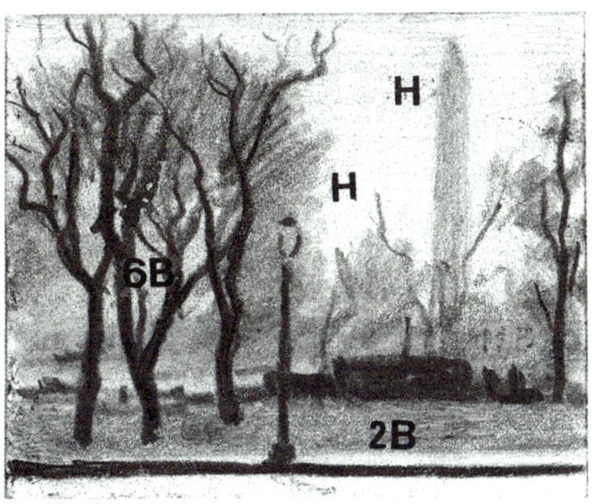

Abb. 186: Mit dem Stift der Gradation H erzielt man kein so intensives Schwarz wie mit einem Stift 8B (siehe Abb. 157, S. 60). Durch Verbindung mehrerer unterschiedlicher Gradationen in einer Zeichnung läßt sich ein Gefühl von Atmosphäre und Weite erzielen.

Abb. 187: Spielt man mit dem Weiß des Papiers (in diesem Fall mit feinem Korn) und zeichnet man ausschließlich mit einem weichen Stift 2B und dem extraweichen Stift 8B, erhält man außerordentlich energische und kontrastreiche Zeichnungen.

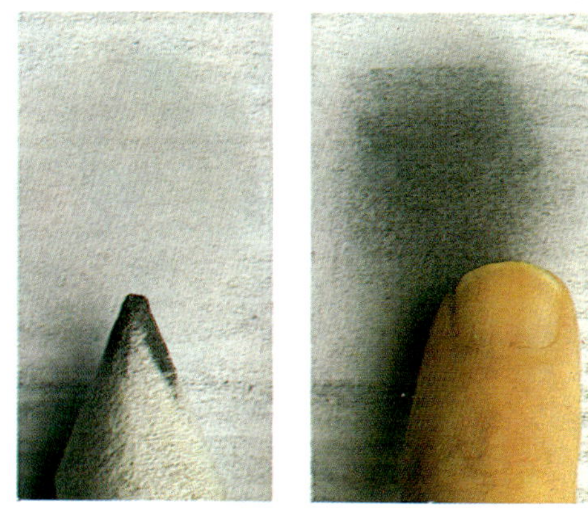

Abb. 188: Eine Graphitzeichnung läßt sich mit dem Wischer oder mit den Fingern verwischen. Mit den Fingern verwischt man präziser.

Abb. 189: Vor allem in der Porträtkunst ist eine Bleistiftzeichnung mit verwischten Grautönen und Abstufungen eine neue, faszinierende Erfahrung.

Abb. 190: Mit dem auf satiniertem Papier höherer Qualität verwischten Bleistiftstrich lassen sich eine praktisch unbeschränkte Tonwertskala und unzählige Kontraste herstellen. Man erreicht eine perfekte Harmonisierung und ein hervorragendes Endergebnis.

Abb. 191: Die Bleistiftmine eignet sich auch sehr gut für die Zeichnung auf farbigem Papier, die man mit weißer Kreide betont. Zu diesem Zweck sollte man ein Papier von der Struktur Canson mi-teintes und nicht das Büttenpapier von Ingres verwenden.

Die Möglichkeiten mit Bleistift

Die Möglichkeiten des Bleistiftes sind praktisch unbegrenzt. Er ist das grundlegende klassische Instrument der Zeichenkunst. Zunächst und an erster Stelle redet man immer von der Bleistiftzeichnung, erst dann kommen die anderen Techniken.

Mit dem Bleistift lassen sich alle Themen abdecken: Landschaften, Stadtszenen, Seestücke, Interieurs, Stilleben und Porträts. Manche Themen scheinen jedoch geeigneter für den Bleistift zu sein als alles andere: so Skizzen, Studien und Entwürfe. Und schließlich das Porträt: Wir skizzieren auf der Straße, im Raum, zu Hause; wir untersuchen damit die Komposition, eine Gestalt, einen Akt. Köpfe und Porträts werden bevorzugt mit der Bleistiftmine hergestellt. Sie finden auf dieser Seite Beispiele für die technischen Möglichkeiten des Bleistiftes.

192

Abb. 192: Landschaft mit weichem Bleistift 2B und Graphitstab (S. 60, H) auf satiniertem Papier (Originalformat).

193

195

Abb. 193: Stadtszene (23,5 x 20 cm) mit Bleistift H, 2B und 8B. Das Gefühl der Weite und Tiefe wurde durch helle Töne im Hintergrund und intensiveres Schwarz im Vordergrund betont.

Abb. 194: Lineare Zeichnung mit Bleistift 2B.

Abb. 195: Kopfskizzen mit Bleistift 2B auf feinkörnigem Papier.

196

Abb. 196: Francesc Serra, *Studie,* Privatsammlung. Ein gutes Beispiel für ein Bleistiftporträt. Es besticht nicht nur durch seine Sicherheit des Aufbaus und des Stils, es läßt auch vorsichtiges Verwischen, das zweifellos mit den Fingern erfolgte, sowie klare Striche und Grautöne mit dem Bleistift erkennen. Die Zeichnung entstand auf Papier mit mittlerem Korn.

Zeichenkohle, Kohlestift und ihre Derivate

Das früheste Gerät, das der Mensch zum Zeichnen benutzte, bestand aus einem verbrannten Weiden-, Weinreben- oder Nußbaumzweig. Es war also *Holzkohle*. Dieses primitive Instrument wurde bereits von den Griechen, den Römern und den Künstlern des Mittelalters und der Renaissance für Skizzen, Zeichnungen und Wandgemälde benutzt. Als man im 16. Jahrhundert ein Fixativ entdeckte, wurde die Zeichenkohle das bevorzugte Instrument Tizians und Tintorettos, die damit auf weißem und blauem Papier arbeiteten. Guerchino löste die Holzkohle dagegen in Leinöl auf und erhielt auf diese Weise ein stabileres und intensiveres Schwarz. Heutzutage benutzen Künstler die Zeichenkohle in erster Linie, um ihr Thema anzudeuten, die Komposition zu untersu-

Abb. 197: Hier einige Stifte, Stäbchen und Minen für die Arbeit mit Zeichenkohle und Kohlestift. Von links nach rechts: 1) Kreide aus komprimiertem künstlichen Gips, ähnlich Pastellkreide; 2, 3) künstliche Zeichenkohle von Faber mit 6 Gradationen. 4.) künstliche Zeichenkohle von Conté; 5) Zeichenkohlestäbchen von Koh-i-Noor. 6.) Mine aus Zeichenkohle und Ton von 5 mm Durchmesser, die sich in einem speziellen Minenhalter fassen läßt. 7.) Kohlestifte verschiedener Hersteller (A,B,C) in drei Größen (karbonisierte Linden-, Birken- oder Nußbaumstäbchen). Manche Hersteller bieten mehrere Gradationen an. Auch die Minen und die Stäbchen sind in unterschiedlichen Gradationen erhältlich.

198

199

Abb. 198, 199 und 200: Zeichenkohle, Kohlestifte und ihre Abwandlungen eignen sich gut für eine Zeichnung auf farbigem Papier, die mit weißer Kreide betont wird, oder in Verbindung mit Rötel, wie auf den folgenden Seiten zu sehen.

7

8

chen und die Beleuchtung festzulegen; außerdem fertigen sie damit Studien für Gestalten, insbesondere Akte, und Entwürfe und Kartons (kleinformatige Vorzeichnungen für Wandgemälde) sowie Vorzeichnungen von Ölgemälden an. Die Zeichenkohle besitzt den Vorteil, daß man sie leicht mit einem Lappen wieder entfernen kann. Dabei bleibt jedoch stets eine leichte Spur zurück, auf deren Grundlage der Künstler Verbesserungen vornehmen und neu aufbauen kann. Zeichenkohle ist in Stäben von 13 bis 15 cm Länge erhältlich, der Durchmesser beträgt zwischen 0,5 und 1,5 cm. Manche Hersteller bieten sie mit drei Gradationen an: weich, mittel und hart.

Der *Kohlestift* ist ein Derivat der Zeichenkohle. Er wird auch als *Conté-Stift* oder

Marke	extra-weich	weich	mittel	hart
Conté	3 B	2 B	B	HB
Faber-Castell „Pitt“	–	weich	mittel	hart
Koh-i-Noor „Schwarz“	1+2	3+4	5	6
Staedtler „Carbonit“	4	3	2	1

Crayon Conté bezeichnet. Seine Mine besteht aus einer Kohlegraphitmischung und Bindemitteln und wird von Bleistiftholz umschlossen. Kohlestifte gibt es in drei, vier und sogar sechs Gradationen. Diese sind normalerweise mit Ziffern, Buchstaben oder mit der Bezeichnung weich, hart etc. gekennzeichnet.

Neben Zeichenkohle und Kohlestift gibt es einige weitere Produkte von ausgezeichneter Qualität. Sie bestehen aus Holzkohle oder synthetischer Kohle, die in manchen Fällen mit Ton und weiteren Bindemitteln verarbeitet werden, um dieselbe Stabilität wie beim Kohlestift (besonders bei weichen Gradationen) und die Intensität und Dichte der Pastellkreide zu erzielen. Ferner seien hier die zylinderförmigen Graphitminen mit Ton und ihrem matten, intensiven, schwer auszuradierendem Schwarz genannt (siehe Abb. 197, 6); es gibt sie außerdem in Stäben (1, 2, 3, 4 und 5).

Alle Fabrikanten stellen diese Produkte in mehreren Gradationen her. Schließlich sollte hier noch *Kohlepulver* Erwähnung finden, das normalerweise als Kreide oder als gepreßte Holzkohle angeboten wird und für die Arbeit mit Wischern – und den Fingerspitzen – gedacht ist.

200

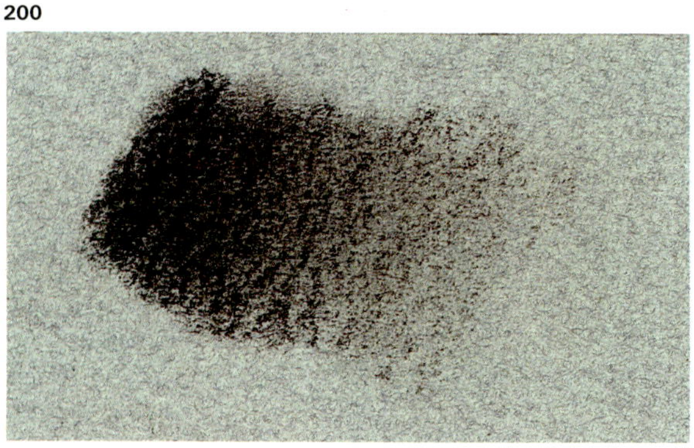

Abb. 201: Manche Hersteller, so Conté, bieten ein komplettes Sortiment für die Arbeit mit Zeichenkohle an. Es enthält Wischer, weiße Kreide- und Rötelstifte, Kohle, Kreide und Rötelstäbchen sowie einen absorbierenden Spezialgummi für Zeichenkohle.

201

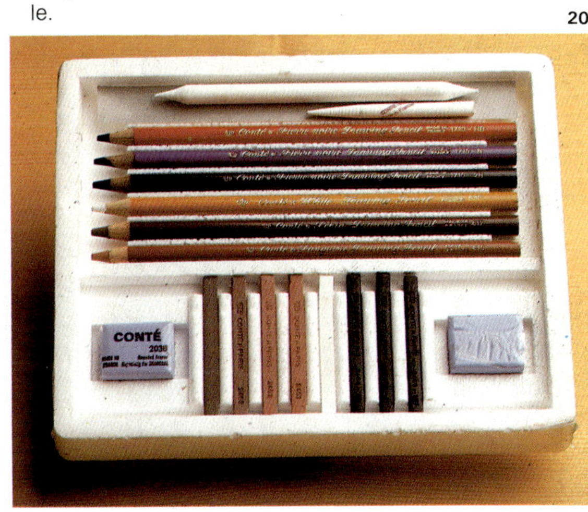

202

Abb. 202: Auch pulverförmige Zeichenkohle ist erhältlich. Man verwendet sie ausschließlich zum Verwischen oder in Verbindung mit schwarzer Kreide und Zeichenkohlestäbchen. Außerdem lassen sich Erdfarben mit Kreiden derselben Farbe verbinden.

Die Technik mit Zeichenkohle und Kohlestift

Einer der großen Nachteile bei der Arbeit mit Zeichenkohle, und in gewisser Weise auch mit dem Kohlestift, besteht darin, daß wir praktisch keine gute Spitze besitzen (wie z. B. beim Bleistift). Das zwingt uns, ungenauer und sicher auch in einem größeren Maßstab zu arbeiten. Miniaturen lassen sich mit Zeichenkohle nicht anfertigen.

Studien von Gestalten mit Zeichenkohle sind in der Regel 35 × 50 cm groß (halber Bogen). Aus demselben Grund sind Kohlezeichnungen auch viel freier und lockerer, als solche mit dem Bleistift (siehe Beispiele auf den folgenden Seiten 74 und 75). Der große Maßstab und die freiere künstlerische Auffassung bedingen auch die Art und Weise, wie man die Zeichenkohle hält (siehe Abb. 203, 204, 205).

Zweitens sollte berücksichtigt werden, daß sich sowohl Zeichenkohle als auch Kohlestift ganz besonders für die Anfertigung von Studien über die Wirkung von Licht und Schatten und die Hervorhebung von Volumen eignen. Der Künstler sollte also Modelle und Beleuchtungsarten wählen, bei denen diese Faktoren voll ausgenutzt werden können. Es sei darauf hingewiesen, daß der Lehrplan der meisten Kunstakademien das Zeichnen einer Gipsskulptur mit Zeichenkohle oder Kohlestift als eines der ersten Themen beinhaltet. Im Kapitel über die Praxis werden wir feststellen, daß die Benutzung von Wischern und das Verwischen mit den Fingern unbedingt dazugehört.

Zeichenkohle ist leichter wieder zu entfernen. Man braucht nur mit einem Tuch darüberzuwischen. War der Strich allerdings sehr stark, bleibt eine Spur davon zurück, die selbst mit dem Plastikradiergummi nur schwer auszulöschen ist.

Aufgrund ihrer Empfindlichkeit müssen die Zeichnungen unmittelbar nach Beendigung fixiert werden. Das Fixativ besteht aus einer aufsprühbaren Flüssigkeit, die nach dem Trocknen eine Art Film bildet. Fixative sind in Flaschen und als Spray erhältlich. Flüssiges Fixativ wird von Hand aufgesprüht. Die Zeichnungen können auch mit einer Mischung aus Zucker, Wasser und Alkohol oder mit einem Haarlack fixiert werden. Der sicherste und praktischste Weg ist jedoch die Benutzung eines Spezialsprays.

Auf den folgenden Seiten wollen wir uns nun mit einigen grundsätzlichen Punkten der Technik des Zeichnens mit Zeichenkohle und Kohlestift befassen.

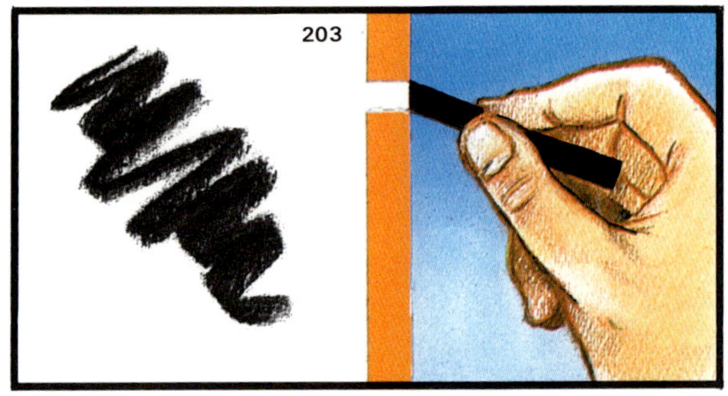

Abb. 203: Aufgrund der Empfindlichkeit von Kohle darf man bereits gezeichnete Partien weder mit der Hand berühren noch gar darüberwischen. Man muß das Kohlestäbchen daher halten, wie die nebenstehende Abbildung zeigt.

Abb. 204: Um Grautöne und Abstufungen anzulegen und das Schwarz zu betonen, bricht man das Kohlestäbchen normalerweise in kleinere Stücke und zeichnet mit einer Seite. Auf diese Weise erhält man ziemlich gleichmäßige breite Striche.

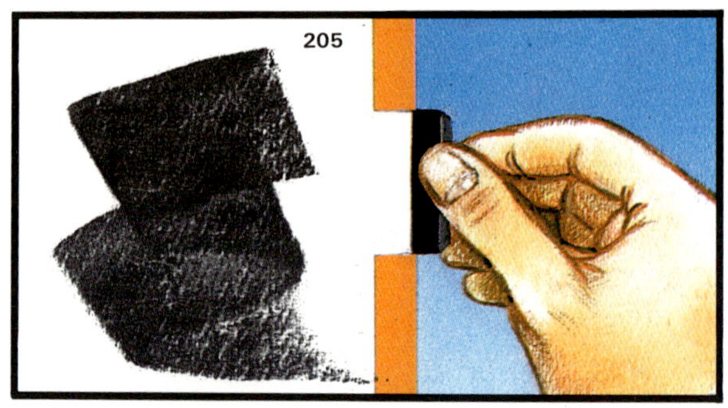

Abb. 205: Mit dem flach aufgelegten, doch etwas vom Papier abgehobenen Kohlestück erhält man schöne breite, natürlich abgestufte Striche.

Abb. 206: Ein gebräuchlicher Zerstäuber.
A zeigt, wie man die Flasche hält und den Strahl im rechten Winkel auf die Zeichnung ausrichtet, auf B sieht man das Verfahren, wenn die Zeichnung auf einem schrägen Pult liegt.

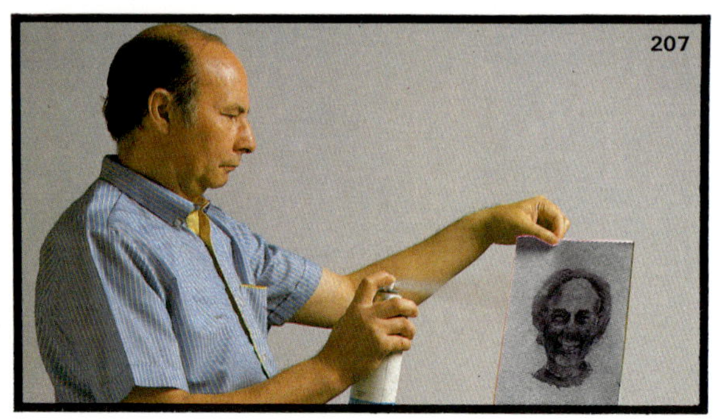

Abb. 207: Um die Zeichnung mit einem Spray zu fixieren, legt man die Arbeit entweder auf einen Tisch mit einem geneigten Zeichenbrett, oder man hält sie während des Fixierens in die Luft. In beiden Fällen geschieht das Fixieren etappenweise in zwei oder drei Schichten, wobei die vorige jeweils getrocknet sein muß, bevor die nächste aufgetragen wird.

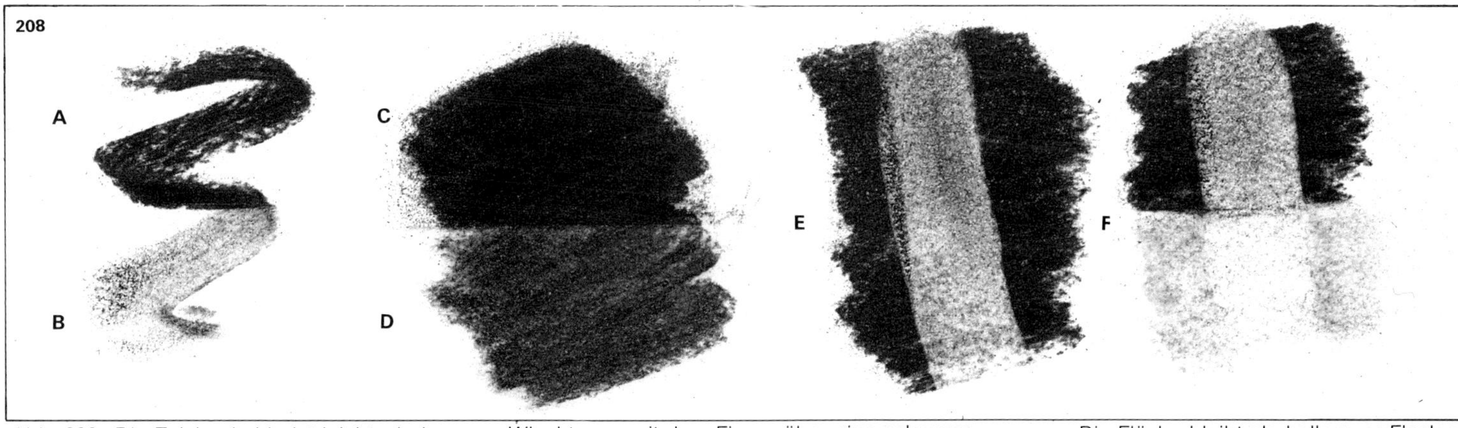

Abb. 208: Die Zeichenkohle ist leicht wieder zu entfernen. Es reicht praktisch schon, wenn man mit einem Finger über den Strich fährt (A, B). Bläst man über eine schwarze Fläche mit Zeichenkohle, entfernt man einen Teil des Pulvers, und der schwarze Ton wird dunkelgrau (C, D). Wischt man mit dem Finger über eine schwarze Fläche, entfernt man ein Gutteil der Zeichenkohle und „malt" einen deutlich helleren Streifen (E). Reiben Sie schließlich ziemlich energisch mit einem Tuch über eine Fläche, entfernen Sie die gesamte Kohle, verschmutzen jedoch die Randzonen. Die Fläche bleibt als hellgrauer Fleck zu erkennen. Dieser läßt sich mit dem Radiergummi noch weiter aufhellen, verschwindet jedoch nicht völlig (F).

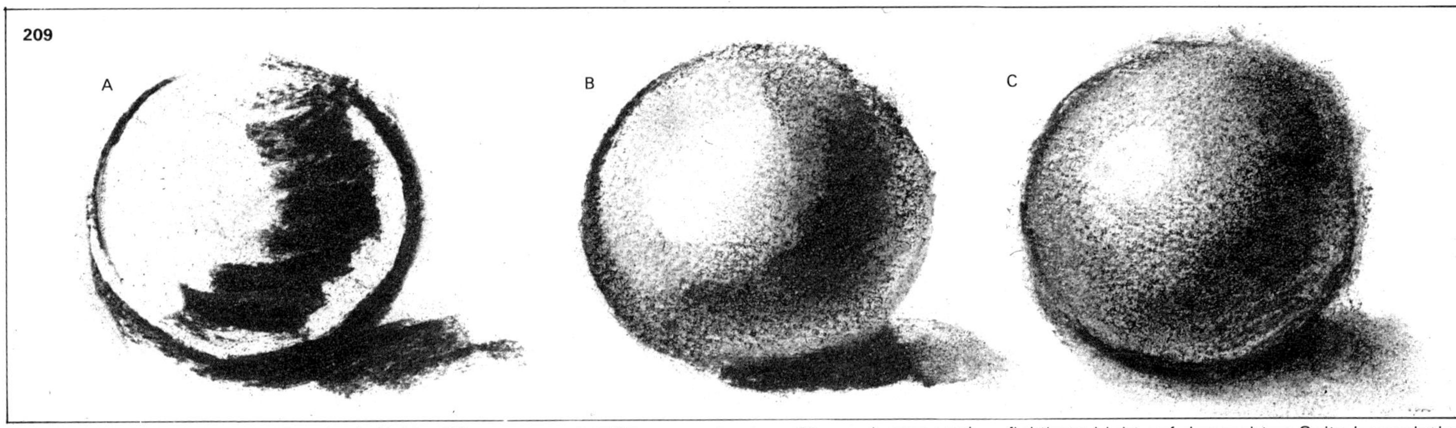

Abb. 209: Zeichnung einer Kugel mit Kohle. Wir wollen hier alle Möglichkeiten der Zeichenkohle als ideales Ausdrucksmittel für eine Zeichnung zusammenfassen und sie rasch und wirkungsvoll in die Praxis umsetzen. Zeichnen wir also eine Kugel. Zunächst ziehe ich den Umriß und lege zwei Flächen an, die dem Eigenschatten und dem Wurfschatten entsprechen (A). Ich verwische die Flächen mit den Fingern und arbeite die Kugel heraus (B). Ich bearbeite weiterhin den Schatten und verwische die Töne. Ein Finger bleibt sauber, damit ich das Weiß für das reflektierte Licht auf der rechten Seite hervorholen kann. Ich verstärke den Wurfschatten und verwische seine Begrenzungen etc. Zuletzt hole ich das Weiß des Spitzlichtes mit einem saugfähigen Radiergummi hervor und reinige gleichzeitig den weißen Hintergrund des Papiers.

Abb. 210: Die Wirkung eines saugfähigen Gummis: Mit dem Radiergummi lassen sich so kleine und präzise Formen wie diese hervorholen. Rechts (B): Eine Kohlefläche verschwindet auch nach energischem Radieren nicht restlos; zurück bleibt ein hellgrauer Ton.

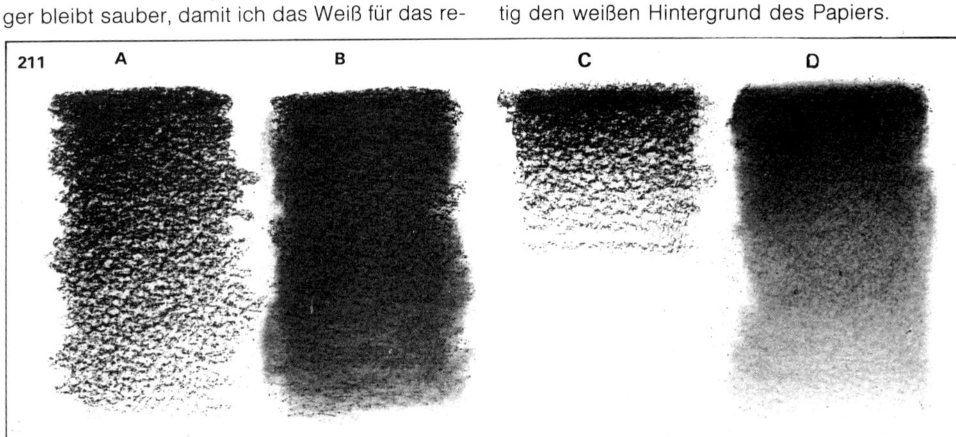

Abb. 211: Eine mit Kohlestift angelegte Abstufung (A) wird durch Verwischen erheblich dunkler und verliert die ursprüngliche Gradation und Harmonie (B). Um eine Abstufung wie auf Abbildung A zu erzielen, beginnt man mit einem Kohlestiftstrich und verwischt ihn anschließend (C, D). Das bestätigt die Regel, nach der die Kohlestriche durch Verwischen intensiver werden.

Die Möglichkeiten mit Zeichenkohle

Nach Ansicht des Historikers Heinrich Wölflin unterlag die Kunst der westlichen Welt im 17. Jahrhundert einer Veränderung (Barock: Rubens, Rembrandt, Velasquez etc.). Die Formen stützten sich nicht mehr, wie bisher, auf Umrisse und Linien, sondern sie wurden durch Farbflecken und die Wirkung von Licht und Schatten wiedergegeben. Wir werden auf diesen Punkt später noch näher eingehen. Ich möchte hier nur darauf hinweisen, daß eine der zahlreichen Möglichkeiten der Arbeit mit Zeichenkohle darin besteht, während des Zeichnens zu „malen" und dieses bildnerische Konzept mit seinen Farbflächen, Schattierungen sowie der Wiedergabe von Licht und Schatten durchzuführen.
Sie brauchen nur ein Stück Zeichenkohle zu nehmen und einige Zickzacklinien zu ziehen, Grisailles anzulegen, Abstufungen auszuprobieren oder weiße Flächen zu tönen, schon stellen Sie fest, wie leicht Sie Ihre Striche verbreitern können oder, falls Sie es wünschen, beinahe unsichtbar halten. Verstärken Sie anschließend den Druck, bis Sie ein wirkliches Schwarz erzielt haben. Reiben Sie nun mit den Fingerspitzen auf dem Papier – und schon malen Sie! Denn dies ist gewiß eine Vorstufe des Malens.

212

213

Abb. 212: J.M Parramón, *Skizze für ein Selbstporträt,* Kohlestift auf farbigem Papier mit weißer Kreide.

Abb. 213: Francesc Serra, *Kopfstudie* mit Zeichenkohle. Zwei gute Beispiele für die Möglichkeit von Zeichenkohle und Kohlestift als bildnerische Ausdrucksmittel. Anders gesagt: Man kann mit ihnen wie mit Farbe Formen und Volumen, Blöcke, Flächen, Licht und Schatten wiedergeben. In der Kohlezeichnung von Serra wird, abgesehen von der Begrenzung der linken Wange, der ganze Kopf mit Hilfe von Tonwerten dargestellt, die die Formen und Volumen hervorragend wiedergeben. In der linken Skizze zeigt sich das bildnerische Element durch das Fehlen konkreter Linien und Farben, vor allem aber durch die Hervorhebungen mit weißer Kreide.

214

215

216

Abb. 214, 215, 216: J.M. Parramón. Hier drei Möglichkeiten einer Zeichnung mit Zeichenkohle und Kohlestift. Beim Stilleben oben habe ich die Kohle mit den Fingern verwischt und das Schwarz anschließend noch einmal mit dem Kohlestift verstärkt. Unten: Skizze eines Tors zur Plaza Mayors in Madrid mit Zeichenkohle ohne Verwischungen. Rechts: Zeichnung der Venus von Milo nach einer Gipskopie, wie man sie in den Kunstakademien anfertigt. Man beginnt mit den Umrissen und dem Studium von Licht und Schatten und legt beides mit Kohle an. Anschließend löscht man die Zeichnung mit einem Tuch, baut sie auf diesem Untergrund mit einem Kohlestift wieder auf und verwischt sie.

Farbkreiden und Rötel

Vor einhundertfünfzig Millionen Jahren war ein Großteil der Erde mit Wasser bedeckt. Reptilien, Weichtiere und andere Organismen entwickelten sich dort. Siebzig Millionen Jahre später hob die sogenannte orogenetische Bewegung das Land aus dem Meer. In manchen Gebieten bildeten sich Kalksteinschichten organischen Ursprungs, die relativ weich und von grauer oder weißer Farbe sind. Es gibt sie noch heute.
Kreide ist eine Art Kalkstein. Was wir zur Betonung weißer Flächen in einer Kohle- oder Rötelzeichnung benutzen, ist weiße Kreide, die mit Wasser und einem Bindemittel zu einem Stab oder Stift geformt wurde (Abb. 217, 1, 4 und 8). Kreiden gibt es auch farbig. In diesem Fall enthalten sie pulverisierte Farbpigmente, die mit einem Bindemittel gemischt wurden. Kreidehersteller, die noch vor einigen Jahren höchstens fünf oder sechs Farben anboten – Weiß, Grau, Siena dunkel, Ultramarin und Schwarz – haben ihr Sortiment inzwischen auf zwölf, 24, 36 und sogar 72 unterschiedliche Farben ausgeweitet. Gleichzeitig stellen manche Fabrikanten wie – Koh-i-Noor – Schachteln mit 12 oder 24 Farben zusammen und nennen sie immer noch Kreiden. Andere, wie Faber-Castell, der Schachteln mit zwölf, 24, 36 und 60 Farben anbietet, nennt sie Pastellfarben. Faber bietet außerdem eine Spezialskala von 12 Farbstiften von Ocker bis Siena dunkel und sechs Weiß-, Grau- und Schwarztönen an. Wir kommen auf diesen

217

Abb. 217: Hier ein breites Sortiment von Rötel und Kreiden als Stäbchen, Minen und Stifte. Von links nach rechts: Kreide von Conté in weiß, Siena Rötel (1,2,3); Minen aus weißer Kreide und Rötel mit 5 mm Durchmesser von Koh-i-Noor, die man mit einem Spezialminenhalter fassen kann (4,5); drei Stifte von Conté: Rötel, Siena dunkel und weiß (6,7,8).

Abb. 218: Noch vor wenigen Jahren beschränkte sich das Angebot an Kreiden auf Farben wie Siena, Rötel, Dunkelblau und Dunkelgrün. Heute bieten die Hersteller ein Sortiment mit 12, 14, 36 und 72 Farben in der breiten Skala der Pastellfarben an.

Abb. 219: Jean-Antoine Watteau (1684–1721), *Gestalt für ‚Der Frühling'*, Kohlestift, Rötelstift und weiße Kreide auf cremefarbenem Papier. Zeichenkabinett, Louvre, Paris.

Abb. 220: Jean-Baptiste Greuze (1725–1805), *Mädchenkopf*, Kohlestift, Rötel und weiße Kreide auf weißem Papier.

Abb. 221: Jean-Antoine Watteau, *Studie einer jungen Frau*, Rötel, leichte Tupfer mit Zeichenkohle und weißer Kreide auf grauem Papier, Albertina, Wien. Spitzlichter und Reflexe mit weißer Kreide sind eine ebenso uralte Technik, wie das Tönen des Papiers, das Cennino Cennini 1390 beschreibt. Im 18. Jahrhundert zeichneten alle Künstler in jener Mischtechnik, die Watteau als Zeichnung mit drei Stiften (Kohle, Rötel und weiße Kreide) bezeichnete.

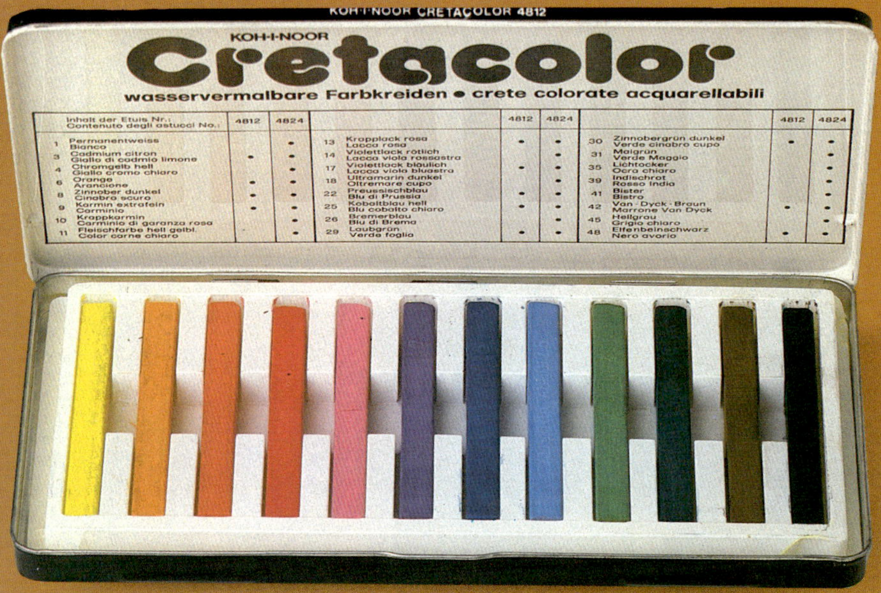

218

Punkt zurück, wenn wir das Thema Pastellkreiden behandeln.
Rötel besteht aus Kreide plus Eisenoxid. Es wurde um das Jahr 1500 zum erstenmal zum Zeichnen verwendet. Alle Kunsthistoriker sind sich darüber einig, daß Leonardo da Vinci es als erster Künstler benutzte. Rötel wird als Stift in Holzfassung, als Stäbchen, gebrannt und ungebrannt, sowie als Mine zur Verwendung im Minenhalter angeboten, und zwar in zwei bis drei unterschiedlichen Tönen (Abb. 217, 2, 3, 5, 6 und 7).
Ebenfalls um das Jahr 1500, als sich die Arbeit auf farbigem Papier immer stärker verbreitete, begannen die Künstler, zur Betonung heller Flächen weiße Kreide einzusetzen. Von Botticelli, di Credi, Lippi, Perugino, Verrocchio und noch einigen weiteren Künstlern sind uns Beispiele dieser Technik bei Zeichnungen mit einer Metallspitze bekannt. Doch während Leonardo da Vinci mit Rötel auf cremefarbenem Papier zeichnete, wählten die meisten anderen Künstler jener Zeit eine Mischtechnik aus Rötel (oder Zeichenkohle), farbigem Papier und der Betonung der weißen Stellen durch Kreide. Diese Methode erreichte im 18. Jahrhundert mit Fragonard, Boucher und insbesondere Watteau ihren Höhepunkt, der die „Zeichnung mit drei Stiften“ populär machte.
Damals wie heute müssen Rötelzeichnungen mit und ohne weiße Kreide fixiert werden.

220

219

221

Mischtechniken

222

223

224

Abb. 222: Jean-Antoine Watteau, *Aktstudie,* Rötel und Schwarzkreide auf cremefarbenem Papier, Zeichenkabinett, Louvre, Paris. Rötel auf cremefarbenem Papier ergibt eine gute Mischung für die Fleischfarbe.

Abb. 223: François Boucher (1703–1780), *Kind mit einer Rose,* Schwarzkreide, Rötel und einige Striche Pastell auf ockergrauem Papier, Eremitage, Leningrad. Eine ausgesprochen ausgewogene Verbindung, die eine bildhafte Zeichnung ergibt.

Abb. 224: Peter Paul Rubens, *Porträt von Isabelle Brandt,* Kohlestift, Rötel und weiße Kreide auf einem Papier in Hellsiena, British Museum, London. Die Zeichnung der Augen wurde mit Chinatusche und Feder akzentuiert. Rubens erreicht allein mit Rötel und Zeichenkohle wirklich außergewöhnliche Nuancen und holt das Licht und die Reflexe mit weißer Kreide hervor. Er erteilt uns eine hervorragende Lektion über die Möglichkeit der Arbeit auf beinahe fleischfarbenem Papier in Verbindung mit den reichen Nuancen einer einzigen Farbe sowie Schwarz und Weiß.

225

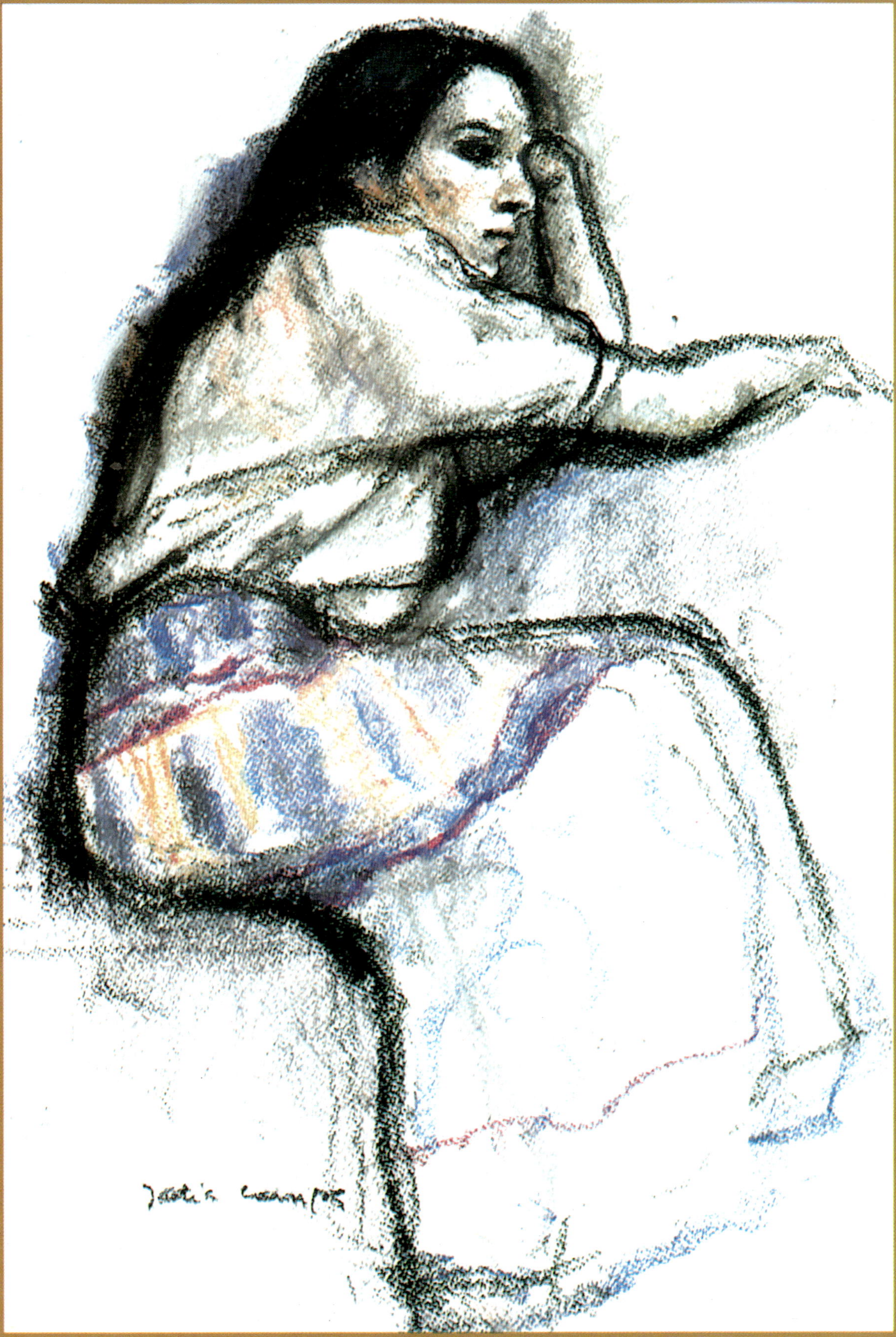

Es gibt zahlreiche unterschiedliche Geräte zum Zeichnen: Bleistifte, Zeichenkohle, Kohleminen, Kreiden, Tinte und Feder, Pinsel, Rohrfeder, Rapidograph, Füllfederhalter, Filzstift, Kugelschreiber etc. Angesichts dieser Menge und Vielfalt verwundert es nicht, daß Künstler immer wieder versucht haben, die Technik und das Material zu mischen, um ihre Zeichnungen zu bereichern. Die Beispiele auf dieser Doppelseite zeigen die Möglichkeiten, die sich daraus ergeben.

Abb. 225: Badia Camps, *Studie einer Gestalt,* Zeichnung mit schwarzer und grauer Kreide sowie Farbkreiden, Privatsammlung. Badia Camps gibt uns hier mit seinem sehr modernen Stil ein Beispiel für die Möglichkeiten von Kreide in einer Zeichnung. Der weiße Untergrund und die zurückhaltende Verwendung der Farbkreiden unterstreichen die Vorstellung von einer Zeichnung im Gegensatz zu einem Gemälde.

Die Federzeichnung

Die älteste Zeichentechnik mit schwarzer oder sepiafarbener Tusche besteht aus der Arbeit mit einem Gänsekiel, einer Schwanen- oder Rabenfeder. Um 600 nach Christus wurden die Codices mit Tinte und einer Rohrfeder geschrieben und illustriert. Dürer benutzte die Rohrfeder zum Zeichnen, van Gogh und Matisse ebenfalls. Rembrandt hat die meisten seiner hervorragenden Zeichnungen mit einer Gänsefeder angefertigt. Ende des 18. Jahrhunderts tauchten die ersten Metall- oder „Perry"-Federn auf. Sie wurden nach ihrem Erfinder benannt und sind immer noch auf dem Markt.

Bis zum 19. Jahrhundert kannte man also nur die Rohrfeder, die Gänsekielfeder und schließlich die Metallfeder zum Zeichnen und Malen mit Chinatusche, die übrigens bereits 2500 Jahre vor Christus erfunden wurde. Spricht man heutzutage von einer Federzeichnung, umfaßt diese etwa ein Dutzend Möglichkeiten, die alle zum selben Ergebnis führen. Immer handelt es sich um eine Zeichnung mit schwarzer oder dunkler Tinte auf normalerweise weißem Papier, die rein linear angelegt wird. Bitte betrachten Sie das Material und das Zubehör auf dieser Doppelseite.

Schwarze Chinatusche gibt es in fester Form als Stäbchen (1) oder flüssig (2). Chinatusche in fester Form wird für Lavierungen mit dem Pinsel benutzt, während flüssige Chinatusche unterschiedslos für Zeichnungen mit einer Metallfeder, einem Pinsel oder der Rohrfeder Verwendung findet. Darüber hinaus bieten einige Hersteller farbige Tinte an. Dazu gehören Sepia- und Sienatöne für die Federzeichnung und Lavierungen sowie weiße wasserlösliche Tinte für kleine Formen und zur Betonung mancher Flächen. Schließlich sei noch die blaue, schwarze und farbige Tinte für Füllfederhalter erwähnt, mit der sich ebenfalls zeichnen läßt.

Die klassische Zeichenfeder ist die Perry-Metallfeder. Sie läßt sich in einen Holzfederhalter einführen (3). Diesen Federhalter kann man für zahlreiche Federn verwenden. Von Graphos gibt es einen Griff mit einem kleinen Tintenbehälter und rund 70 verschieden geformte Federn. Manche Künstler zeichnen auch gern mit dem normalen Füllfederhalter und Tinte (4).

Für Pinselzeichnungen benutzt man in erster Linie Rotmarder- (5) und Iltispinsel (6) der Nummern drei bis sechs. Für bestimmte Effekte, Frottagen, Pointillismus etc. können wir auch einen Schweinsborstenpinsel verwenden (7); der japanische Sumi-e-Pinsel eignet sich für Lavierungen (8). Der schwarze Kugelschreiber (9) ist ein gutes Zeichengerät für durchgezogene Linien; das ideale Gerät für gleichmäßige Striche gleichbleibender Stärke ist jedoch der Tuschefüller. Abgesehen davon, daß man mit Tintenpatronen arbeiten kann, gibt es für ihn zahlreiche austauschbare Federn, die Striche zwischen 0,13 und 2 mm ermöglichen (10). Auch mit dem Filzstift und seinen unterschiedlichen Spitzen – feine Spitze, normale Spitze (1200) und breite Spitze (600) – läßt sich ein charakteristischer Stil schaffen.

3

Abb. 226: Für die Anfertigung von Federzeichnungen gibt es heutzutage unterschiedlichste Materialien und zahlreiches Zubehör. Von links nach rechts: In destilliertem Wasser lösliche Stäbe von Chinatusche für Pinselzeichnungen (1); flüssige Chinatusche (2); kleine Zeichenfeder vom Typ Perry mit Spezialhalter zum Zeichnen sowie oben drei gebräuchliche Zeichenfedern (3); normaler Füllfederhalter zum Zeichnen mit blauer Tinte. Er darf nicht mit Chinatusche gefüllt werden, da diese zu rasch trocknet (4); Osmiroid-Pinsel zum Zeichnen mit schwarzer Chinatusche, Rotmarder-, Iltis und Schweinsborstenpinsel, Japanpinsel und Rotwildpinsel für farbige Tuschen (5, 6, 7, 8); Schwarzer Kugelschreiber (9); Tuschefüller zum Ziehen von Linien gleichbleibender Breite. Er wird mit Federn zwischen 0,13 mm und 2 mm angeboten (10); Filzstift mit feiner, mittlerer (1200) und breiter (600) Spitze (11, 12, 13); schwarzer Farbstift (14); Rohrfeder, die zahlreiche Möglichkeiten bietet (15); Chinatusche in Siena gebrannt (16); weiße, wasserlösliche Chinatusche (17); Porzellanpalette mit Vertiefung zum Verdünnen mit destilliertem Wasser (18).

226

Abb. 227: Zeichnung mit einer kleinen Perry-Metallfeder. Kontinuierliche Halbtöne sind nicht vorhanden. Die Abstufung und Grautöne werden mit Hilfe von Strichen erzielt.

Abb. 228: Vincent van Gogh, *Der Garten des Hospitals von Saint-Remy,* Federzeichnung mit Sepiatinte. Um den Ton aufzuhellen, wird die Feder bei Bedarf in destilliertes Wasser oder in mit Wasser verdünnte Tinte getaucht. Ein verwilderter Garten wie dieser genügte van Gogh als Motiv. Er sagte dies in einem Brief an seinen Bruder Theo.

Abb. 229: Albrecht Dürer, *Betende Hände,* Federzeichnung mit schwarzer und weißer Tinte auf blauem Papier, Albertina, Wien. Es ist erstaunlich, daß Dürer bereits im 15. Jahrhundert mit einer Rohr- oder Gänsefeder und weißer Tinte zeichnete.

Abb. 230: Auf diesem Ausschnitt einer Zeichnung mit Rohrfeder und Chinatusche sind die dunklen, mittleren und hellen Striche, die mit einer mehr oder weniger stark gefüllten Rohrfeder gezogen wurden, gut zu erkennen. Die Rohrfeder entleert sich während des Zeichens nach und nach.

227

228

16

17

229

230

18

9 10 11 12 13 14 15

Die Technik der Federzeichnung

231

Halten des Federhalters: Normale Haltung beim Zeichnen gewöhnlicher oder mittlerer Striche.

232

Wünscht man breitere waagerechte oder diagonale Striche, muß die Feder stärker geneigt werden.

233

Papier für die Federzeichnung: Satiniertes Zeichenpapier ohne Korn höherer Qualität eignet sich für Zeichnungen mit jedem Gerät. Grobes Papier betont dessen Wirkung.

234
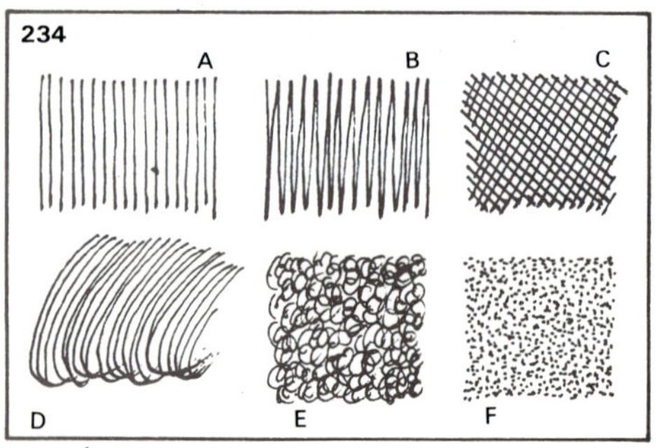

Grautöne mit Metallfeder oder Füllfederhalter. (A) Einzelstriche, (B) verbundene Striche, (C) Zickzacklinien, (D) gebogene Striche, (E) Spiralen und (F) zahlreiche Punkte.

235

Grautöne mit Rohrfeder, trockenem Pinsel und schwarzem Stift. Für die Versuche mit diesen Tönen habe ich rauhes Papier von mittlerem Korn verwendet.

236
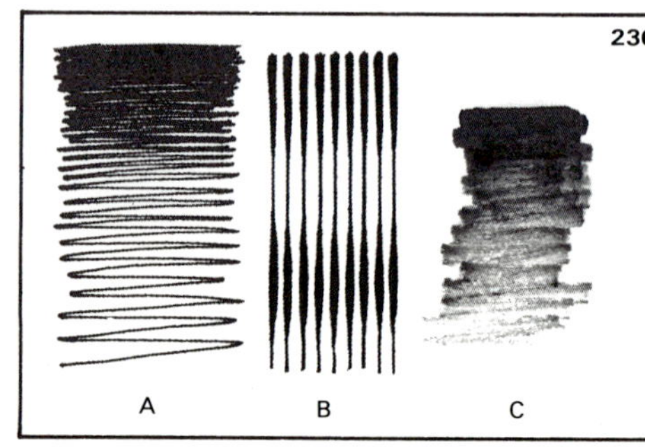

Abstufungen. Hier eine Abstufung mit der Metallfeder (A), dann eine aufwendigere aus Parallellinien (B). Für die Abstufung mit der Rohrfeder darf die Feder nur schwach gefüllt sein (C).

237

Metallfeder. Hier eine einfache Übung, um Töne und Volumen mit einer Metallfeder zu schaffen. Beachten Sie die Strichrichtung, um die Form wiederzugeben.

238

Schwarzer Stift. Mit einem schwarzen Farbstift, dem schwarzen Wachsstift oder dem fetten Lithostift lassen sich auf diese Weise die Form und das Volumen wiedergeben.

239

Feder und Füllfederhalter (Abb. 236 B). Man beginnt mit einer Bleistiftzeichnung und arbeitet anschließend mit einer Metallfeder durch Verbreiterung und Verjüngung die Schatten heraus.

240

Metallfeder und trockener Pinsel auf feinkörnigem Papier. Hier die Möglichkeit des trockenen Pinsels in einer Zeichnung, deren Umrisse mit der Metallfeder betont wurden. Beachten Sie, daß die Strichrichtung in dieser Zeichnung wie in Abbildung 237 die Formen begrenzt.

241

Füllfederhalter auf satiniertem Papier höherer Qualität. Wie bei Abbildung 239 muß man auch bei dieser Zeichnung das Modell zuvor mit Licht und Schatten vorzeichnen.

242

243
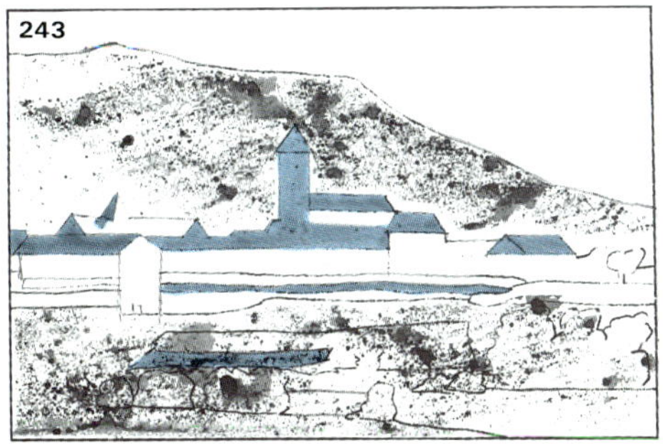

244

Flüssiggummi, Füllfederhalter und Tusche. Mit Flüssiggummi lassen sich bei einer Lavierung weiße Zonen aussparen. In unserem Fall kann man mit Flüssiggummi Grautöne anlegen und Flächen mit Chinatusche tönen. Dazu bemalt man ein Stück Bristolpapier mit Chinatusche und drückt es so auf die Zeichnung, daß sich die Tinte absetzt. Je nach Druck und Menge der Tinte erhält man dunkle oder helle Grautöne. Der Flüssiggummi läßt sich mit einem Radiergummi entfernen. Anschließend wird mit Tusche retuschiert.

245
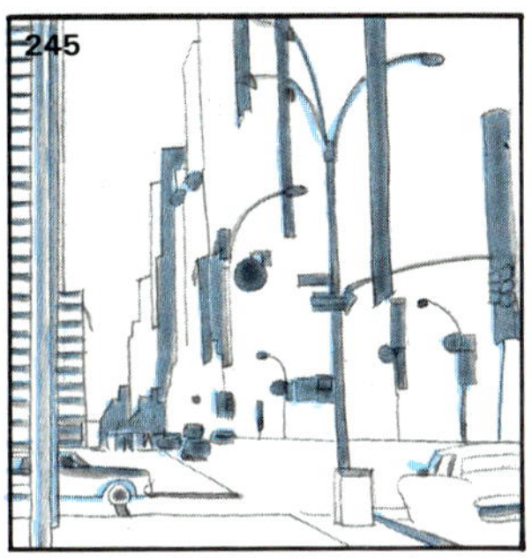

246

247

Aussparung mit Flüssiggummi: Flüssiggummi, der bei der Aquarellmalerei zum Aussparen gewisser Flächen benutzt wird, kann auch bei Zeichnungen mit einer Lavierung oder Chinatusche eingesetzt werden. Das Verfahren ist dasselbe. Nachdem das Modell gezeichnet ist, spart man die weißen Zonen mit dem Flüssiggummi aus.

248

Anlegen von Weiß mit weißer Chinatusche. Kleine weiße Formen können nach dem Trocknen der schwarzen Chinatusche mit weißer Chinatusche eingezeichnet werden.

249

Eine lineare Zeichnung ohne Schatten mit einem gleichförmigen fortlaufenden Strich. Sie kann rasch mit dem Rapidograph, Füller oder Kugelschreiber mit feiner Spitze angefertigt werden.

250

Negativbild mit weißer Tinte: Mit verdünnter weißer Chinatinte lassen sich auf dunklem Bristolpapier Zeichnungen mit umgekehrtem Spiel von Licht und Schatten anfertigen.

251

Imitation eines Holzschnittes: Man zeichnet auf einem speziellen Schabkarton von Canson mit schwarzer Tinte quasi negativ und arbeitet das Weiß mit einem Stichel wieder heraus.

252

Linearer Stil mit der Feder. Bei diesem Stil gibt es weder Halb- noch Grautöne, sondern nur schwarze Blöcke, die die Form wiedergeben.

253

Naß-in-Naß-Lavierung. Hier malt man auf angefeuchteter Unterlage, damit die Flecken verfließen. Dabei muß der Feuchtigkeitsgrad des Malgrundes genau beobachtet werden.

254

Die japanische Sumi-e-Technik. Hier eine Zeichnung mit in destilliertem Wasser aufgelöster Chinatusche auf feinkörnigem Aquarellpapier und einem speziellen Wildhaarpinsel.

Zeichnen mit der Rohrfeder oder dem Zahnstocher

Auf den ersten Blick mag eine Rohrfederzeichnung wie eine Bleistiftzeichnung aussehen. Doch wir erkennen schnell, daß diese Striche keinerlei Glanz aufweisen. Das Schwarz ist matt; die gesamte Zeichnung entspricht der Intensität und Stärke von schwarzer Chinatusche.

Beim Zeichnen mit der Rohrfeder wird die Dosierung zum größten Problem. Natürlich erreicht man kein so helles Grau wie das der Berge im Hintergrund dieser Zeichnung, wenn die Rohrfeder extrem gefüllt aus dem Tintenfaß genommen wird. Die erste und wichtigste Regel für eine Zeichnung mit Chinatusche und Rohrfeder lautet daher:

Feder eintauchen, abtropfen lassen und einen Probestrich auf einem Extrablatt anfertigen.

Mit anderen Worten: Tauchen Sie die Rohrfeder in die Tinte, streifen Sie sie ein wenig am Rand des Tintengefäßes ab, und ziehen Sie solange Striche auf einem Extrablatt, bis Sie den gewünschten Grauton erhalten. Fahren Sie anschließend sofort mit Ihrer Zeichnung fort. Noch eine Warnung: Das Versuchsblatt muß aus derselben Papiersorte bestehen wie das Original. Das ist schon alles. Das Zeichnen mit der Rohrfeder erfordert keine schwierige Technik. Sie müssen ganz einfach üben, bis Sie dieses Spielchen „mehr Tinte oder weniger Tinte", „mehr Druck oder weniger Druck" etc. sicher beherrschen.

Abb. 255: Eine Rohrfeder ist im Handel zu erwerben (Abb. 226, 15). Man kann sie jedoch aus einem beliebigen Bambusstengel oder einem alten Pinselstiel, den man an der Spitze abschrägt, auch selbst herstellen. In der Mitte der Spitze erfolgt ein Einschnitt, damit sich die Tinte besser hält.

Abb. 256: Beim Zeichnen mit der Rohrfeder benötigt man unbedingt ein Extrablatt gleicher Papierqualität wie das Zeichenpapier.

Abb. 257: Diese Zeichnung wurde auf satiniertem Papier angefertigt. Zunächst wurden die Hauptschatten des Modells angelegt und dadurch die Formen angedeutet. Das erleichtert die anschließende Anlage der Halbtöne.

Abb. 258: Beachten Sie die unterschiedlichen Strichbreiten aufgrund der Haltung der Rohrfeder.

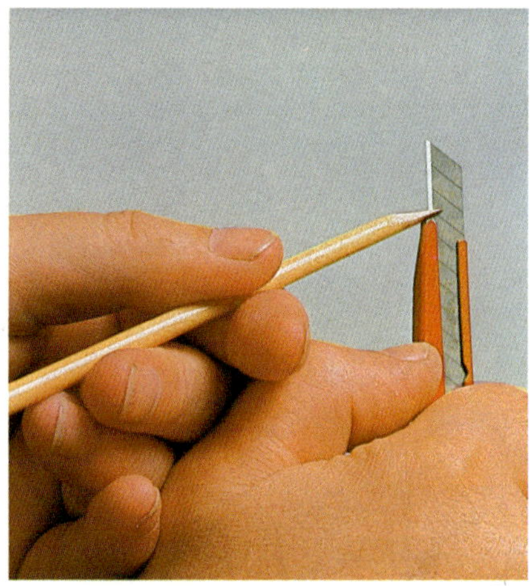

255

258

Pinsel und Chinatusche

Comic- und Bildstreifenzeichner benutzen normalerweise den Rotmarderpinsel als Zeichengerät. Einer meiner guten Freunde, der in ganz Europa bestens bekannte Jesús Blasco, sagte zu diesem Thema: „Pinsel sind ein geschmeidiges Werkzeug. Mit ihnen fühlt man sich beim Zeichnen wohler.“

Mit Pinsel und Chinatusche lassen sich jedoch auch künstlerische Bilder anfertigen, z. B. in der sogenannten Trockentechnik. Bei dieser Technik reibt man mit dem schwach gefüllten Pinsel über das Zeichenpapier und erhält entsprechend der Tintenmenge und dem ausgeübten Druck mehr oder weniger intensive graue Pinselstriche. Natürlich muß das Papier dafür rauh sein und entweder ein feines oder ein mittleres Korn besitzen. Feinkornpapier eignet sich für kleinformatige Zeichnung, größere Zeichnungen erfordern ein grobkörnigeres Papier. Das Papier muß von guter Qualität und ausgezeichnet verleimt sein, so daß das Korn hart genug ist, um die geringe Tintenmenge vom darüberstreichenden Pinsel aufzunehmen.

Natürlich erfordert die zuvor erwähnte Technik zahlreiche Anläufe, Versuche und Tests. Mit einem Wort: Praxis.

Abb. 259: Ich habe diese Zeichnung auf feinkörnigem Papier von etwas größerem Format (20 Prozent) als Abbildung 262 angefertigt. Gearbeitet habe ich mit einem Rotmarderpinsel Nr. 4 und Nr 8. Wie bei der Rohrfederzeichnung benötigt man auch hier unbedingt ein Extrablatt derselben Qualität für verschiedenste Versuche.

Abb. 260: Der Aufbau der Zeichnung einschließlich der Anlagen der Schatten ist wichtig. Dann überarbeitet man die Gesichtszüge mit Chinatusche und einem Pinsel Nr. 4.

259

260

Abb. 261, 262: Die hellen Grautöne können mit einem einzigen Strich mit dem nur zur Hälfte gefüllten Pinsel angelegt werden. Bei dunkelgrauen Tönen ist es ratsam, den Ton nach und nach mit mehreren Pinselstrichen oder sich überlagernden Schichten zu verstärken.

261

262

Die Farbstifte

Malerisch zeichnen mit Farbstiften ist zur Zeit große Mode. Ich benutze bewußt diese beiden Worte, da wir mit Farbstiften unablässig Linien ziehen, Abstufungen herstellen, zeichnen, mischen und in Farben denken. Mit einem Wort: wir malen. Zeichnen mit Farbstiften ist eine hervorragende Einführung in die Kunst der Malerei mit ihren Mischungen, Kontrasten und Farbversu-

263

264 1 2 3 4 5

Abb. 263: Hier eine Metallschachtel von Rexel Cumberland mit 72 Farben. Von derselben Marke ist auch eine Schachtel mit 24 Aquarellstiften sowie eine Auswahl von 72 Stäbchen „aller Farben" erhältlich.

Abb. 264: Hier fünf Farbstifte von fünf verschiedenen Herstellern. Von links nach rechts: Rotstift der Serie Derwent Studio der englischen Marke Rexel Cumberland mit 72 Farben (1); Farbstift der deutschen Marke A.W. Faber-Castell, 60 Farben (2); Stift von Staedtler aus Deutschland in Studienqualität (3): wasservermalbarer Prismalo-II-Stift, weich, der Schweizer Marke Caran d'Ache (4) und Lira-Rembrandt-Stift aus Deutschland in Studienqualität (5).

Abb. 265: Hier die 60 Farben von A.W. Faber-Castell. Beachten Sie die breite Skala von Farben und Nuancen, mit der sich die Zeichnung bereichern läßt. Faber hat kürzlich die Serie *Albrecht Dürer* mit 36 Farben auf den Markt gebracht, die man wie Aquarellfarben verwenden kann.

265

chen. Die Farbmine besteht im wesentlichen aus Farbpigmenten, die mit Spezialwachs sowie einem Lack gebunden werden. Als Fassung verwendet man Zedernholz.
Farbstifte findet man in Etuis zu zwölf Farben in der Standardqualität. Wir befassen uns hier jedoch mit hochwertigen Farbstiften, die in Blechschachteln zu zwölf, 24, 36, 40, 60 und 72 Farben im Handel sind. Caran d'Ache bietet maximal 40 Farben an; Faber-Castell hat 60 Farbtöne im Programm (siehe verkleinerte Abb. Nr. 263). Alle Stifte dieser Hersteller sind auch einzeln erhältlich.
Wichtig ist, daß manche Hersteller – so die oben erwähnten – zwischen hochwertigen wasserunlöslichen und hochwertigen wasservermalbaren Farbstiften unterscheiden. Die Farbstifte von Caran d'Ache sind grundsätzlich wasservermalbar. Sie werden übrigens in zwei Gradationen angeboten: normal unter der Bezeichnung Prismalo I und weich mit der Bezeichnung Prismalo II. Faber hat kürzlich die wasservermalbaren Stifte der Serie „Albrecht Dürer" in Schachteln mit zwölf, 24 und 36 Stiften auf den Markt gebracht. Die Firma Cumberland bietet neben einer Schachtel mit 42 wasservermalbaren Farbstiften eine Neuheit an: viereckige Minen, die mit einer Lackschicht zum Schutz der Finger vor dem Verschmutzen versehen sind, von 8 mm Stärke und 12 cm Länge. Sie eignen sich ausgezeichnet für Untergründe und große Flächen. Sie werden in 72 verschiedenen Farben angeboten, können jedoch ebenfalls als Zwölfer-Sortiment mit der Klassifizierung *leuchtende Farben, dunkle Farben, Pastellfarben* etc. erworben werden.

266

267

Abb. 266, 267: Ist es besser und funktioneller, den Stift mit einem Messer oder mit einem Bleistiftspitzer anzuspitzen? Die Meinungen darüber sind geteilt. In jedem Fall geht es mit einem Spitzer – vorausgesetzt, der Kegel ist tief genug – schneller und wirtschaftlicher, da die Mine dann nicht so leicht bricht.

268

Abb. 268: Vermeiden Sie es unter allen Umständen, einen Stift wiederholt auf der Tischplatte abzulegen, denn die Mine könnte mit der Zeit brechen. Halten Sie lieber alle Stifte, die Sie benötigen, in der linken Hand, während Sie mit der Rechten arbeiten.

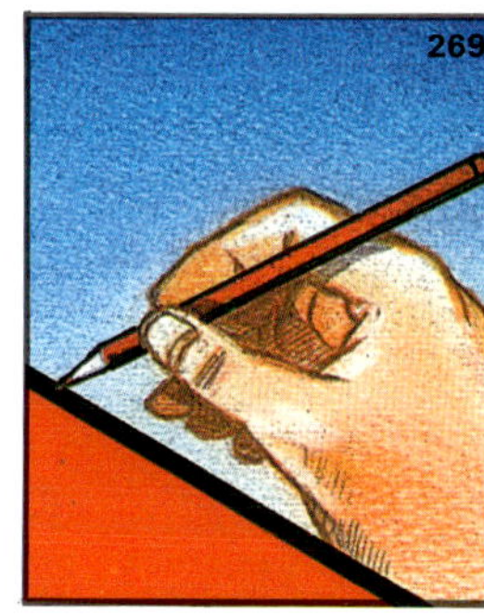
269

Abb. 269: Halten Sie den Farbstift nicht zu schräg, sonst könnte die Mine brechen.

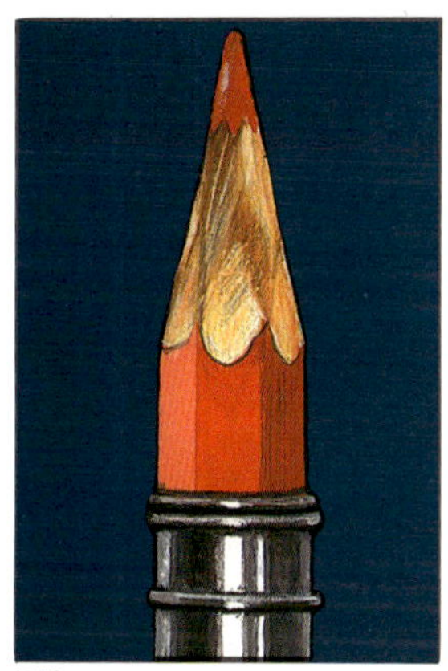
270

Abb. 270: Gute Farbstifte sind teuer. Man muß sie so gut wie möglich ausnutzen. Deshalb sollte man drei oder vier Bleistifthalter besitzen, mit denen man sie, wenn sie zu kurz geworden sind, bis zum Ende aufbrauchen kann.

Vincent van Goghs Lektion

Vincent van Gogh schrieb vom 19. Lebensjahr bis zu seinem Tode im Alter von 37 Jahren 256 Briefe an seinen Bruder Theo. Der letzte, undatierte, wurde am 29. Juli 1890 nach seinem Selbstmord durch einen Pistolenschuß an seinem leblosen Körper gefunden. Sein Bruder Theo starb übrigens sechs Monate später.
Das bekannte Buch „Briefe an meinen Bruder Theo", das in fast alle Sprachen einschließlich Deutsch übersetzt wurde, zeugt von seinem privaten Drama, seiner Einsamkeit und seinen Ängsten. Es gibt jedoch ebenfalls Auskunft über seine Gedanken, sein Wissen und seine Leistungen beim Zeichnen und Malen. Zum Beispiel, wenn er von der Farbenlehre spricht: „Es gibt nur drei Farben in der Natur, die wir als Grundfarben bezeichnen können, die paarweise gemischt drei weitere Farben erzeugen, die sogenannten Zweitfarben."

271

Abb. 271: Die wichtigste praktische Anwendung der Farbentheorie besagt: Nur mit den drei Grundfarben Gelb, Purpur und Mittelblau kann man alle Naturfarben mischen.

272

Abb. 272: Die paarweise Mischung der Grundfarben Gelb, Purpur und Mittelblau ergibt die Zweitfarben Rot, Grün und Dunkelblau. Mischt man alle drei Grundfarben, erhält man ein bräunliches Schwarz.

273

Abb. 273: Außerdem sollte man die Theorie der Komplementärfarben kennen und sie anwenden können, um wichtige Farbkontraste zu erzielen.

274

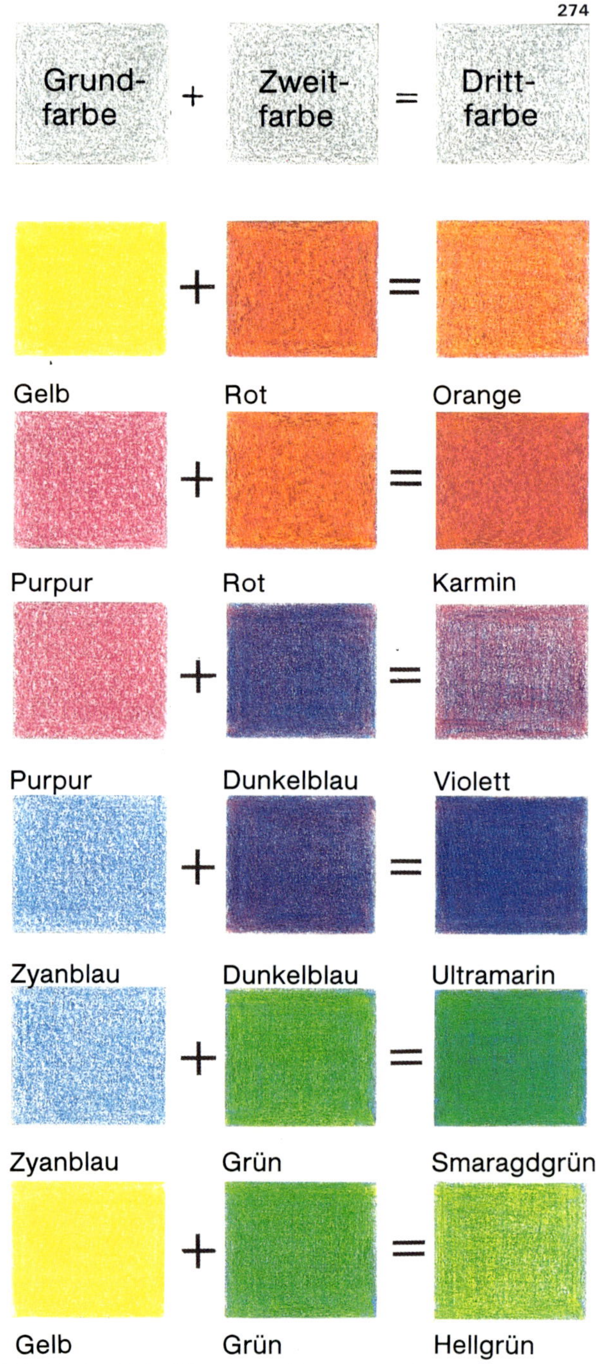

Abb. 274: Mischt man jeweils eine Grundfarbe mit der im Farbkreis nächstgelegenen Zweitfarbe, erhält man die Drittfarben Orange, Karmin, Violett, Ultramarin, Smaragdgrün und Hellgrün.

Zur Illustrierung von van Goghs Theorie sehen Sie unten auf dieser Seite die drei Grundfarben: Gelb, Purpur und Mittelblau (Abb. 271). Diese drei Farben, paarweise gemischt, „erzeugen", wie van Gogh es ausdrückte, die drei Zweitfarben Rot, Grün und Dunkelblau (Abb. 272).
Die Spalte auf der rechten Seite zeigt, wie die sechs Drittfarben aus den Mischungen einer Grundfarbe mit der nächstgelegenen Zweitfarbe entstehen (Abb. 274). Von oben nach unten erhalten wir Orange, Karmin, Violett, Ultramarin, Smaragdgrün und Hellgrün. Sie können diese Versuche selbst ausführen, es gibt dafür kein besseres Mittel als die Farbstifte:
Alle Farben der Natur können mit nur drei Farben gemischt werden, nämlich den Grundfarben Gelb, Purpur und Mittelblau.
In seiner Lektion behandelt van Gogh auch die Komplementärfarben und erklärt: Werden zwei Grundfarben (z. B. Gelb und Blau) gemischt, ist das Resultat (Grün) komplementär zur dritten Grundfarbe, die sich nicht in der Mischung befindet (Purpur). So können wir mit van Gogh sagen[1]:

Purpur ist komplementär zu *Grün*
Blau ist komplementär zu *Rot*
Gelb ist komplementär zu *Dunkelblau*
und umgekehrt.

Wozu verhilft uns dieses Wissen um die Komplementärfarben? Van Gogh antwortet dazu dasselbe, was jeder erfahrene Maler heutzutage sagen würde:
1. *Zur Schaffung von Kontrasten*: „Die Nebeneinanderstellung zweier Komplementärfarben verstärkt die Farben derart, daß das menschliche Auge es kaum noch ertragen kann", sagte van Gogh.
2. *Zum Malen mit gebrochenen Farben*: „Mischt man zwei Komplementärfarben zu ungleichen Teilen (. . .), erhält man eine gebrochene Farbe, eine Vielzahl von Grautönen." (Diese Regel gilt, wenn wir mit Farbstiften oder Wasserfarben zeichnend malen und das Weiß durch die Farbe des Papiers dargestellt wird.)
Wollen Sie als Nachtrag für diese kurze Lektion nicht irgendein Thema nur mit den drei Grundfarben (und Schwarz) zeichnend malen? Ich habe dasselbe Bild einmal mit elf Farben plus Schwarz und einmal mit drei Farben plus Schwarz gezeichnet. Das Ergebnis spricht für sich selbst (Abb. 275, 276). Sie fragen sich vielleicht, weshalb die Hersteller dann Schachteln mit 60 oder sogar 72 Farben anbieten. Ich werde Ihnen die Antwort auf den folgenden Seiten geben.

[1] Van Gogh kommt in dem Brief an seinen Bruder Theo zur selben Schlußfogerung, allerdings mit einem Unterschied: Er spricht von Rot statt von Purpur und nennt Orange und Violett als Zweitfarben (statt Rot und Dunkelblau). Dieser Austausch erfolgte aufgrund von Erkenntnissen der Fotografie und Verbesserungen bei der Zerlegung der Farben in der grafischen Kunst.

275

276

Abb. 275, 276: Mit den drei Farben Gelb, Purpur und Mittelblau (plus Schwarz) lassen sich alle Naturfarben mischen. Der obere Kopf wurde mit elf Farben plus Schwarz gezeichnet, der untere nur mit den drei Grundfarben plus Schwarz.

Malerisches Zeichnen mit Farbstiften

277

Die Vorzeichnung muß mit einem Farbstift erfolgen. Normalerweise nimmt man dafür Hellblau, Hellgrau oder Hellsiena, je nach der Tendenz des Modells. Ein Bleistift bleibt zu stark sichtbar und verschmutzt die Zeichnung.

278

Weiß ist die Farbe des Papiers. Normalerweise dient das Weiß des Papiers als Farbe, denn das Weiß des Farbstiftes ist nicht deckend. Es hellt nur auf, wie wir später noch sehen werden.

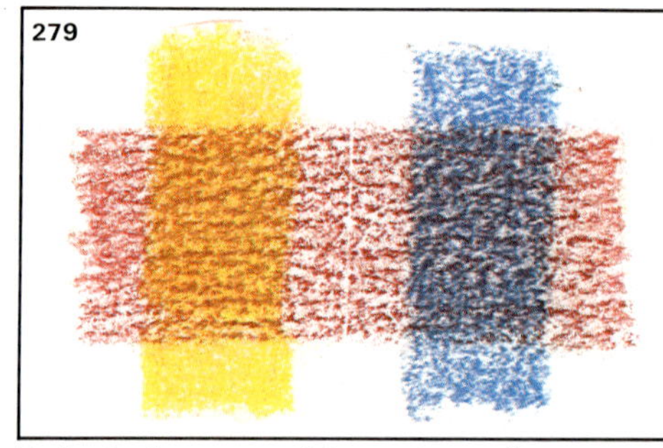
279

Farbmischungen erfolgen durch Überlagerungen und Transparenz. Bei Schachteln mit 40 und mehr Farben kann man allerdings unmittelbar mit dem richtigen Stift zeichnen.

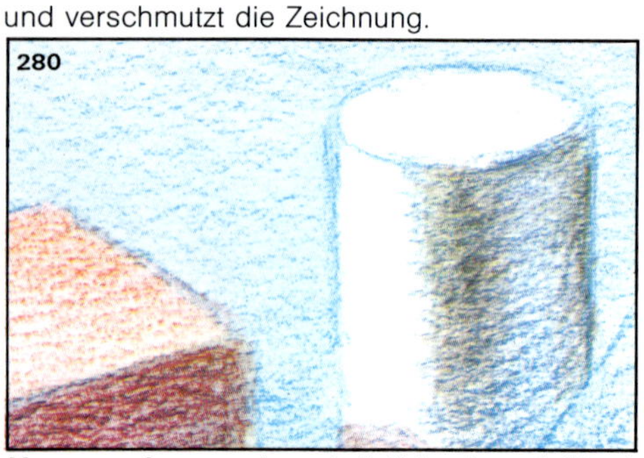
280

281

282

Von „weniger nach mehr“. Wie die schrittweisen Abbildungen zeigen, verstärkt man die Töne, Nuancen und Kontraste nach und nach durch Überlagerung. Man malt also von „weniger nach mehr“ und erhält auf diese Weise eine bessere Kontrolle über die Werte und Nuancen.

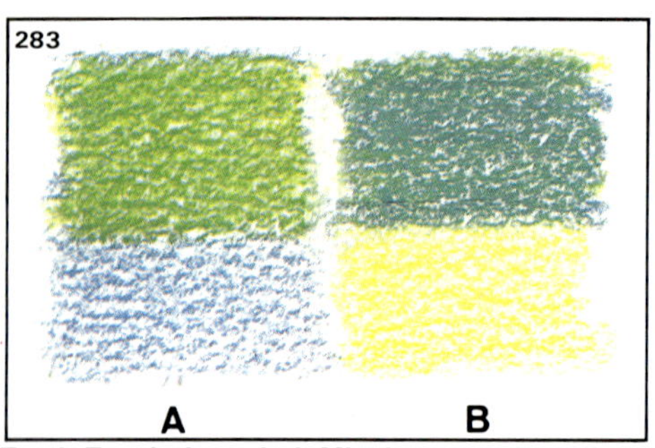

283

Zwei Ergebnisse bei Mischungen derselben Farben. Eine dünne Schicht Gelb auf Blau ergibt ein helles Grün (A). Umgekehrt (Blau auf Gelb) erhalte ich ein dunkleres Grün (B).

284

285

Pastellwirkung. Der Würfel und der Zylinder wurden zunächst mit denselben Farbstiften gezeichnet. Auf Abbildung 285 habe ich anschließend den blauen Hintergrund, das Rosa der Würfelseiten, den Wurfschatten und das vom Zylinder reflektierte Licht mit einer Art weißlicher Patina überzogen, die die Farbgebung des Bildes von Grund auf verändert.

286

287

Format der Farbstiftzeichnung und Papierkorn. Das Standardmaß beträgt 18/20 x 25 cm, höchstens 25 x 30/35 cm. Das Papierkorn muß dem Format entsprechend gewählt werden: für ein großformatiges Werk ein feines oder mittleres Korn (Abb. 286); bei einem kleineren Format rate ich zu Papier mit geringerem Korn (Abb. 287).

288

Malen mit Farbstiften auf farbigem Papier. Papier von Ingres und Canson in Creme, Hellblau, Grau, Lachs etc. eignet sich sehr gut für eine Zeichnung mit Farbstiften.

289

290

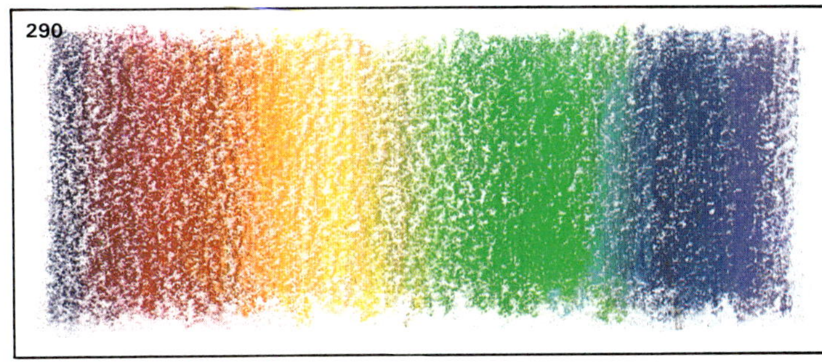

Theorie und Praxis der Farben. Die obere Skala der Farben des Spektrums (Abb. 289) wurde nur mit den drei Farbstiften Gelb, Purpur (Hellkarmin) und Mittelblau angelegt. Die Skala der folgenden Abbildung (290) ist mit zwölf unterschiedlichen Farben „gemalt" worden. Natürlich weist sie eine größere Farbvielfalt auf und ist nuancenreicher. Vergleichen Sie zum Beispiel die Skala der Grün-, Blau- und Violettöne. Dann wird Ihnen klar, daß man mit mehr Farben auch ein besseres Ergebnis erzielt.

291

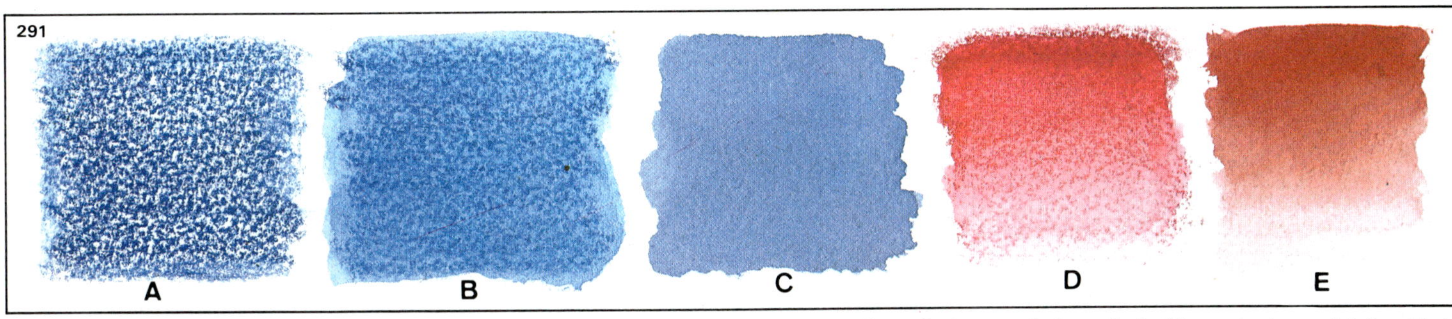

Wasservermalbare Farbstifte. Das Ergebnis einiger Versuche mit wasservermalbaren Farbstiften im Vergleich zu Aquarellfarben. Zunächst eine dunkle Grisaille mit blauem Farbstift (A), dann derselbe Ton mit in Wasser gelöster Farbe und sehr nassem Pinsel (B), anschließend habe ich eine blaue Lavierung mit Aquarellfarben (C) gemalt. Die Abstufung aus Karmin dunkel wurde mit einem Farbstift angelegt; anschließend habe ich die Farbe mit einem nassen Pinsel ausgezogen (D). Zum Schluß eine Abstufung in Krappkarmin mit Aquarellfarbe (E).

292

Lavierung mit wasservermalbaren Farbstiften. Dies ist eine sehr angenehme Technik, vor allem für kleinere Formate, und ebenso einfach wie eine normale Lavierung.

293

Die Strichrichtung bei Farbstiften. Wie bereits erwähnt, bestimmt die Strichrichtung eine Farbstiftzeichnung. Die Striche der Zeichnung bleiben immer sichtbar. Deshalb erfordert die Strichführung eine sorgfältige Untersuchung, um die Form so gut wie möglich wiederzugeben.

294

295

Farbstifte als Hilfsmittel. Moderne Illustratoren malen normalerweise mit Anilinfarben, wie die Illustration von Maria Ruis zeigt (Abb. 294). Für die Umrisse der Nase, der Augen, des Mundes etc. verwendet die Künstlerin eine flüssige Aquarellfarbe und Pinsel, und erledigt die Abschlußarbeiten - das Rosa der Wangen - mit Pastellkreide und Farbstiften (für die Haarsträhnen).

296

Abschlußarbeiten einer Filzstiftzeichnung mit Farbstiften. Damit kann man auf dunklen Flächen malen, um zum Beispiel Nebel oder die Wirkung eines Geysirs darzustellen.

Malerisches Zeichnen mit Farbstiften

Ein Thema wie „Schiffe im Hafen von Amsterdam“ mit einer Skala gebrochener Farben und Grautöne kann ausschließlich mit den drei Stiften der Farben Gelb, Purpur und Mittelblau gezeichnet werden. (Zur besseren Harmonisierung habe ich damit auf grauem Cansonpapier gearbeitet.) In jedem Fall ist es jedoch effektiver, unmittelbar mit der richtigen Farbe zu arbeiten und Mischungen zu vermeiden, denn damit erreicht man sehr häufig doch nicht den korrekten Ton oder die ideale Nuance. Abbildung 297 zeigt die Farben, die ich für dieses Beispiel benutzt habe. Neben den Namen und Farbmustern nenne ich auch die Nummern (der 60 Farben umfassenden Serie „Polychrom“ von Faber-Castell). Als letzte „Farbe“ der Liste wird *weiße Tinte* (es könnte auch weiße Gouache sein) genannt. Mit deren Hilfe kann ich weit besser als mit einem weißen Stift die Reflexe des Wassers im Vorder- und Hintergrund sowie die beleuchteten Stellen der Schiffe, der Ballustrade, der Masten etc. hervorheben.

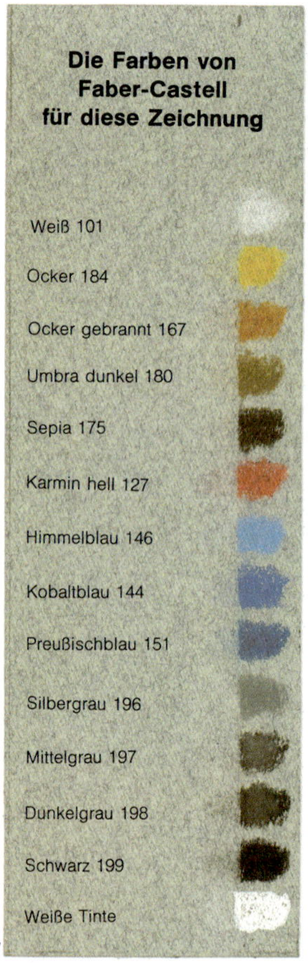

297

298

299

300

Abb. 298, 299, 300: *Schiffe im Hafen von Amsterdam.* Auf grauem Cansonpapier mi-teintes zeichne ich das Thema mit dem silbergrauen Farbstift vor. Ich beginne mit den Silhouetten der Häuser im Hintergrund mit Himmelblau 146. Ich betone den Himmel und das Wasser mit Weiß 101 und stufe das Licht auf den Schiffen etc. von hinten nach vorn ab. Anschließend befasse ich mich mit den Rümpfen und den Reflexen der Schiffe im Wasser. Dazu benutze ich zunächst Preußischblau 151, dann Dunkelgrau 198 und schließlich Schwarz 199. Beachten Sie, daß man in den kleineren Reflexen noch das Blau erkennt. Für den Hafen benötigte ich Mittelgrau 197 und Dunkelgrau 189. Mittelgrau ist ebenfalls für das Wasser im Vordergrund erforderlich. Hier bleiben einige weiße Streifen stehen, die die Bewegung des Wassers wiedergeben. Anschließend benötigte ich Ocker gebrannt 167, Umbra dunkel 180, einige Striche Hellkarmin 127 und schließlich weiße Tinte für die hellsten Reflexe des Wassers im Vorder- und Hintergrund, über den Schiffen, auf der Balustrade, an den Masten etc.

Wasservermalbare Farbstifte

Selbst mit wasservermalbaren Farbstiften kann man Abstufungen anlegen und Formen mit Hilfe von Farbstrichen aufbauen und definieren. Die Farben lassen sich mit Pinsel und Wasser auflösen, und wie bei der Aquarellmalerei verarbeiten.
Handelt es sich hier um eine Mischtechnik? Zweifellos. Natürlich könnte man jedes Thema auch nur mit Farbstiften zeichnen, doch bliebe die Wasservermalbarkeit der Farbstifte ungenutzt. Allerdings wäre es auch sinnlos, ein reines Aquarell mit wasservermalbaren Farbstiften anzulegen, denn diese liefern nicht dieselbe Qualität wie Wasserfarben.
Bei dieser Mischtechnik sind die Flächen, an denen der Farbstrich mit Wasser vermalt wurde (wie der Himmel bei der Landschaft), sowie die Partien, an denen die Grautöne und die Abstufungen durch von der Papierstruktur betonte Striche entstanden, (wie die Bäume, die Fahrzeuge und der Boden Abb. 304), deutlich zu erkennen.

Abb. 301: Die Vorzeichnung für eine Farbstiftzeichnung darf nicht mit Bleistift erfolgen, denn das Fett würde die Farben verschmutzen. Man verwendet statt dessen das Himmelblau 160.

Abb. 302: Hier das erste Stadium der Farbanlage ohne Verwendung von Wasser und Pinsel. Beachten Sie, daß die später zu aquarellierenden Flächen äußerst gleichförmig angelegt sind.

Abb. 304: In dieser letzten Phase habe ich den Himmel, die Schatten etc. mit Wasser und Pinsel aquarelliert. Nachdem die aquarellierten Stellen völlig getrocknet sind, habe ich die Abschlußarbeiten so mit Farbstift ausgeführt, daß die Striche in der fertigen Zeichnung sichtbar bleiben.

301

302

303

Abb. 303: Aquarellstifte von Caran d'Ache, Prismalo II weich, für diese Zeichnung:

Ocker 035	Dunkelgrün 229
Khaki 249	Mittelgrau 005
Siena 059	Dunkelblau 141
Purpur 090	Himmelblau 160
Karmin 080	Schwarz 009
Grüngelb 245	Weiß 001

304

Die Marker

Der Marker wird heutzutage besonders in der Werbegrafik und für Anzeigen verwendet (z. B., um Fernsehspots zu entwerfen), aber auch in der Architektur, für Dekorationen, Wandgemälde etc.
Marker wurden in den sechziger Jahren von den Japanern entwickelt. Es handelt sich um eine Art Füllfederhalter mit einem Kunststoffstreifen, durch dessen winzige Löcher die Tinte zur Spitze geführt wird. Diese Tinte besteht aus Farbpigmenten und Alkohol, genauer gesagt Xylol, einer Alkohol sehr ähnlichen Flüssigkeit. Daneben gibt es vor allem für den Gebrauch durch Kinder auch Marker auf der Basis von Wasser. Auf dem Markt befinden sich drei Arten von Markern mit unterschiedlicher Spitze und Durchmesser: breite Striche, um rasch große Flächen zu füllen, mittlere Striche für kleine Einzelheiten und feine Striche zum Zeichnen und Umreißen. Zur Zeit sind fünf Qualitätsmarker im Handel (siehe Kasten). Dabei sind besonders die englischen Marker Magic Marker mit 123 Farben und die amerikanischen Marker Pantone mit 203 breiten Markern und 223 Markern mit feiner Spitze erwähnenswert. Sei noch darauf hingewiesen, daß inzwischen auch spezielles Markerpapier entwickelt wurde, das unter unterschiedlichen Bezeichnungen im Handel ist.

Abb. 305: Im nebenstehenden Kasten finden Sie die wichtigsten Herstellerfirmen von Filzstiften bzw. Markern auf der Basis von Alkohol mit Angabe des Landes und der Anzahl der Farben.

30

Die wichtigsten Hersteller von Filzstiften bzw. Markern

Marke	Herkunftsland	Anzahl der Farben
Art Marker	USA	200
Edding 600	Dänemark	80
Magic Marker	Großbritannien	123
Mecanorma (Art Marker)	Frankreich	116
Pantone Letraset	USA	203

306

Abb. 306: Nebenstehend die wichtigsten Formen der Marker mit breiter, mittlerer und feiner Spitze. Beachten Sie, daß der Magic Marker einen großen Tintenbehälter besitzt, in den der Filzstreifen hineinreicht. Die Spitze mit dem Streifen läßt sich im Bedarfsfall abschrauben, so daß man auch einen Pinsel in den Behälter einführen kann.

307

Abb. 307: Claude de Seynes, *Das Haus in Louisiana*. De Seynes ist Spezialist für Filzstiftzeichnungen und hält folgendes Filzstiftsortiment für unerläßlich:
Blaßgelb
Leuchtendes Gelb
Blaßrosa
Blaßorange
Mittelrot
Kadmiumrot
Mauve
Blaßblau
Leuchtendes Blau
Grünblau
Preußischblau
Blaßgrün
Mittelgrün
Dunkelgrün
Tannengrün
Hellbeige oder Elfenbein
Leuchtendes Beige oder Sand
Kastanienbraun
Sepia
Fleischfarbe
Helles kaltes Grau
Mittleres kaltes Grau
Helles warmes Grau
Mittleres warmes Grau

308
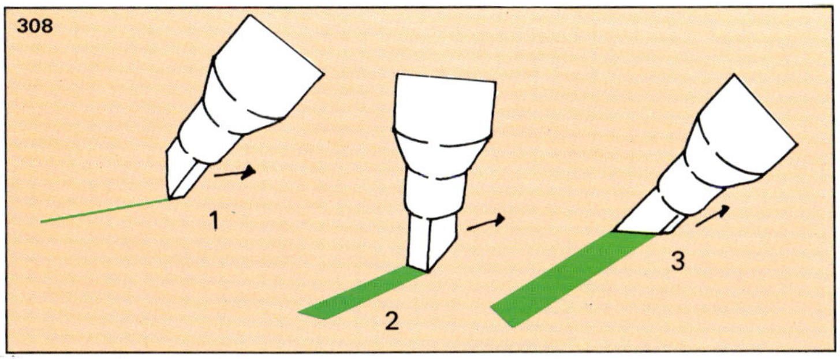

309

310
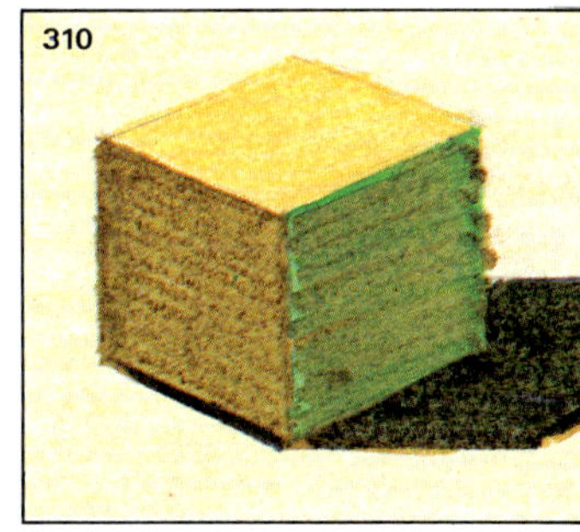

Drei Möglichkeiten, mit Markern zu zeichnen. Mit der breiten rechteckigen Spitze des Markers lassen sich drei Strichbreiten erzielen: feine mit der Kante der Spitze (1), mittlere mit der Schmalseite (2) und breite durch Neigen der breitesten Fläche des Markers.
In allen Fällen arbeitet man „von weniger nach mehr". Wie beim Aquarell gibt es kein Weiß. Die Farben sind transparent; deshalb kann man auch nicht hell auf dunkel arbeiten, sondern man malt von hell nach dunkel.

311
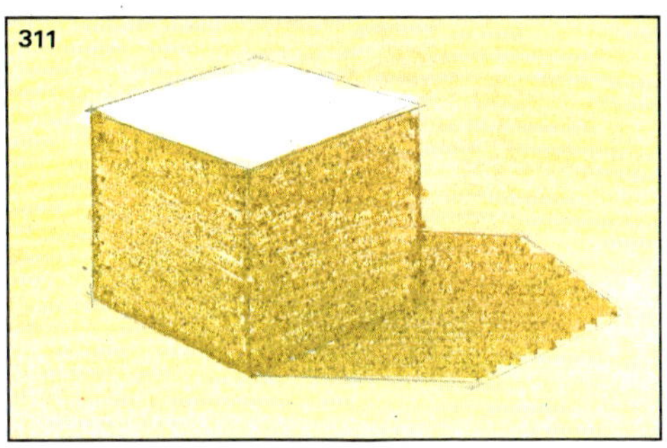

312

Verstärkung eines Tons mit derselben Farbe. Die Farbe wird in mehreren Schichten übereinandergelegt, wie auf diesen beiden Abbildungen zu erkennen ist. Links eine einzige Schicht, rechts mehrere Schichten, die den Ton intensivieren.

313

Farbmischungen durch Transparenz. Farbmischungen sind wie beim Aquarell durch Überlagerung einer oder mehrerer Schichten oder durch Verschmelzen der Farben untereinander möglich.

314

Auch wenn sich Farbmischungen herstellen lassen, sollte man nach Möglichkeit direkt mit der entsprechenden Farbe arbeiten. Das erklärt die Auswahl bis zu 200 Farben guter Marken.

315

Anlage eines Hintergrunds oder einer gleichförmigen Fläche. Gewöhnlich legt man dazu ziemlich rasch parallel verlaufende waagerechte, diagonale oder senkrechte Striche an.

316

Abstufungen mit dem Marker. Diese Abstufung wurde ziemlich mühelos mit drei Farben angelegt. Man muß nur rasch arbeiten, damit die Farben sich vor dem Trocknen mischen.

317

Praktische Anwendung der Abstufungen. Die Abstufung des Hintergrunds erfolgte mit waagerechten Strichen. Die Kugel wurde mit kreisförmigen Strichen gezeichnet.

318

Retusche mit weißer Tinte oder Gouache. Der weiße Kreis der Tasse und der Untertasse sowie alle Reflexe der Kugel (Abb. 317) wurden mit weißer Tinte retuschiert.

319

Abschlußretuschen mit Farbstiften. Hierzu greifen Filzstiftillustratoren häufig. Sie benutzen Farbstifte, um Umrisse etc. mit hellen Farben auf dunklem Grund zu zeichnen oder umgekehrt.

Die Lavierung

Wie Ihnen bekannt, ist die Lavierung die Vorstufe des Aquarells. Es handelt sich um eine Pinselzeichnung, die mit ein oder zwei Farben angefertigt wird (Schwarz oder Schwarz plus Sepia, oder Dunkelbraun plus Sepia). Normalerweise verwendet man dafür Aquarellfarben. Eine Lavierung kann jedoch auch mit schwarzer oder sepiafarbener Chinatusche mit Pinsel und Wasser ausgeführt werden. Dabei muß es sich allerdings um destilliertes Wasser handeln, denn Chinatusche ist nicht mit Wasser löslich.

Die Beherrschung der Lavierung ist ein notwendiger Schritt, bevor man ein Aquarell in Angriff nimmt. Die Aquarelltechnik ist dieselbe wie die Laviertechnik, mit dem einen Unterschied, daß bei der Lavierung keine zusätzlichen Farbprobleme auftauchen. Man lernt zunächst einmal die Technik der Lavierung und fährt dann fort mit dem eigentlichen Aquarell.

Neben dieser Übungsmöglichkeit handelt es sich bei der Lavierung jedoch um eine eigenständige künstlerische Technik. Das Verfahren wurde und wird von allen alten und zeitgenössischen Meistern von Leonardo da Vinci bis Michelangelo und van Gogh oder Picasso über Rubens, Rembrandt, Lorrain, Constable, Goya, Delacroix, Manet etc. angewendet.

Abb. 320: Claude Lorrain, *Landschaft mit Fluß, Blick auf den Tiber vom Mont Mario, Rom,* British Museum, London.

Abb. 321: John Constable, *Bäume am Fluß,* Sepia, 20,3 × 16,2 cm, Victoria and Albert Museum, London.

Abb. 322: Xu Hong, *Pferdegruppe,* (Ausschnitt), Privatsammlung.

320

322

321

Techniken der Lavierung

Abb. 323: Lavierung im Halbton in der Trockentechnik. Malen Sie ein Quadrat von 15 × 15 cm. Bereiten Sie eine ausreichende Menge Kobaltblau vor, und beginnen Sie am oberen Papierrand waagerecht von links nach rechts mit einem 2 bis 3 cm breiten Streifen.

Abb. 324: Überprüfen Sie gleich zu Beginn die Neigung Ihres Zeichenbretts, damit sich die Farbe nicht zu stark am unteren Rand ansammelt und zu fließen beginnt. Malen Sie rasch, damit das Aquarell feucht bleibt, und achten Sie darauf, daß sich unten immer eine gewisse Menge der Farbe-Wasser-Mischung ansammelt.

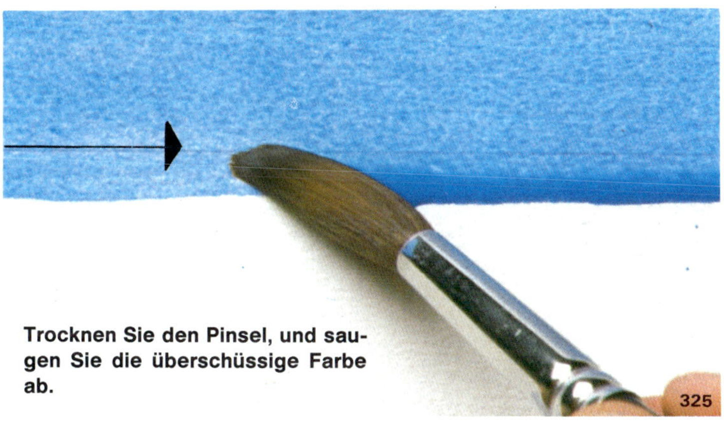

Abb. 325: Saugen Sie nun die Farbe ab, die sich am unteren Rand angesammelt hat. Trocknen Sie dafür den Pinsel mit einem Tuch, und fahren Sie damit über die Begrenzung. Sie müssen eine gleichförmige Halbtonlavierung erzielen. Diese hängt wesentlich von der Füllung des Pinsels, der Neigung des Zeichenbretts und der Qualität des Papiers ab.

Abb. 326: Abstufung in der Trockentechnik. Malen Sie im selben Format 15 × 15 cm wie zuvor in Kadmiumrot oder Zinnober. Beginnen Sie mit einem starken Farbstreifen am oberen Rand des Blattes.

Abb. 327: Waschen Sie den Pinsel, drücken Sie ihn leicht am Rand des Malfaches aus, und legen Sie ihn auf die untere Hälfte des roten Streifens. Stufen Sie bis unten ab. Arbeiten Sie dabei waagerecht von einer Seite zur anderen. Drücken Sie den Pinsel auf, damit das Wasser austritt.

Abb. 328: Waschen Sie den Pinsel, überprüfen Sie die Farbmenge, und fahren Sie retuschierend von oben nach unten. Saugen Sie die Farbe ab, falls nötig, und bearbeiten Sie vor allem die untere Partie. Nur hier sind Retuschen zu diesem Zeitpunkt noch möglich.

Lavier- und Aquarelltechniken

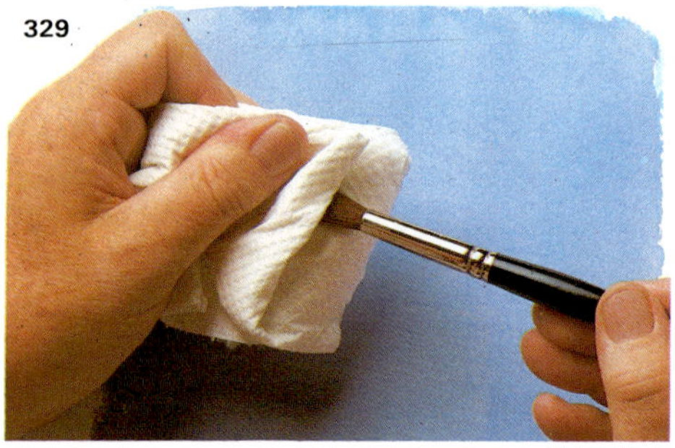
329

330

331

„Öffnen" von Weiß in einer angefeuchteten Fläche. Malt man eine Lavierung oder ein Aquarell, kann sich die Notwendigkeit ergeben, Weiß aus der noch feuchten Fläche wieder hervorzuholen. Waschen Sie dazu den Pinsel, drücken Sie ihn in einem Tuch aus, und legen Sie ihn auf die Fläche. Er reagiert wie ein Schwamm und läßt das Weiß wieder auftauchen.

Hervorholen von Weiß für eine Wolke. Es handelt sich um dasselbe Verfahren. Nur kontrolliert man das Absaugen der Farbe genau, um bestimmte Formen und Volumen zu erreichen.

332

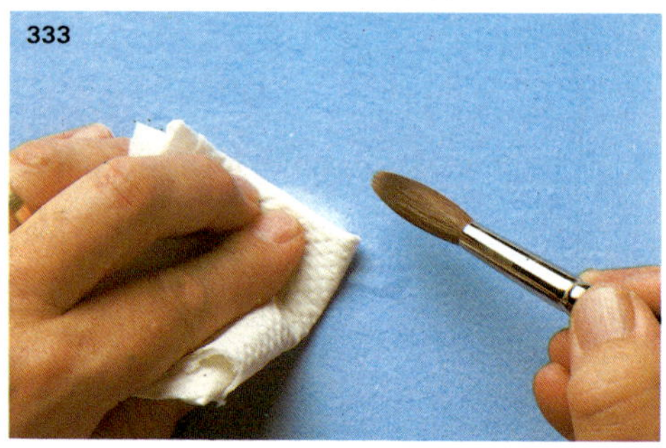
333

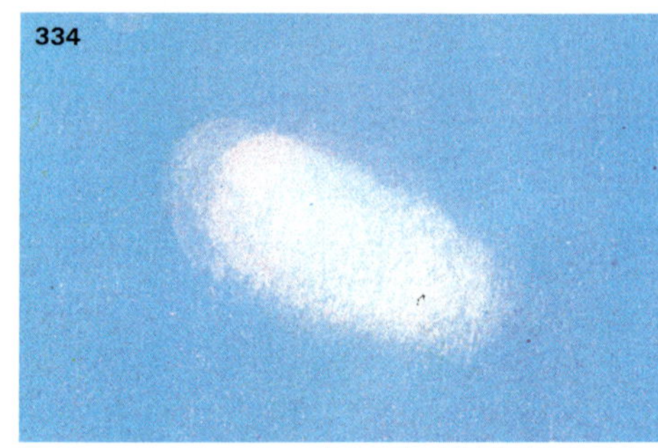
334

Rascher und sicherer geht es mit Chlor-Bleichwasser. Das zu gleichen Teilen mit Wasser verdünnte Chlor-Bleichwasser wird auf die trockene Lavierung gegeben und wirkt rasch.

Hervorholen von Weiß auf trockener Fläche. Auch auf trockener Fläche läßt sich das Weiß wieder hervorholen. Dazu feuchtet man die entsprechende Stelle mit Pinsel und sauberem Wasser an. Reiben Sie gleichzeitig vorsichtig, um die Farbpartikel zu lösen. Anschließend saugt man mit Hilfe eines mehrfach gefalteten Saugpapiers die Flüssigkeit ab.

335

336

337

Ein praktisches Beispiel. Hervorholen von Weiß auf trockener Fläche zum Zeichnen einer Form. Wir verwenden dazu zunächst Wasser, anschließend verdünntes Chlor-Bleichwasser. Das Verfahren ist dasselbe: Man befeuchtet die zu bearbeitende Fläche zwei bis drei Minuten reichlich mit Wasser, saugt die Farbe mit Saugpapier ab und setzt, falls nötig, Chlor-Bleichwasser ein. Nachdem die Papierfläche völlig getrocknet ist, retuschiert man die Begrenzungen des Hintergrunds und zeichnet die gewünschten Formen.

338

339

340

Aussparen von Weiß mit Flüssiggummi. Man trägt ihn mit einem synthetischen Pinsel auf. Die Abbildungen zeigen von links nach rechts die Anwendung von Flüssiggummi bei der Vorzeichnung von Margeriten (Abb. 338), anschließend die Möglichkeit, den Flüssiggummi zu um- und übermalen (Abb. 339). Nach Entfernen des Flüssiggummis mit dem Radiergummi taucht das Weiß wieder auf (Abb. 340). Zuletzt die Abschlußarbeiten: die Zeichnung der Blumenkrone, die Harmonisierung, die Kontraste etc. (Abb. 341).

342

343

344

Aussparen von Weiß mit Wachs. Nach Beendigung der Vorzeichnung malt man die Punkte, Linien und kleinen Formen, die ausgespart werden sollen, mit weißem Wachs aus.

Da das Wachs kein Wasser annimmt, lassen sich die gewachsten Flächen ohne weiteres übermalen.

Hervorholen von Weiß mit dem Nagel des Ringfingers. Dieses Verfahren ist mehr als 150 Jahre alt. Man wendet es auf der frisch gemalten Fläche an, solange das Aquarell noch feucht ist.

345

346

Struktureffekte mit Terpentinersatz. Gibt man Terpentinersatz auf eine frisch gemalte, vorzugsweise dunkle Fläche, erhält man unregelmäßige helle Flecken, Farbansammlungen und unvorhersehbare Formen, die den Stil ausdrucksvoller machen und die Struktur der bemalten Fläche wieder hervorholen. Benutzen Sie für dieses Verfahren einen synthetischen Pinsel. Der Rotmarderpinsel ist dafür zu empfindlich.

347

348

349

Durchscheinender Farbauftrag. Dieser erfolgt mit dem beinahe trockenen Pinsel, mit dem man so über das Papier reibt, daß die rauhe Struktur des Malgrunds sichtbar wird.

Struktureffekte mit Wasser. Beim Malen in der Naßtechnik lassen sich herrliche Strukturen erzielen. Man füllt dafür den Pinsel mit sauberem Wasser und setzt ihn auf die noch feuchte, frisch gemalte Fläche. Dadurch entstehen Flekken und überraschende Strukturen, die die Farbe und den Stil des Werkes erheblich bereichern.

350
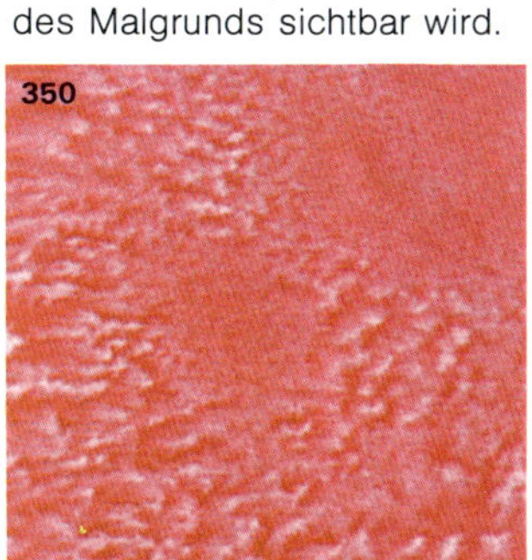

351
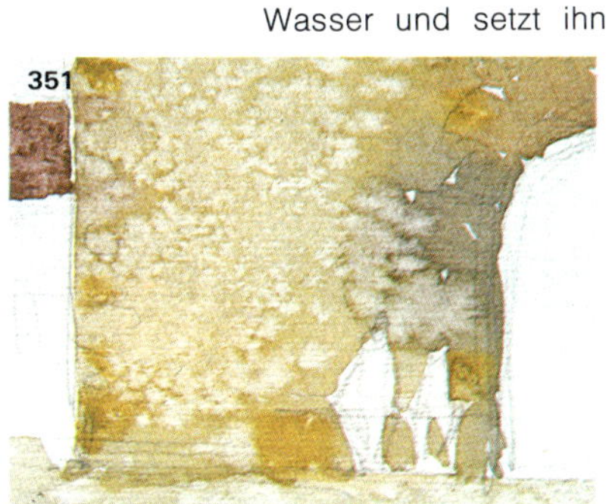

352

Struktureffekte mit Salz. Streut man Salz auf eine Lavierung von mittlerem Tonwert, saugen die Salzkörner die Farbpigmente auf, und es bilden sich seltsame helle, verwischte Flecken. Diese Wirkung kann man für Hintergründe, Mauern, Böden, Berge etc. ausnutzen. Man erhält dadurch überraschende Wirkungen. Nachdem die Lavierung getrocknet ist, braucht man das Salz nur mit dem Handrücken oder den Fingern abzuwischen, die Wirkung zu überprüfen und das Bild, falls nötig, zu retuschieren.

Die Lavierung in der Praxis

Würfel, Zylinder, Pyramide und rechteckiges Prisma: Mit diesen vier Grundformen wollen wir nun eine praktische Lavierung durchführen und damit die vorigen Lektionen zusammenfassen. An Material benötigen wir dafür (Abb. 353):

1 Blatt Aquarellpapier
1 Blatt beiges Zeichenpapier (mi-teintes)
1 Rolle Papiertücher
1 Wassergefäß
1 Palette (Foto: Palettkasten der Firma Schmincke)
1 Bleistift H
1 Radiergummi
Aquarellfarbe in Kobaltblau
Aquarellfarbe in Umbra gebrannt
1 Rotmarderpinsel Nr. 8
1 Rotmarderpinsel Nr. 14
1 Kunsthaarpinsel Nr. 12.

Auf der folgenden Seite (Abb. 354) finden Sie eine verkleinerte Abbildung der bereits erwähnten Grundformen. Es wäre von Vorteil, wenn Sie die Modelle für diese und die weiteren Übungen selbst anfertigten. Abbildung 357 zeigt schließlich die bereits fertiggestellte Zeichnung. Beachten Sie die seitliche Beleuchtung, die Lage der Elemente, den Gesichtswinkel etc.

Die Übung besteht im malenden Zeichnen eines Stillebens aus den Grundformen mit den obenerwähnten beiden Wasserfarben. Ich habe sie selbst ebenfalls durchgeführt, um Ihnen das Verfahren genau erklären zu können.

35

Abb. 353 (oben): Notwendiges Material und Zubehör für diese Übung.

Abb. 354: (rechte Seite oben): Benutzen Sie zur Herstellung dieser Modelle Bristolpapier. Schneiden Sie es mit einem Spezialmesser oder einer Klinge. Arbeiten Sie sorgfältig, damit Sie einwandfreie geometrische Formen erhalten. Das ist nicht schwierig, sondern nur arbeitsaufwendig.

355

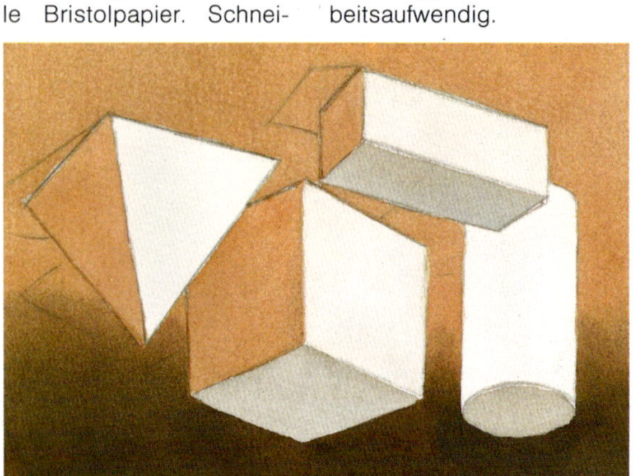

356

LAVIERUNG EINES STILLLEBENS AUS GEOMETRISCHEN FORMEN

Abb. 355: Zunächst habe ich das Modell mit einem Bleistift H gezeichnet. Zu Beginn des Malens habe ich die Zeichnung auf den Kopf gestellt, um die Abstufungen besser kontrollieren zu können. Ich beginne mit der Abstufung für den Hintergrund aus Umbra gebrannt, die im Oberteil am intensivsten ist. Anschließend male ich mit derselben Farbe die Schatten des Würfels, der Pyramide und des Prismas. Ich warte, bis alles getrocknet ist. Dann überziehe ich den oberen Teil des Hintergrunds mit Flüssiggummi, male mit einem warmen dunklen Grau, das beinahe schwarz ist, die Abstufung dieser Zone (die Zeichnung steht immer noch auf dem Kopf), warte, bis sie trocken ist, und beende die oberen Flächen des Würfels, des Zylinders und des Prismas mit einem kalten Grau (die Zeichnung bleibt auf dem Kopf).

Abb. 356: Ich male die Seiten D, E und F mit einem sehr hellen, warmen Grau und spare dabei die Reflexe der Kanten A, B, C aus. Beachten Sie, daß das Dreieck der Pyramide völlig weiß bleibt. Erneut warte ich, bis alles getrocknet ist. Ich befeuchte nun den Körper des Zylinders und die Vorderseite des Würfels und male die Abstufung des Zylinders sowie den Schatten, den dieser auf den Würfel wirft.

Abb. 357: Auf der immer noch umgekehrten Zeichnung lege ich die Schatten des Würfels, der Pyramide und des Prismas an: ein sehr bläuliches Grau, das von oben nach unten abgestuft wird. Ich warte, bis es getrocknet ist; dann feuchte ich die Zone für den Schatten auf dem Boden an und male sie mit einem intensiven Grau mit der Dominante Umbra gebrannt.

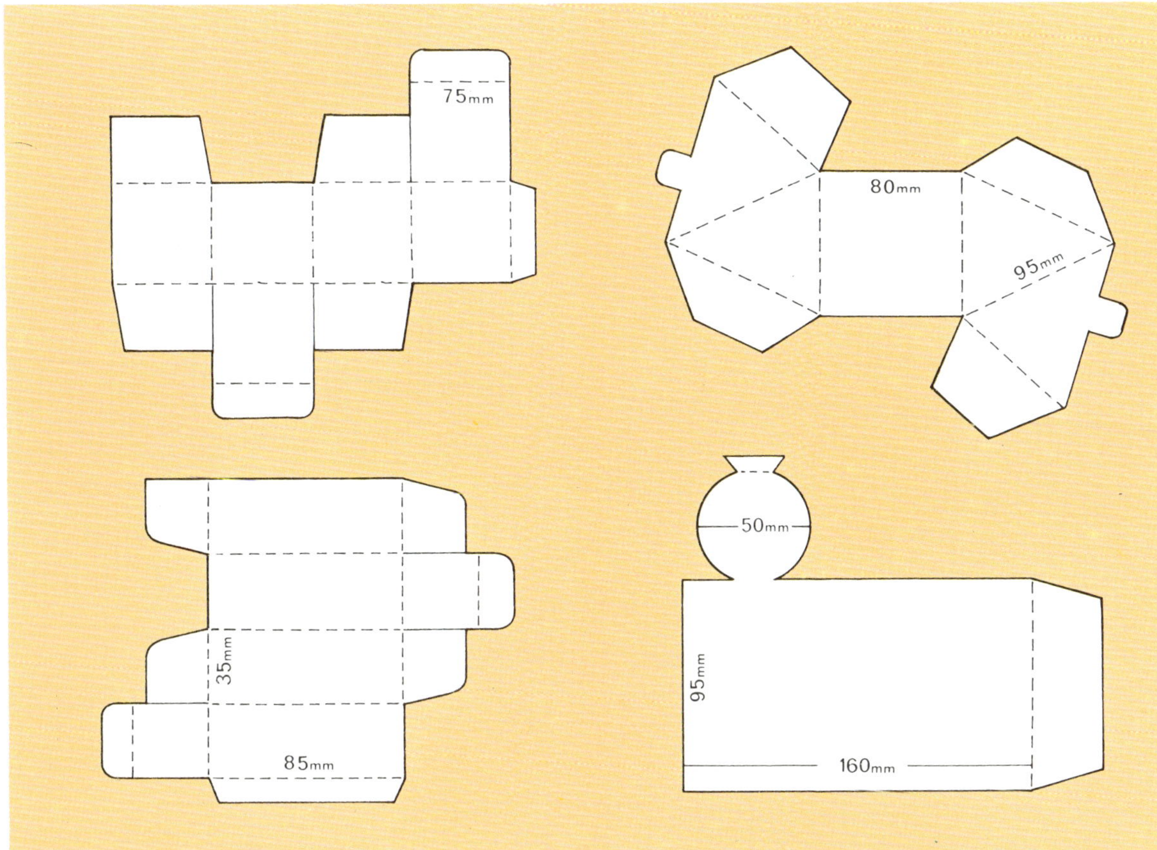

354

357

Wachsstifte und Ölpastellkreiden

Wachsstifte bestehen in erster Linie aus Farbpigmenten mit Wachs; Ölpastellkreiden werden dagegen aus Pigmenten und Öl hergestellt. Die Enkaustik, bei der es sich im Grunde um eine Wachsmalerei handelt, ist so alt wie die ägyptische, die griechische und die römische Kunst. Sie ist seit 5000 v. Chr. bekannt. Ölpastellkreiden gibt es dagegen erst seit rund zwanzig Jahren.
Trotz dieser Unterschiede bieten beide Malverfahren praktisch dieselben Möglichkeiten. Außerdem besitzen sie dieselbe Technik. Hier die Gemeinsamkeiten:
1. Wachsfarben und Ölpastellkreiden werden durch Reiben aufgetragen und können mit den Fingern vermalt werden.
2. Beide Farben sind deckend. Helle Farben können also dunklere überlagern.
3. Wachsfarben und Ölpastellkreiden sind schwer auszuradieren. Bevor man es mit einem Kunststoffradiergummi versucht, muß man die Fläche gründlich mit einem Schneidemesser oder ähnlichem abkratzen, um das Wachs oder das Fett zu entfernen.
4. Hat man die Farbe mit dem Schneidemesser entfernt, kann die Fläche übermalt werden, da das Korn erhalten geblieben ist.
5. Wird eine helle Farbe durch eine dunklere überlagert und zeichnet man mit einem Schneidemesser darauf, taucht die darunterliegende helle Farbe wieder auf. Mit anderen Worten: man zeichnet negativ.
6. Beide Stifte sind in Terpentin löslich.
7. Ein Fixativ, das sich für beide Stifte eignet, befindet sich im Handel.
Gleichen sich Wachsfarben und Ölpastellkreiden also völlig? Nein, es besteht ein kleiner, aber wichtiger Unterschied: Wachs ist im allgemeinen härter, schlechter vermalbar und wasserunlöslich. Durch Mischen wird die Farbschicht steifer; sie ist dick, glänzend und ohne Korn. Die Farben liegen auf der Oberfläche. Um ein Spitzlicht oder eine helle Linie zu erhalten, muß man das vorige Wachs abkratzen. Ölpastellkreiden sind dagegen weicher und geschmeidiger und ermöglichen einen hellen Strich auf dunklem Untergrund. Sie sind je nach Druck leicht transparent oder intensiv und stark deckend. In diesem Sinne sind sie mit Ölfarben zu vergleichen.

358

359

Abb. 358: Hier das Sortiment von 30 „Neocolor"-Wachsfarben von Caran d'Ache und die 45 Farben der „Panda"-Ölpastellkreiden von Talens. Beide sind in Terpentin löslich. Man kann sie mit einem Spezialfixativ schützen.

Abb. 359: Diese Zeichnung sowie die beiden auf der folgenden Seite wurden auf dunkelbraunem Ingrespapier angelegt. Die erste wurde mit Wachsstiften, die beiden anderen mit Ölpastellkreide gezeichnet. Vergleicht man die Köpfe miteinander, wird die Aussagekraft der Wachskreiden aufgrund ihrer Härte deutlich. Die Ölpastellkreiden sind dagegen deckend und dichter, wie besonders auf Abbildung 367 rechts außen zu erkennen.

Techniken mit Wachsstiften und Ölpastellkreiden

360

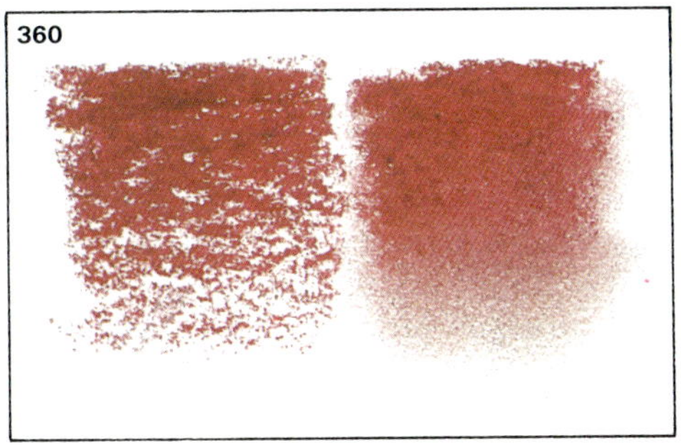

Malen durch Reiben und Verwischen mit den Fingern. Diese Technik eignet sich sowohl für Wachsfarben als auch für Ölpastellkreide.

361

Die Farben sind deckend. Auf einer Fläche aus Karmin dunkel habe ich Weiß und Grau gelegt. Ich konnte also hell auf dunkel malen.

362

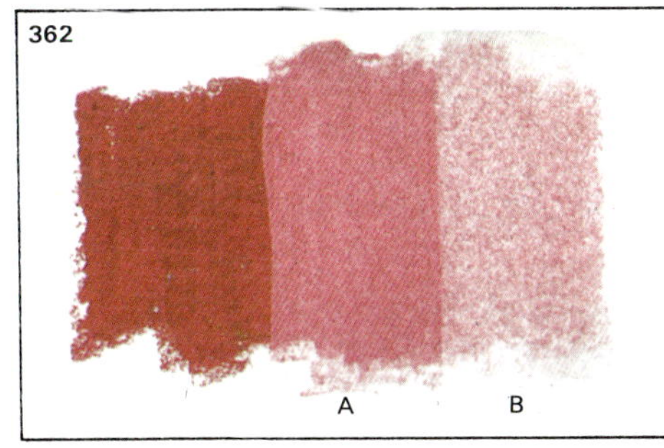

Die Farben sind schwer zu entfernen. Hier habe ich überlagerte Wachsschichten mit dem Messer und dem Radiergummi entfernt.

363

Negativzeichnung. Der Auftrag einer dunklen Farbe auf eine helle muß langsam erfolgen. Anschließend läßt sich die untere Schicht mit einem Messer wieder hervorholen.

364

Lavierung mit Terpentin. Beide Materialien können in Terpentin gelöst und mit einem Synthetikpinsel aufgetragen werden.

365

Lasuren. Löst man einige Stücke Farbkreide in Terpentin, erhält man eine flüssige Farbe, mit der sich Lasuren anlegen lassen. Dies gilt insbesonders für Ölpastellkreide.

366

367

Abb. 366: Diese Zeichnung und die folgende wurden in derselben Technik mit Ölpastellkreide angefertigt, zuerst mit einem weißen Stift. Die Farbe muß schrittweise durch Überlagerung sehr dünner Schichten angelegt werden, um das Volumen und die Form darzustellen. Die beleuchteten Stellen werden hier von heller Farbe, die Schattenpartien vom Dunkelbraun des Ingrespapiers wiedergegeben.

Abb. 367: Die Technik für Ölpastellkreide gleicht der für Wachskreide mit dem erheblichen Unterschied, daß die Ölpastellkreide weicher ist. Dieses Beispiel mit Ölpastellkreide zeigt das deutlich. Beachten Sie das Deckungsvermögen der hellen Farben und ihre Schichtstärke. Durch starkes Aufdrücken lassen sich bemerkenswerte Strukturen erreichen, als malte man mit Ölfarbe, wie sie aus der Tube kommt. Diese Technik erfordert eine gewisse Praxis, ist als neue attraktive Ausdrucksform des malenden Zeichners jedoch zweifellos äußerst interessant.

Die Pastellstifte

Abb. 368: Ein Holzkasten mit drei Einsätzen und insgesamt 163 Pastellstiften der Marke Rembrandt von Talens. 38 der 163 Farben sind rein. Bei 36 handelt es sich um Mischungen mit Schwarz und bei 89 um Mischungen mit Weiß. Von Rembrandt sind ebenfalls Sortimente mit 15, 30, 45, 60 und 90 Farben erhältlich. Außerdem bietet die Firma zwei Spezialskalen für Porträts und Landschaften in Kästen zu 45, 60 und 90 Farben an.

Es geschah in einem äußerst geschäftigen Büro mit zahlreichen Schreibmaschinen, Ordnern, Computern und Plänen an den Wänden ... Plötzlich erregte etwas meine Aufmerksamkeit. An einer der Wände neben einem Verkaufsdiagramm befand sich ein kleines Hinweisschild, das besagte:

Arbeit ist heilig!
Rühren Sie sie nicht an!

Ich fand diesen Ausspruch lustig und mußte darüber lachen. Doch dann fielen mir, sicher bedingt durch meinen Beruf, plötzlich die Pastellstifte ein. „Pastellzeichnungen sind heilig. Rühren Sie sie nicht an!“ Ja, das paßte. Pastellstifte sind das edelste, geschmeidigste und vermalbarste Malutensil.

368

Sie bestehen aus Erden und pulverisierten Pigmenten, die mit Wasser und Bindemitteln gehärtet sind. Sie enthalten jedoch weder Öle noch Lacke noch sonstige Bestandteile, die – bei allen anderen Farben einschließlich der Aquarellfarben – die Reinheit und den Reichtum an Farbe beeinflussen. Genau aus diesem Grund sind Pastellstifte so empfindlich und instabil. Die Farben sollten weder fixiert noch berührt und nur beschränkt gemischt werden.

Deshalb lautet unsere erste Empfehlung: *Malen Sie nur mit einer Farbe. Benutzen Sie Mischungen nur zum Anpassen der Töne.*

Glücklicherweise berücksichtigen die Hersteller von Pastellstiften diese Regel. Sie bieten neben Schachteln mit zwölf, 18, 24, 36 und 48 Farben (oder 15, 30, 45 und 60) auch wunderbare Holzkästen mit 99 Farben (Schmincke), 72 Farben (Faber-Castell) und selbst 163 Farben (Rembrandt) an. Rembrandt führt darüber hinaus ein Spezialsortiment mit 45, 60 und 90 Farben, das hauptsächlich für Porträts und Landschaften benutzt wird. Alle Hersteller bieten die Stifte auch in Kurzform an.

Pastellstifte sind deckend. Sie können gemischt werden, helle Farben überlagern dunkle. Sie können und sollten verwischt werden. Verschmelzungen und Striche sollten miteinander abwechseln, wobei in erster Linie die Fingerspitzen und nicht Papierwischer eingesetzt werden müssen. Papierwischer sind ein trockenes Werkzeug, während die Haut unserer Fingerspitzen immer ein wenig transpiriert. Dieses Fett bindet und festigt die Pastellfarben.

Ich möchte jetzt einige Aspekte der Pastelltechnik behandeln, die auf den folgenden Seiten ausführlich illustriert und kommentiert werden.

Das Zeichenpapier für Pastellstifte muß ein mittleres oder grobes Korn besitzen. Es kann weiß sein, auch wenn man in der Regel farbiges Papier verwendet.

Pastellstifte lassen sich mit einem saugfähigen Radiergummi, einem Lappen oder Löschpapier wieder entfernen. Zeichenkohle, Kohlestift, Rötel und weiße Kreide sind ausgezeichnete zusätzliche Hilfsmittel für die Pastellzeichnung.

Die Pastellzeichnung kann zwar fixiert werden, sollte es aber nicht. Lassen Sie mich das näher erläutern.

Befeuchten Sie den Pastellstift mit Speichel, wird die Farbe erheblich verstärkt. Doch

nach wenigen Stunden ist sie getrocknet und nimmt den alten Ton wieder an. Benutzen Sie statt des Speichels etwas Öl, bleibt der Fleck bestehen und die Farbe ist für immer abgedunkelt. Fixative enthalten zwar kein Öl, bestehen jedoch aus einem Bindemittel, das die Brechung des Lichtes verändert. Diese Tatsache läßt die Farben einerseits dunkler werden und macht sie andererseits transparenter, so daß sie ihr Deckungsvermögen verlieren. Fixiert man also eine Pastellzeichnung, verliert sie ihre Dichte und Leuchtkraft.
Was ist daher zu tun? In einem Handbuch der Firma Talens, die die Rembrandt-Farben herstellt, wird empfohlen, nur gewisse Partien zu fixieren und die stark angegriffenen anschließend zu retouschieren. Es heißt, die zweite Schicht hafte besser als die erste. In dieser Beziehung möchte ich auf einen Trick von Degas hinweisen. Degas pflegte sein Zeichenpapier mit Terpentinersatz anzufeuchten, wodurch die Pastellkreide nach seinen eigenen Angaben besser hielt. Aber weder die eine noch die andere Methode ist wirklich sicher. Ich persönlich bin der Ansicht, Pastellzeichnungen sollten überhaupt nicht fixiert werden. Schützen Sie Ihre Zeichnung mit einem normalem Blatt Papier, das Sie an einer Seite festkleben, gegen jede Berührung.
Rahmen Sie die fertigen Zeichnungen mit einem dicken Passepartout, um jeden Kontakt mit dem Glas zu vermeiden. So finden Sie auch die Werke der großen Pastellmaler wie Rosalba Carriera, Chardin, Perronneau, Quentin de La Tour oder Degas in den Museen, die jahrhundertelang ihre ursprüngliche Frische bewahrt haben.

Abb. 369: Kästen der Firma Schmincke mit 60 und Faber-Castell mit 72 Farben. Beide Hersteller bieten auch kleinere Sortimente mit 12, 24 und 36 Farben etc. sowie Einzelfarben an.
Für die Arbeit mit Pastellstiften benötigt man ein großes Farbsortiment, um nicht mischen zu müssen. Das kommt der Qualität der Zeichnung zugute. Außerdem sind die Holzkästen sowohl im Atelier als auch bei der Arbeit im Freien eine wertvolle Hilfe, um Ordnung zu halten. Zahlreiche Berufskünstler teilen die Kästen mit Hilfe kleiner Streifen in Fächer auf, um die Farben nach Tönen zu klassifizieren. Auf diese Weise entsteht eine Art Palette zum Malen mit Pastellstiften.

Die Technik des Pastellzeichnens

370

Feste Unterlage: Zeichenbrett oder senkrechte Staffelei. Zum Zeichnen mit Pastellstiften benötigen Sie eine senkrechte Studiostaffelei, damit das überschüssige Pulver leichter herunterfällt.

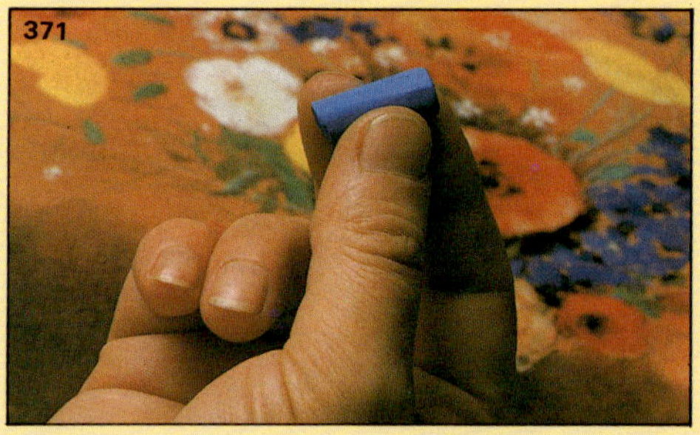
371

Zeichnen Sie mit kleinen Stücken. Der Farbkasten eines Pastellkünstlers enthält zahlreiche kleine Kreidestücke, mit deren Kanten man gut Linien ziehen und, flach aufgelegt, Schatten zeichnen kann.

372

Zeichnen von Grisailles und Abstufungen. Zum Ziehen von Linien hält man den Pastellstift wie einen Bleistift und arbeitet mit der spitzesten Ecke. Die ideale Haltung für Grisailles und Abstufungen zeigt die Abbildung.

373

Pastellstifte sind deckend. Wir sehen hier, wie helle Farben auf blaue oder rote Flächen aufgetragen werden können. Dieses Deckungsvermögen verschwindet, wenn man die Zeichnung fixiert.

374

Mischungen und Verschmelzungen mit den Fingern. Aufgrund der großen Farbauswahl, die von mehreren Herstellern in Kästen und Etuis angeboten wird, findet man fast immer den erforderlichen Ton. Dadurch bleiben Mischungen auf Nuancen und gewisse Verschmelzungen mit anderen Farben beschränkt. Diese Verschmelzungen müssen mit den Fingern erfolgen, um die Pastellfarbe zu festigen. Papierwischer würden die Farbe noch stärker lockern.

375

Man kann auf weißem Papier mit Pastellkreide zeichnen. Bessere Ergebnisse erzielt man jedoch auf getöntem Papier mit Reflexen und Spitzlichtern aus hellen Farben. Siehe hierzu Abbildung 145, Seite 57, mit den Mustern von Cansonpapier mi-teintes, dessen Qualität und Korn für Pastellstifte geeignet ist.

376

Das Thema bestimmt die Papierwahl. Bei dieser Landschaft scheint man unbedingt grüngetöntes Papier zu benötigen, während für ein Porträt oder eine Gestalt eher ein wärmerer Ton wie Creme, Ocker, Siena etc. geeignet ist.

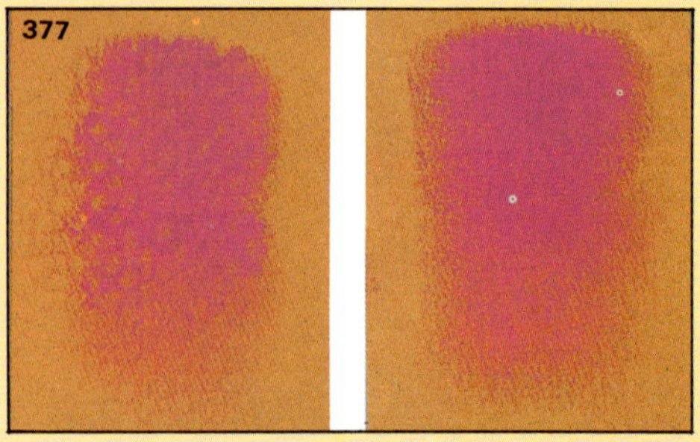
377

Zeichenpapier hat zwei Seiten. Da die Verleimung heutzutage auf beiden Seiten gleich ist, kann man sowohl auf der Vorder- als auch auf der Rückseite arbeiten und dabei die geeignetere Struktur wählen.

378

Löschen mit einem Tuch. Um einen Teil der Zeichnung zu löschen, benutzt man häufig eine sauberes Tuch und reibt damit über die Fläche. Es bleibt nur eine leichte Spur zurück, auf der man ohne weiteres noch einmal zeichnen kann.

379

Löschen mit einem saugfähigen Radiergummi. Für kleine Einzelheiten benutzen Profis einen weichen saugfähigen Radiergummi. Mit ihm lassen sich kleine Punkte, Linien, Striche etc. gut entfernen.

380 **Der Palettkasten.** Arbeitet man mit 60 Farben oder mehr, benötigt man einen Palettkasten mit Fächern, um die Farben zu ordnen und sich die Arbeit zu erleichtern.

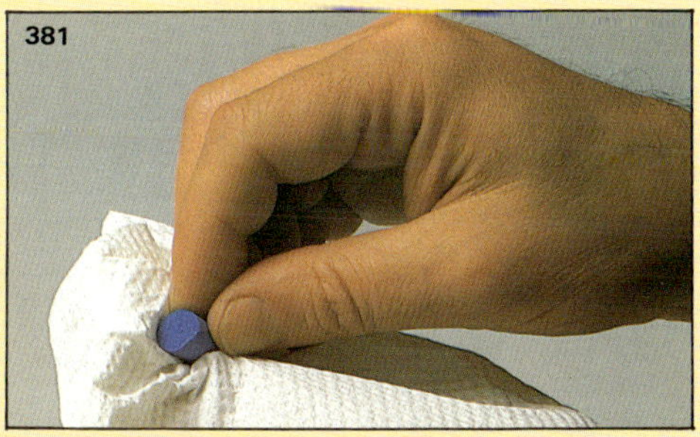

381 **Sauberkeit ist wichtig.** Die Farben verschmutzen leicht. Nach dem Verwischen sind auch die Finger verschmutzt. Achten Sie auf die Sauberkeit der Farben und der Finger; reinigen Sie sie oft und waschen Sie sich die Hände etc.

382 **Zusätzliches Material für Pastellzeichnungen.** Ein weicher Kohlestift, Rötelstifte und insbesondere weiße Kreidestifte eignen sich hervorragend als Zusatzmaterial zum Ziehen von Linien, Anlegen von Spitzlichtern, Punkten etc.

383 **Pastellzeichnungen dürfen nicht fixiert werden.** Das Fixativ dunkelt die Farben ab und verändert das Deckungsvermögen. Manche Künstler stehen allerdings auf dem Standpunkt, man könne die Zeichnung ganz schwach fixieren.

384 **Schützen einer Pastellzeichnung.** Da Pastellzeichnungen nicht fixiert werden sollten, müssen sie durch ein Blatt Papier geschützt werden, das man an den oberen oder seitlichen Rand der Zeichnung klebt.

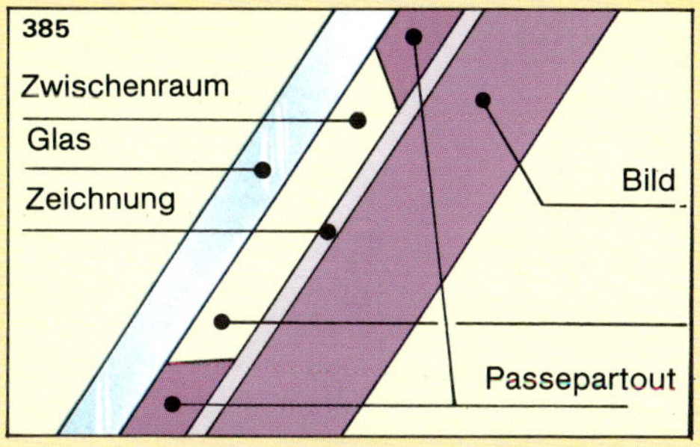

385 **Spezialrahmung für Pastellzeichnungen.** Die Instabilität und Empfindlichkeit von Pastellzeichnungen erfordert die Rahmung mit einem dikken Passepartout zwischen Glas und Zeichnung.

386

Zeichnet oder malt man mit Pastellstiften?

Der venezianische Maler Rosalba Carriera zeichnete zunächst in Venedig, dann in Paris und später in Dresden und London Hunderte von Porträts von Leuten seiner Zeit mit Pastellstiften. In Frankreich entdeckte Quentin de La Tour, daß der von Carriera eingeführte Stil immer noch seine Anhänger besaß, und widmete sich ein Leben lang dieser Technik: Er wurde der berühmteste Porträtmaler des 18. Jahrhunderts – allerdings nie der beste. Jean-Baptiste Siméon Chardin stellte im „Salon de Paris" (Pariser Ausstellung) des Jahres 1775 ein Pastellporträt seiner Ehefrau aus. Es gilt als das beste Gemälde seiner Zeit (Abb. 386).

Sind die Werke dieser Meister nun Pastellzeichnungen oder Pastellgemälde?

Gemälde sind sie insofern, als das gesamte Papier mit Farbpigmenten bedeckt ist. Weniger als hundert Jahre später tauchte jedoch der größte Pastellkünstler aller Zeiten auf: Edgar Degas. Er blieb stets bei der Zeichnung: „Ich bin geboren, um zu zeichnen", pflegte er zu sagen.

Pastellbilder können zu Recht als Gemälde betrachtet werden, und sie sind es vielleicht auch. Heutzutage neigt man jedoch dazu, sie als Zeichnungen zu bezeichnen. Ein grafisches Beispiel dafür ist die herrliche Pastell-*Zeichnung* meines verstorbenen Freundes Francesc Serra (S. 108).

387

Abb. 387: Dies ist ein großartiges Beispiel für eine Pastellzeichnung von Francesc Serra in Originalgröße. Sie wurde mit einer begrenzten Skala aus drei Farben angefertigt und bestätigt die Vorstellung von der Pastelltechnik als Zeichenmethode.

LES
PRINCIPES
DU
DESSEIN;
OU
METHODE COURTE ET FACILE
Pour aprendre cet Art en peu de tems.
PAR LE FAMEUX
GERARD DE LAIRESSE.

A AMSTERDAM,
Chez DAVID MORTIER.
M DCCXIX.

Grundregeln des künstlerischen Zeichnens

Die Grundregeln

Anne ist eine gute Freundin von mir. Sie ist mit Georg, unserem Hausarzt, verheiratet. Wie schon oft, waren beide zum Abendessen gekommen. Nach dem Essen unterhielten wir uns über das Zeichnen, und Anne bedauerte, daß sie es nicht könne. Ich gab ihr einen 2B-Stift und einen Zeichenblock.

„Komm, versuch es einmal. Zeichne einen Stuhl, das kannst du doch."

„Was, ich? Du lieber Himmel, wie soll ich das denn anstellen?" Sie brach in Gelächter aus. Dann zeichnete sie ein Quadrat.

„Sehr gut. Nun oben auf das Quadrat ein Drittel der Fläche. Das wird ein Rechteck, dessen Maße mehr oder weniger der Vorderseite des Stuhlsitzes entsprechen. Es ist ganz einfach, nicht wahr? Was du eben getan hast, war der erste Schritt zum Zeichnen eines jeden Modells: die Berechnung der Maße und Proportionen."

„Proportionen?"

„Ja, die Maße der Sitzfläche und der Stuhlbeine sind drei Teile breit und vier Teile hoch. Die Maße des Modells besitzen also die Proportionen drei mal vier. Und nun den nächsten Schritt: Nachdem das Problem der Höhe und der Breite gelöst ist, müssen wir uns mit der dritten Dimension befassen: der Perspektive."

„Perspektive?" wiederholte Anne sehr interessiert.

„Ja, Perspektive. Bitte stell dich hier vor den Stuhl und sieh nach vorn. Stell dir nun in Höhe deiner Augen eine Horizontallinie vor, die mit dem Horizont zusammenfällt. Stell dir gleichzeitig einen sogenannten Fluchtpunkt vor, in dem alle senkrecht zum Horizont verlaufenden Linien zusammentreffen. Diese Horizontallinie und den Fluchtpunkt wollen wir nun zeichnen. Wie groß bist du?"

„Mit hohen Absätzen etwa 1,80 m."

„Rechnen wir einmal nach Augenmaß, und sagen wir, daß die Sitzhöhe etwa 50 cm beträgt. Dann können wir die Horizontallinie unserer Zeichnung in 3,5facher Höhe des Sitzes ziehen. Gut so."

Abb. 389: Auf dieser Seite stelle ich die Grundregeln für eine künstlerische Zeichnung anhand eines normalen Stuhls vor.

Abb. 390: „Diese Höhe bei jener Breite." Maße und Proportionen sind das erste Problem, das ein Künstler angesichts eines Modells lösen muß. Hier beginnen wir mit einem Rechteck, das der Grundfläche des Stuhls entspricht.

Abb. 391: Zweiter Schritt: Perspektive und Tiefenwirkung. Die Grundlagen dafür sollten Sie sicher beherrschen: *Horizontallinie, Augenpunkt, Fluchtpunkte ...* Jetzt beginnt der Stuhl, Form anzunehmen.

Abb. 392: Beim Zeichnen des menschlichen Körpers folgen wir dem *Kanon*, dessen Modul oder Maßeinheit der Kopfhöhe entspricht.

389

390

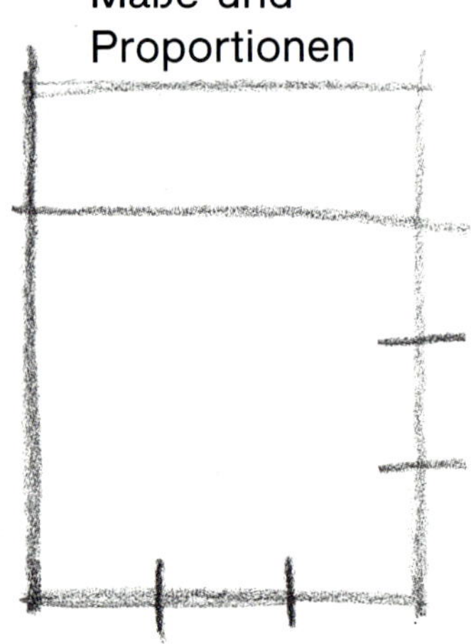

391

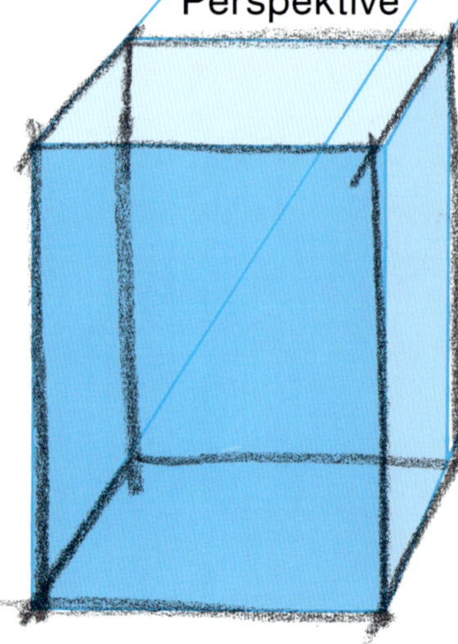

392

Abb. 393: Wir fahren mit dem Stuhl fort. Jetzt müssen wir die Grundstruktur lösen, die im wesentlichen aus geometrischen Formen besteht.

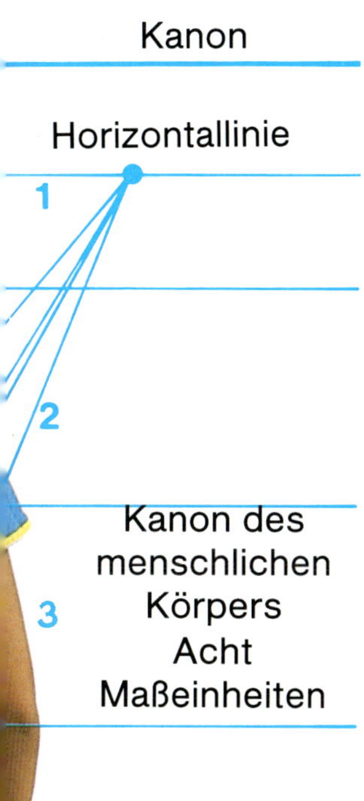

„Und jetzt?"
„Jetzt brauchst du nur noch den Fluchtpunkt einzuzeichnen und die Linien von den Winkeln des Rechtecks zu diesem Fluchtpunkt zu ziehen. Zeichne anschließend ein weiteres Rechteck hinter das erste, als wäre es aus Glas, dann erhältst du ein rechteckiges Prisma in der Perspektive."(Abb. 391)
„Das habe ich verstanden. Aber wo ist nun der Stuhl?" Anne war fasziniert.
„Der ist hier. Berechne nun die Maße des Rückens im Verhältnis zur Sitzfläche ... Zeichne ein weiteres Rechteck und anschließend die dazugehörigen Linien (wobei sich die seitlichen im Fluchtpunkt treffen müssen) für die Holme des Stuhls. Dann ist deine Grundstruktur komplett (Abb. 393). In diese Struktur kannst du jetzt den Stuhl einzeichnen. Das ist verhältnismäßig einfach, da du die Maße, die Porportionen, Perspektive und Grundstruktur bereits hast."
„Fantastisch!"

Abb. 394: Anschließend erfolgen das Umzeichnen und der Aufbau innerhalb eines Rahmens oder einer Grundform, die in unserem Fall geometrisch ist.

Abb. 395: Zum Schluß zeichnen wir Licht und Schatten des Modells, indem wir die Tonwerte, die Kontraste, die Strichrichtung etc. betonen.

Anne zeichnete zwar unbeholfen, aber immerhin zeichnete sie. „Und was nun?"
„Jetzt muß das kommen, was der berühmte französische Zeichner Camille Corot als die Werte bezeichnete. (Als erstes müssen Sie in der Kunst die Formen und die Werte untersuchen.) Die Werte hängen von der Wirkung von Licht und Schatten, der Lichtrichtung, -menge und -qualität ab und bestimmen die Kontraste, die Atmosphäre und das Gefühl für Weite ..."
„Und was ist bei einem menschlichen Körper und Porträt zu beachten?"
„Um einen Menschen zu zeichnen, gibt es ein Schema, den sogenannten Kanon. Er zeigt die idealen Proportionen des menschlichen Körpers auf. Dieser Kanon wurde schon von den Künstlern der griechischen Antike aufgestellt und später von den Meistern der Renaissance überarbeitet. Nach diesem Kanon ist ein Mensch achtmal so groß wie die Höhe seines Kopfes (Abb. 392). Aber das kann ich nicht alles jetzt erklären."
„Dann müßt ihr eben jedes Wochenende zum Abendessen kommen", sagte meine Frau.
„Großartig!" rief Anne aus.

393

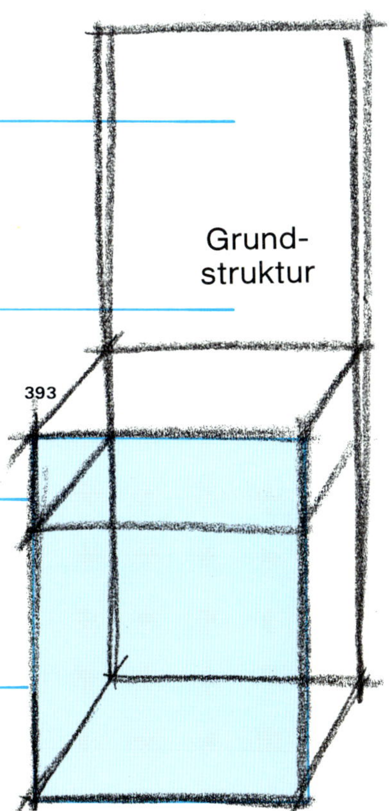

394

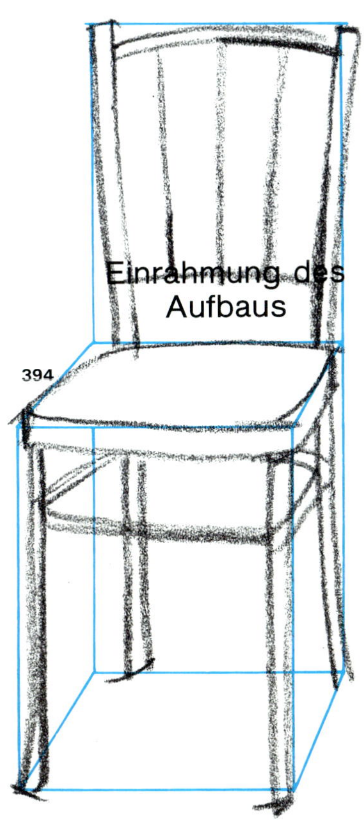

395

Die gedankliche Berechnung der Maße

„Übe dein Auge und lerne, die richtige Länge und Breite der Gegenstände zu erkennen."

Dieser Ausspruch von Leonardo da Vinci stammt aus seinem Buch „Traktat über die Malerei", aus dem Abschnitt, in dem er das „Training des Auges als wichtigsten Faktor des Zeichnens und Malens" beschreibt. In der Praxis bedeutet dies, daß man das Modell genau betrachtet, bevor man es zeichnet, und die Maße und Proportionen gedanklich berechnet. Analysieren wir diesen ersten Schritt:

Die gedankliche Berechnung der Maße und Proportionen besteht aus:

A) Vergleichen gewisser Abstände miteinander.
B) Suche nach Anhaltspunkten für die Hauptlinien.
C) Zeichnen imaginärer Linien, um die Lage bestimmter Gegenstände im Vergleich zu anderen zu ermitteln.

Untersuchen wir die Anwendung dieser Punkte in der Praxis.
Abbildung 398 zeigt eine Fotografie des Modells, das wir als Beispiel gewählt haben. Unser Stilleben besteht von links nach rechts aus einem grünen Krug, einem Apfel, einer Cognac- oder Likörflasche und einer Kaffeetasse. Das Stilleben steht auf einem Tisch, im Hintergrund befindet sich eine weiße Wand. Als Beleuchtung fällt Tageslicht von der Seite ein.

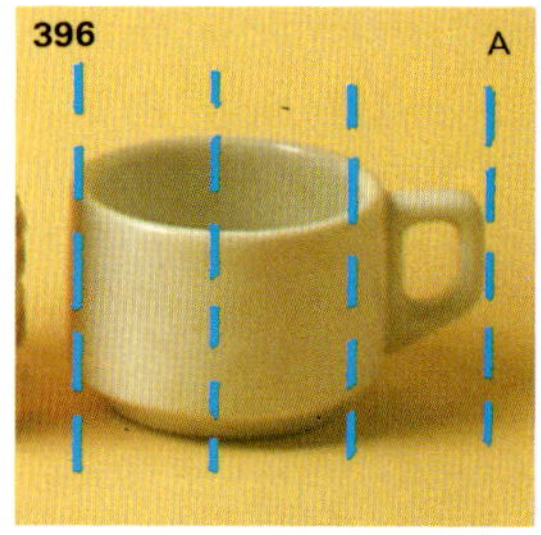

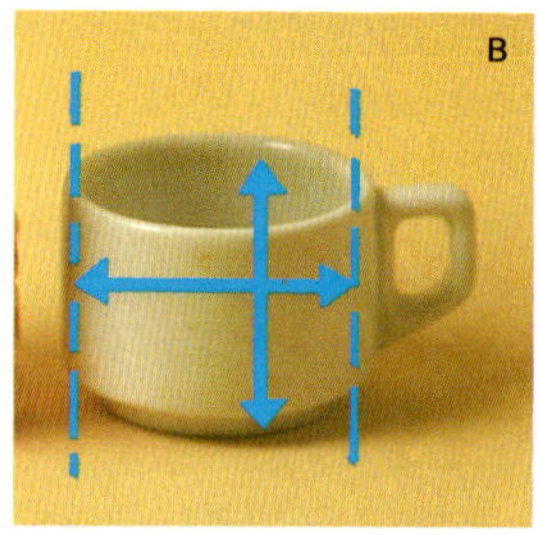

Abb. 396 A und B, 397, 398: Die Berechnung der Maße und Proportionen geschieht im wesentlichen durch Vergleichen. Man stellt zum Beispiel fest, daß die Höhe der Tasse zwei Drittel der Gesamtbreite einschließlich des Henkels entspricht; daß der Apfel wie eine Kugel ebenso hoch wie breit ist.

Der erfahrene Künstler würde sein Modell nun eine Weile betrachten – etwa fünf bis zehn Minuten –, bevor er zum Bleistift greift. Er sieht es auf seine Weise, interpretiert es, studiert die Formen, die Kontraste, die Farben und berechnet gleichzeitig die Dimensionen, vergleicht die Abstände und sucht nach Anhaltspunkten. Dächte unser Künstler laut nach, würde sich das etwa folgendermaßen anhören:

„Die Höhe der Tasse entspricht zwei Drittel der Breite einschließlich Griff (Abb. 396 A/B). Der Apfel ist im Grunde nur eine Kugel (Abb. 397). Die Gesamthöhe der Flasche entspricht der Entfernung von der Kante des Krugs zur Kante der Tasse, ohne Berücksichtigung des Griffs (Abb. 399). Die Mitte der Breite fällt mit der linken Kante der Flasche zusammen (Abb. 401). Ich erkenne, daß die Maße des Krugs einem Viereck ähneln. Stelle ich mir eine gezogene Linie durch den Mittelpunkt dieses Vierecks vor, erhalte ich die obere Begrenzung der Tasse, deren Höhe praktisch mit dem Apfel übereinstimmt (Abb. 402). Die Höhe des Krugs entspricht der halben Höhe der Flasche. Die Grundlinie der Flasche und die Grundlinie der Tasse stimmen überein (Abb. 400). Die Breite der Flasche ist etwas geringer als die der Tasse und des Apfels (Abb. 403).

Hätten wir diese gedanklichen Berechnungen auf einem Papier zeichnerisch festgehalten, besäßen wir jetzt praktisch eine vollständige Struktur des Modells und könnten mit dem Zeichnen beginnen (Abb. 404).
Soweit der gedankliche Teil der Zeichnung.

Abb. 399: „So hoch bei dieser Breite." Das ist der erste Schritt zur Berechnung der Maße und Gesamtproportionen eines Modells.

Abb. 400: Jetzt empfiehlt es sich, die Mittelachse zu finden. Sie verläuft in unserem Fall an der linken Seite der Flasche.

Abb. 401: Anhaltspunkte und imaginäre Linien. Bei gleicher Höhe von Tasse und Apfel zeigen sie, daß der Krug quadratisch ist und die Oberkante der Tasse mit dessem Zentrum übereinstimmt.

398

402

403

404

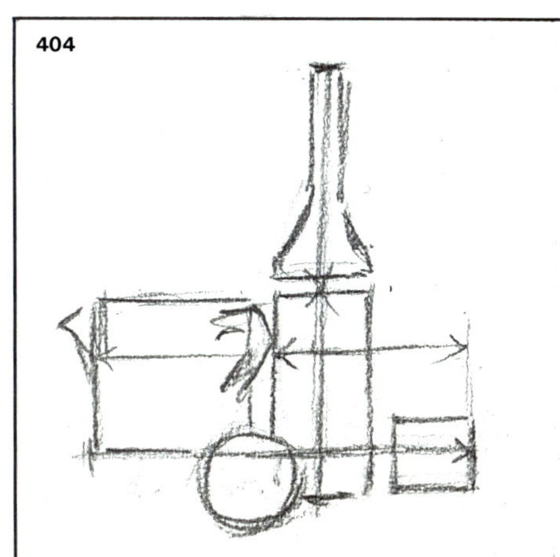

Abb. 402: Eine waagerechte Achse bestätigt unsere vorigen Berechnungen.

Abb. 403: Manche Maße sind nicht exakt, können jedoch leicht annähernd bestimmt werden.

Abb. 404: Die vorige Berechnung der Maße und Proportionen findet in diesen Linien ihren Niederschlag, mit deren Hilfe wir unschwer das Modell zu zeichnen beginnen könnten.

Die Berechnung der Maße und Proportionen

Was versteht man unter der Ermittlung der Proportionen?

Der Kopf von Zwergen, die leider immer noch auf Jahrmärkten zur Schau gestellt werden, steht nicht im richtigen Verhältnis zu ihrem Körper. Eine antike griechische Statue weist dagegen perfekte Maße und Proportionen auf.

Beim Zeichnen bedeutet das Ermitteln der Proportionen die Umsetzung eines normal großen Modells in einen kleineren Maßstab, so daß das Verhältnis der Maße erhalten bleibt. Bei dem Beispiel, das wir betrachtet haben, stellten wir fest, daß die Gesamthöhe der Tasse der des Apfels entspricht. Wir müssen also dasselbe Verhältnis der Maße beibehalten, damit sie richtig proportioniert aussehen.

Sobald wir zu zeichnen beginnen und versuchen, die wahren Maße des Modells unter Einhaltung dieser Proportionen auf den Maßstab des Papiers zu reduzieren, stellt sich das Problem der Proportionen ein. Außerdem ergibt sich die Frage, in welchem Maßstab man zeichnet, damit das Modell weder zu groß noch zu klein wirkt. Was das betrifft, rate ich, sich einen Rahmen aus zwei schwarzen Pappwinkeln zu basteln und verschiedene Ausschnitte zu untersuchen (mehr oder weniger rechteckig, quadratisch etc.). Auf diese Weise erhalten Sie den geeignetsten Ausschnitt. Beachten Sie, daß es in jedem Fall immer besser ist, näher an das Modell heranzugehen, wenn Sie verhindern wollen, daß die Einzelheiten zu klein erscheinen (Abb. 406 bis 408).

Die proportionale Verkleinerung eines Modells auf die Größe des Zeichenpapiers ist leicht zu lösen, wenn man ein Bild oder ein gedrucktes Modell kopiert. Dann braucht man die Druckvorlage oder die Körper nur mit einem Quadratnetz zu überziehen und die Quadrate auf dem Zeichenpapier entsprechend zu verkleinern oder zu vergrößern. Dieses Verfahren haben die meisten Künstler jahrhundertelang praktiziert – normalerweise, um Skizzen zu vergrößern und auf eine Wand oder auf eine Leinwand für ein Gemälde zu übertragen. Albrecht Dürer schrieb eine Abhandlung über die Maße und Proportionen. Er schildert darin mehrere Methoden, wie dieses Problem zu lösen ist, und hat sie auch dargestellt. Eine dieser Methoden besteht in der Verwendung einer Glasplatte mit einem Quadratnetz, die in ei-

405

Abb. 405: Zum besseren Verständnis des Phänomens der Proportionen hier eine Zeichnung mit eindeutig falschen Proportionen: ein gewaltiger Kopf, dessen komische Seite eben im Ungleichgewicht zum Körper besteht.

40

407

40

Abb. 406, 407, 408: Das Problem der Umsetzung der Maße eines Modells auf die Papiergröße kann mit Hilfe eines Rahmens in den Proportionen des Papiers gelöst werden, der vor das Modell gestellt wird (Abb. 406). Je nach Abstand zwischen Rahmen und Blickpunkt des Künstlers erscheinen die Maße des Modells größer oder kleiner. Auf jeden Fall ist es ratsam, so nahe wie möglich heranzugehen, damit das Modell auf der Papierfläche nicht zu klein erscheint.

Abb. 409: Hier eine Zeichnung von Albrecht Dürer aus seiner Abhandlung über die Maße und Proportionen. Sie illustriert die Methode, das Modell durch einen aufgerasterten Rahmen zu zeichnen.

409

nen Rahmen gespannt ist und zwischen den Künstler und das Modell gestellt wird. Die Quadrate dieser Glasplatte übertrug Dürer auf sein Zeichenblatt, richtete seinen Blickpunkt entsprechend aus und „kopierte" sein Modell vom Quadratnetz der Glasplatte (Abb. 409).

Diese Methode funktioniert theoretisch besser als praktisch. Soweit mir bekannt, benutzt kein Künstler dieses System. Dagegen vergleichen mehr oder weniger alle Künstler die Maße mit Hilfe eines Bleistifts, eines Pinselstiels, eines Lineals etc. Das geht folgendermaßen:

Man hebt den Stift senkrecht in Augenhöhe, streckt den Arm aus und hält den Bleistift, das Lineal oder den Pinselstiel vor das Modell. Man mißt dessen Höhe, indem man den Daumen entsprechend am Stift hinauf- oder hinabschiebt. Als zweiten Schritt hält man den Stift waagerecht, wiederholt das

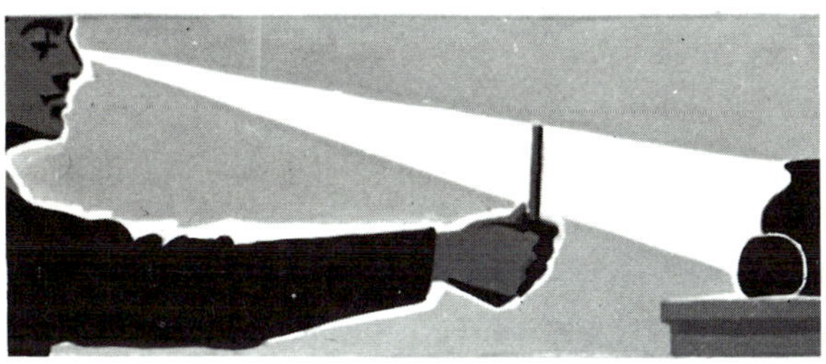

410

Verfahren und berechnet auch die Breite (siehe Abb. 410 bis 413).

Lassen Sie mich zum Schluß noch darauf hinweisen, daß man zu Beginn des Zeichnens auf eine Art Barriere stößt, die verhindert, daß man zügig vorankommt. Die Proportionen wollen einfach nicht stimmen. Manches sieht im Verhältnis zu anderem einfach zu groß aus . . . Zeichnen Sie jedoch sorgfältig und vergleichen Sie stets die Abstände, ziehen Sie imaginäre Linien und benutzen Sie Anhaltspunkte, verschwindet diese Barriere, denn plötzlich beginnt unser Gehirn in Proportionen zu denken, und die Maße werden beinahe instinktiv korrekt.

411

412

Abb. 410 bis 413: Hier das übliche Verfahren zur Berechnung der Maße und Proportionen eines Modells. Dazu nimmt man einen Bleistift, ein Lineal oder einen Pinsel in die Hand und mißt einen Teil des Modells mit ausgestrecktem Arm. Anschließend vergleicht man das ermittelte Maß mit einem anderen. Das jeweilige Maß hält man durch Verschieben des Daumens am Stift fest, bis dieses aus dem Gesichtswinkel des Künstlers mit dem Maß des Modells übereinstimmt.

413

Die Grundregeln der Perspektive

Welcher Zeichner oder Hobbymaler hätte noch nie eine Straße, ein Gebäude, eine Kathedrale, ein Kloster oder ganz einfach ein Landhaus oder eine Landschaft gezeichnet? Diese Themen und zahlreiche weitere – vom Interieur eines Raums, eines Palastes oder eines Kellers bis zu einem Buch, einem Stuhl, einem Möbelstück, einer Zigarettenschachtel oder einem Auto – erfordern allesamt Grundkenntnisse in der Perspektive. Van Gogh schreibt über die Gesetze der Perspektive an seinen Bruder Theo: „Besitzt man diese Kenntnisse nicht, ist jede Mühe vergeblich."
Die Perspektive ist ein sehr umfangreiches, komplexes mathematisches Thema, mit dem man leicht hundert Seiten füllen könnte. Angesichts der Tatsache, daß wir jedoch keine Architekten sind und nach der Natur mit einem Modell vor Augen zeichnen, wage ich zu behaupten, daß sich die wichtigsten Punkte der Perspektive wie folgt zusammenfassen lassen:
Erster Hauptfaktor:

Die Horizontallinie

Mit Ausnahme einiger Sonderfälle – so bei der Zeichnung eines Tieres, einer Hand etc. – finden wir bei allen Körpern die Horizontallinie. Wo befindet sie sich? Natürlich weder auf dem Gipfel eines Berges, noch auf dem Grund einer Schlucht:

Die Horizontallinie befindet sich stets vor einem, und zwar in Höhe unserer Augen.

Ein gutes Beispiel ist dafür das Meer. Blikken wir nach vorn, ohne den Kopf zu heben oder zu senken, stimmt die Horizontallinie mit der Linie überein, an der der Himmel und das Wasser zusammentreffen. Ganz gleich, ob wir stehen, sitzen oder uns hinhocken, die Horizontallinie folgt unserer Bewegung. Steigen Sie also abwärts, senkt sich die Horizontallinie mit Ihnen, klettern Sie auf einen Felsen oder auf einen Berg, kommt die Horizontallinie ebenfalls mit und liegt dann oben im Bild. Das Modell kann sowohl oberhalb als auch unterhalb der Horizontallinie gezeichnet werden; diese kann sich übrigens sowohl innerhalb als auch außerhalb des Bildes befinden.
Der zweite Faktor ist

der Augenpunkt (AP).

4

415

4

Er liegt auf der Horizontallinie, im Mittelpunkt des Gesichtswinkels des Betrachters, also genau vor uns. Dieser Punkt und seine Lage sind von relativer Bedeutung für uns, wie wir später noch sehen werden. Befassen wir uns zunächst mit dem dritten Hauptfaktor:

Die Fluchtpunkte (FP).

In den Fluchtpunkten, die sich auf der Horizontallinie befinden, treffen sowohl die senkrechten als auch die schräg zum Horizont verlaufenden Linien zusammen. (Es gibt neben der eigentlichen Schrägperspektive noch eine zweite: die Luftperspektive). Die Konvergenz dieser Linien zum Fluchtpunkt schafft den Eindruck von Tiefe oder einer dritten Dimension.
Es gibt drei Formen der Perspektive:

1. Die *Parallel*perspektive mit einem *Fluchtpunkt.*
2. Die *Schräg*perspektive mit *zwei Fluchtpunkten.*
3. Die *Luft*perspektive mit *drei Fluchtpunkten.*

Näheres darüber erkläre ich Ihnen besser in der Praxis.

Abb. 414: Im allgemeinen wird der Horizont von der Begrenzungslinie zwischen Himmel und Wasser gebildet. Die Horizontallinie der Perspektive liegt dagegen in Augenhöhe vor dem Betrachter.

Abb. 415: Das Zentrum unseres Gesichtswinkels beim Vorwärtsschauen bestimmt die Horizontallinie. Hockt man sich hin, senkt sich die Horizontallinie, und man sieht den Körper von unten. Manche Leute bezeichnen dies als die „Froschperspektive".

Abb. 416: Befinden Sie sich an einem erhöhten Standpunkt, steigt die Horizontallinie mit Ihnen. Man sieht den Körper also aus einer ungewöhnlichen Perspektive von oben.

Die Parallelperspektive (ein Fluchtpunkt)

Für alle drei Perspektiven werden wir eine Fotografie mit schematischen Würfeln benutzen, um die Parallelperspektive, die Schrägperspektive und die Luftperspektive näher zu erläutern. Der Würfel ist zweifellos die repräsentativste Form und am besten geeignet, um die Perspektive graphisch zu behandeln. Daher werden wir bei jedem Thema zunächst erklären, wie man den Würfel in dieser Perspektive zeichnet. Im ersten Fall – dem Würfel in der Parallelperspektive – habe ich ihn oberhalb der Horizontallinie gezeichnet; es könnte auch anders sein. Beachten Sie (Abb. 417), daß der Fluchtpunkt in diesem Fall auch der Blickpunkt ist. Dies ist eine Ausnahme und trifft nur auf die Parallelperspektive zu. Man geht bei dieser Perspektive folgendermaßen vor: Zunächst zeichne ich ein Quadrat. Anschließend ziehe ich die vier Fluchtlinien von den Winkeln des Quadrats zum Fluchtpunkt (Abb. 418). Dann ziehe ich die Horizontallinie A und lege damit durch Augenmaß die untere Seite des Würfels fest (Abb. 419). Jetzt ziehe ich von der bereits erwähnten Horizontallinie die Senkrechte B und vervollständige dadurch den Würfel. Allerdings muß ich noch die Linien C und D ziehen, als wäre der Würfel transparent und aus Glas, um die Proportionen überprüfen zu können.

Betrachten Sie nun die Fotografie der Park Avenue in New York. Sie ist ein typisches Beispiel für die Parallelperspektive mit einem Fluchtpunkt, der mit dem Augenpunkt zusammenfällt. Sie erkennen die Lage der Horizontallinie in Augenhöhe des Betrachters und entdecken Hunderte von Fenstern und Türöffnungen, von Türen, die sich in geordneter Weise parallel und senkrecht zum Horizont flüchten und die dritte Dimension darstellen.

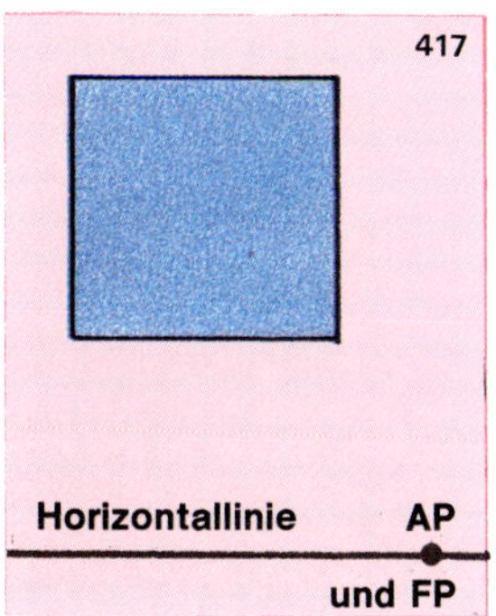

417

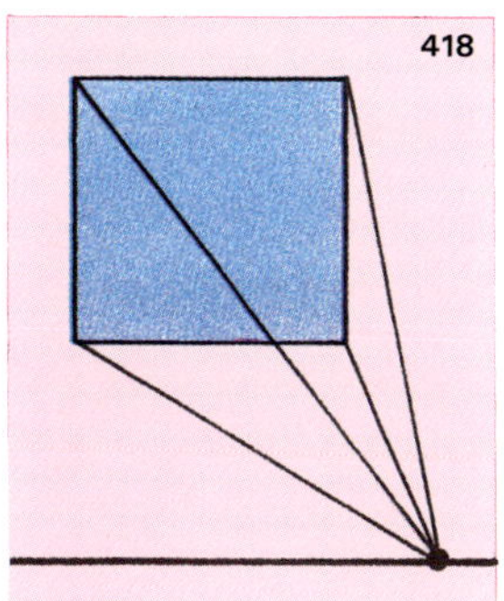
418

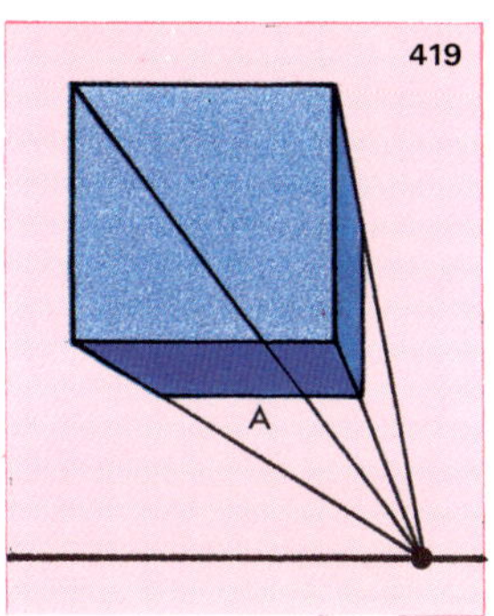

419

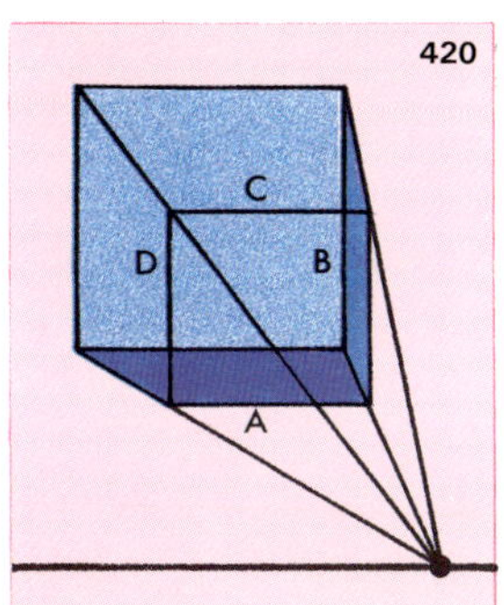

420

421

Abb. 421: Dieses Foto von der Park Avenue in New York ist ein gutes Beispiel für die Parallelperspektive mit einem einzigen Fluchtpunkt. Beachten Sie die Konvergenz der rechtwinklig zur Horizontallinie verlaufenden Fluchtlinien, und studieren Sie die drei hinzugefügten Würfel.

Die Schrägperspektive (mit zwei Fluchtpunkten)

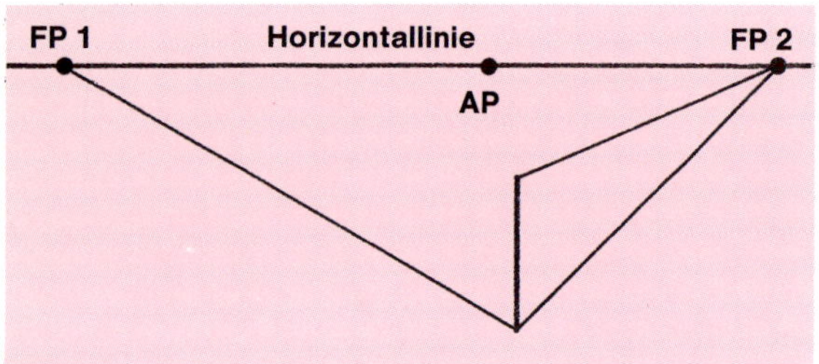

422

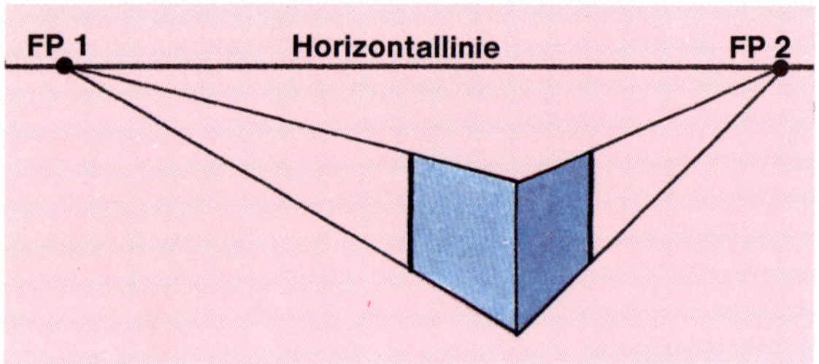

423

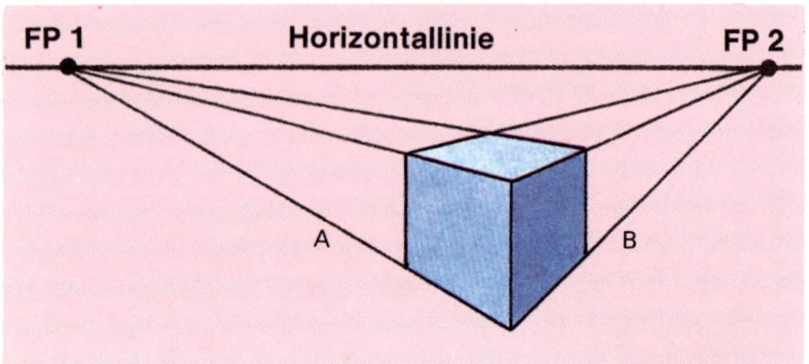

424

Mit dem Augenpunkt mehr oder weniger im Zentrum des Würfels zeichne ich aus freier Hand die Senkrechte, die der vordersten Kante des Würfels entspricht. Ich lege die Fluchtpunkte eins und zwei fest und ziehe die ersten Fluchtlinien nach rechts und links (Abb. 422). Anschließend ziehe ich nach Augenmaß die beiden Seiten des Würfels (Abb. 423) und beende die Zeichnung mit der Oberseite. Beachten Sie, daß der Winkel der Unterseite des Würfels immer größer als 90° sein sollte. Das Haus auf dem Foto unten auf dieser Seite ist ein Beispiel für die Schrägperspektive mit einem Fluchtpunkt außerhalb der Zeichnung, was in der Praxis meistens der Fall ist. Beachten Sie die Lage des Würfels, um die Perspektive des Hauses besser zu verstehen. In diesem Beispiel kommt ein erschwerendes Element hinzu: Die Kanten der Dächer (A, B) flüchten zu einem speziellen Punkt, der vom künstlerischen Standpunkt aus unerheblich ist, da wir die Neigung der Dächer nach Augenmaß festlegen können und dabei nur die leicht erkennbare Konvergenz der sichtbaren Linien berücksichtigen müssen.

Abb. 425: Hier ein Beispiel für die Schrägperspektive mit zwei Fluchtpunkten, die als zusätzliche Schwierigkeit außerhalb des Bildes liegen. Beachten Sie, daß alle Fluchtlinien zu einem der beiden Fluchtpunkte zu beiden Seiten auf der Horizontallinie verlaufen. Eine Ausnahme bilden die Neigungslinien der Dächer, die zu einem Fluchtpunkt nach oben verlaufen könnten. Wir sind jedoch keine Architekten, sondern Künstler, und durchaus imstande, diese nach Augenmaß zu zeichnen.

425

Die Luftperspektive (mit drei Fluchtpunkten)

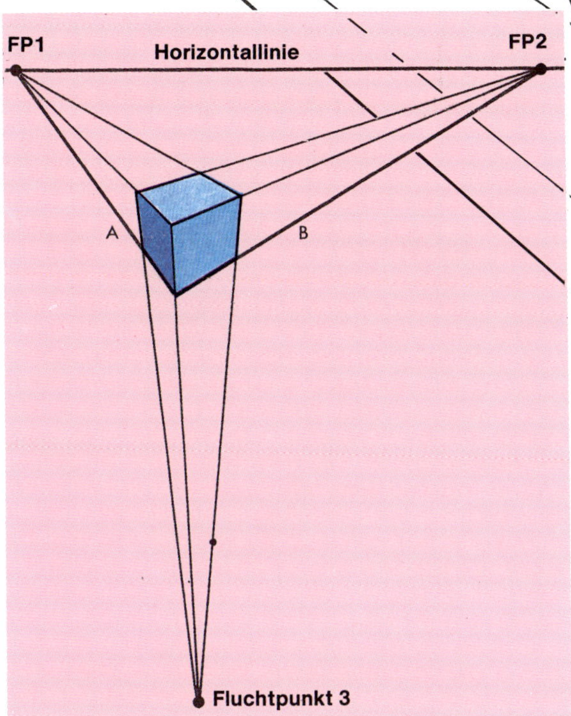

426

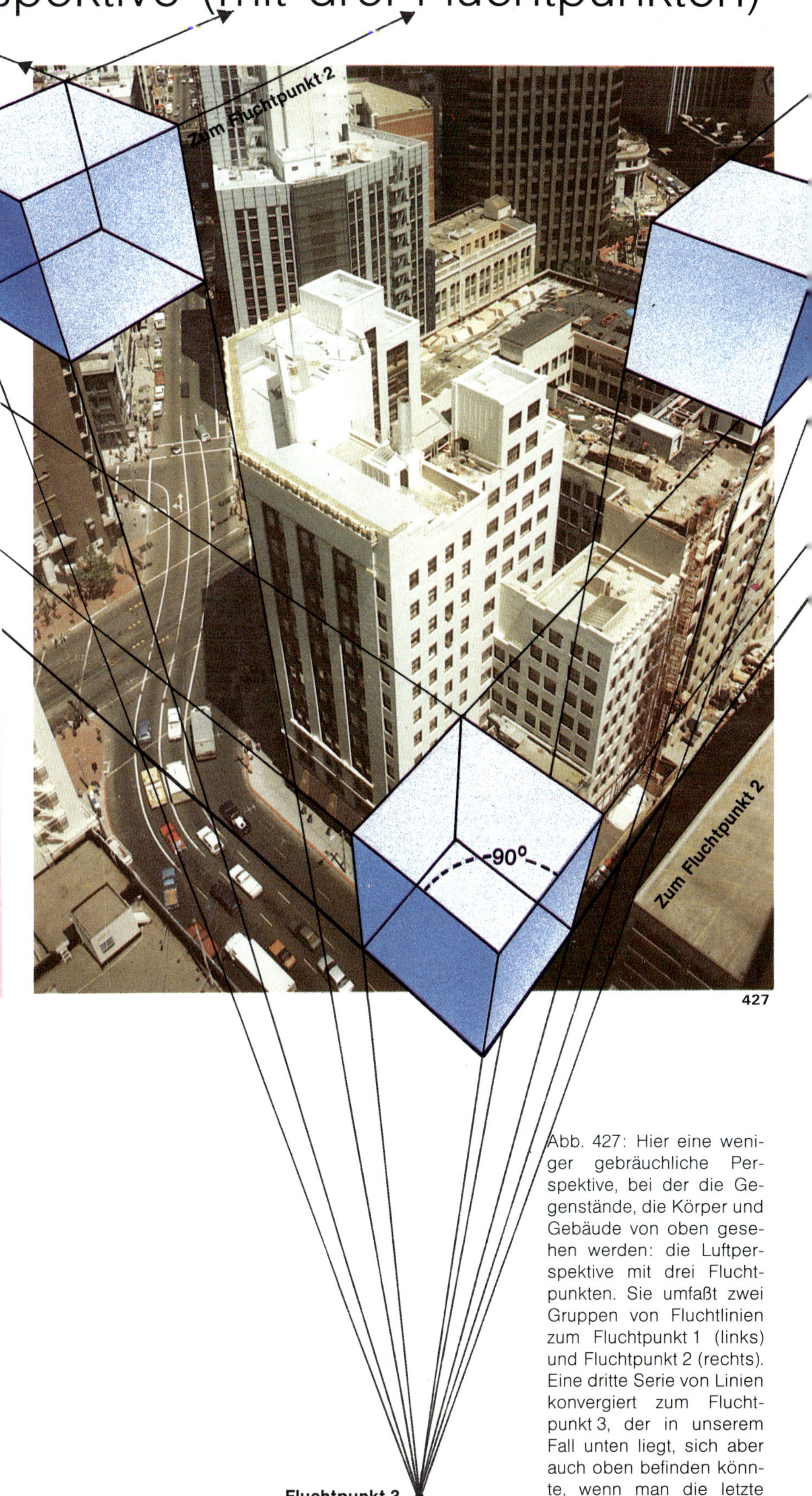

427

Schauen Sie von oben auf ein Haus oder ein Gebäude, stellen Sie fest, daß weder die senkrechten noch die waagrechten Formen und Linien parallel verlaufen. Sie konvergieren alle zu ihrem Fluchtpunkt. Als Besonderheit liegen zwei Fluchtpunkte zwar wie üblich auf der Horizontallinie, der dritte, der den senkrechten Linien entspricht, befindet sich jedoch darunter. Stehen Sie zu Füßen eines Wolkenkratzers und schauen Sie nach oben, flüchten sich die senkrechten Linien natürlich zu einem Fluchtpunkt oberhalb der Horizontallinie. Sie erkennen diese Art der Perspektive auf unserem Bild. Denken Sie daran, daß der Grundwinkel AB niemals kleiner als 90° sein sollte.
Die Luftperspektive findet in der künstlerischen Zeichnung nur selten Verwendung.

Abb. 427: Hier eine weniger gebräuchliche Perspektive, bei der die Gegenstände, die Körper und Gebäude von oben gesehen werden: die Luftperspektive mit drei Fluchtpunkten. Sie umfaßt zwei Gruppen von Fluchtlinien zum Fluchtpunkt 1 (links) und Fluchtpunkt 2 (rechts). Eine dritte Serie von Linien konvergiert zum Fluchtpunkt 3, der in unserem Fall unten liegt, sich aber auch oben befinden könnte, wenn man die letzte Etage des Gebäudes vom Gehweg aus betrachtet.

Ein Mosaik in der Perspektive

Abb. 428: VERFAHREN ZUR ANLAGE EINES MOSAIKS IN DER PARALLELPERSPEKTIVE:
A) Zeichnen Sie die Gesamtfläche des Mosaiks in der Perspektive, und markieren Sie anschließend auf der Grundlinie die Anzahl der Steinchen, aus denen das Mosaik waagerecht besteht. Verbinden Sie die Teilungspunkte mit dem Fluchtpunkt.
B) Berechnen Sie nun nach Augenmaß die Tiefe eines Quadrates von insgesamt neun Platten (C–D).
C) Ziehen Sie eine Diagonale durch E, F, G, H.
D) Der Kreuzungspunkt dieser Diagonale mit den zuvor angelegten Senkrechten liefert uns den Anhaltspunkt für die entsprechenden waagerechten Linien, die das Mosaik vervollständigen. Wiederholen Sie das Verfahren, solange es notwendig ist.

428

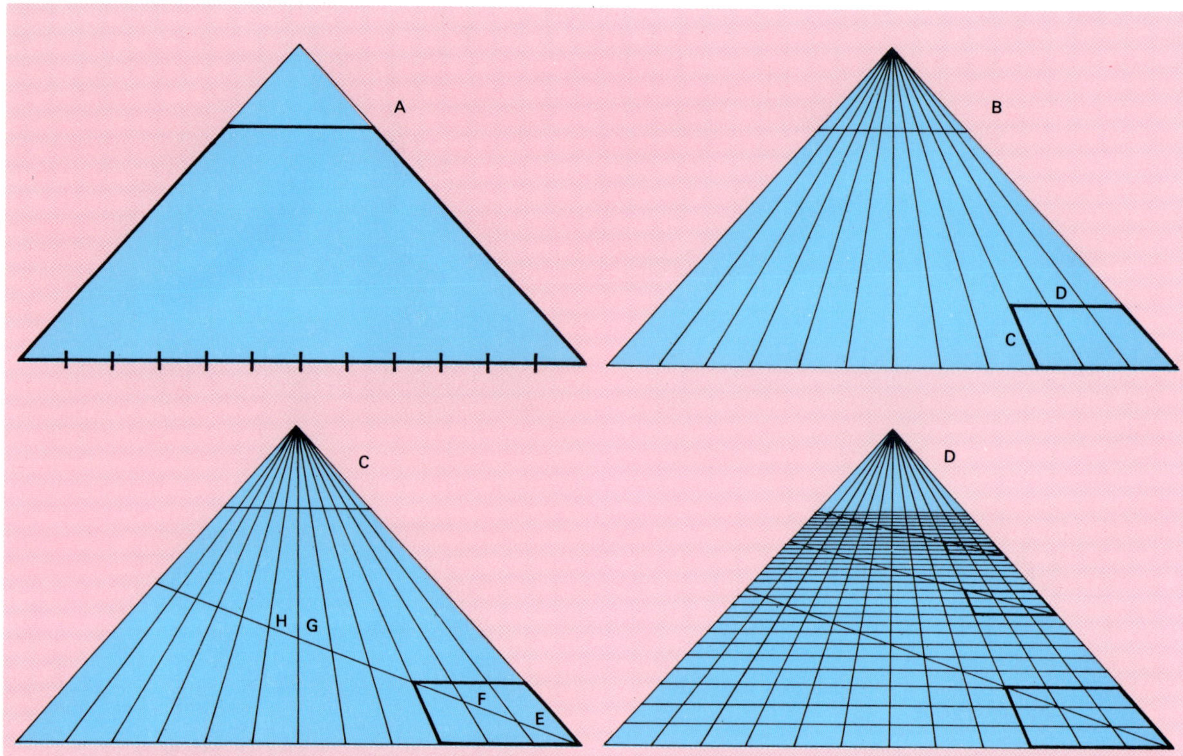

429

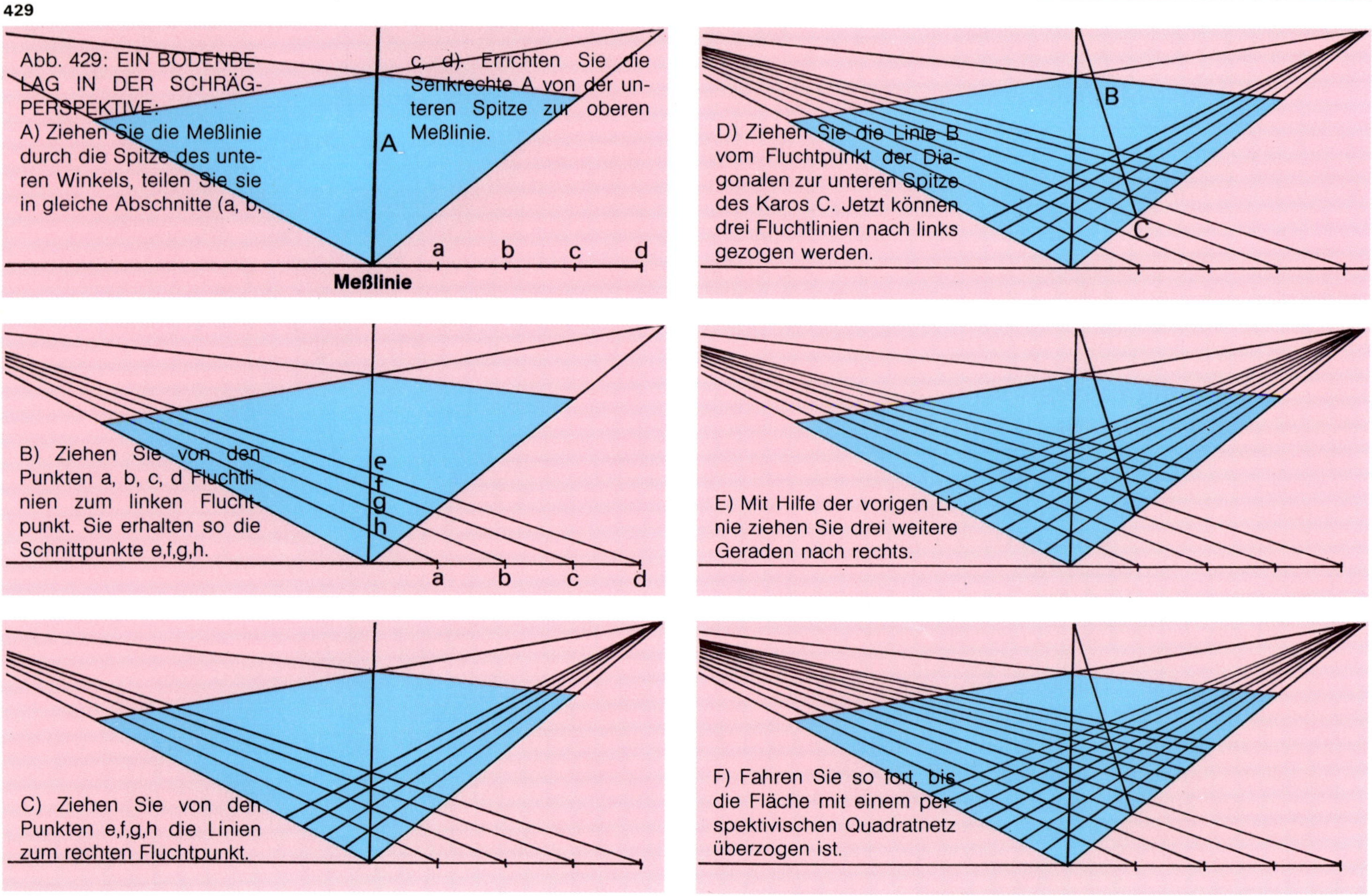

Abb. 429: EIN BODENBELAG IN DER SCHRÄGPERSPEKTIVE:
A) Ziehen Sie die Meßlinie durch die Spitze des unteren Winkels, teilen Sie sie in gleiche Abschnitte (a, b, c, d). Errichten Sie die Senkrechte A von der unteren Spitze zur oberen Meßlinie.

B) Ziehen Sie von den Punkten a, b, c, d Fluchtlinien zum linken Fluchtpunkt. Sie erhalten so die Schnittpunkte e,f,g,h.

C) Ziehen Sie von den Punkten e,f,g,h die Linien zum rechten Fluchtpunkt.

D) Ziehen Sie die Linie B vom Fluchtpunkt der Diagonalen zur unteren Spitze des Karos C. Jetzt können drei Fluchtlinien nach links gezogen werden.

E) Mit Hilfe der vorigen Linie ziehen Sie drei weitere Geraden nach rechts.

F) Fahren Sie so fort, bis die Fläche mit einem perspektivischen Quadratnetz überzogen ist.

Die Einteilung einer Fläche in der Tiefe

Abb. 430 A und B: Um ein von vorn gesehenes symmetrisches Gebäude oder Bauwerk perspektivisch korrekt darzustellen, braucht man es nur perspektivisch mit einem Rechteck zu umzeichnen und mit einem x-förmigen Kreuz in zwei oder mehrere Flächen zu unterteilen. Dadurch ergibt sich automatisch das perspektivische Zentrum einer jeden Fläche.

Abb. 431: Diese Illustration und die folgenden von Abbildung 432 A, B, C und D zeigen, wie man eine Fläche in der Tiefe in sich wiederholende Abschnitte unterteilt: Hier der Kreuzgang einer alten romanischen Kirche in Katalonien.

430

A

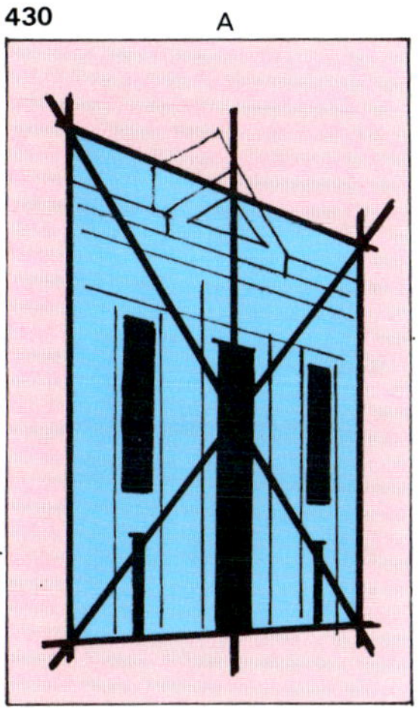

B

431

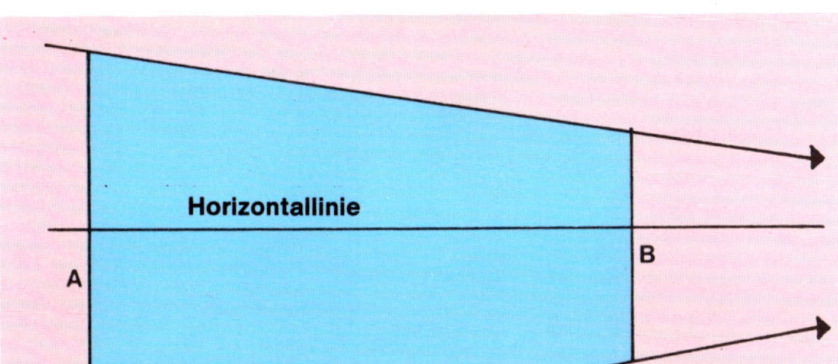

Abb. 432 A: PERSPEKTIVISCHE EINTEILUNG EINER VORGEGEBENEN FLÄCHE IN DER TIEFE: Nachdem die Horizontallinie sowie der Fluchtpunkt rechts festgelegt sind, brauchen wir nur noch die vorgegebene Fläche, die durch die Senkrechten A und B begrenzt wird, zu berechnen.

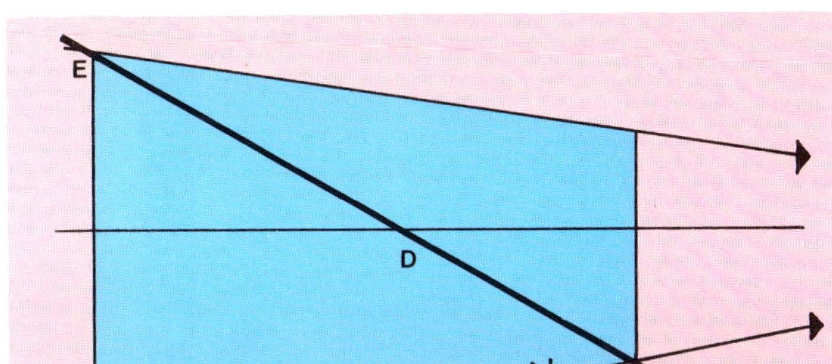

B) Dazu ziehen wir die Grundlinie parallel zur Horizontallinie durch den unteren Scheitel des perspektivischen Dreiecks. Anschließend zeichnen wir die Diagonale D vom Punkt E zum Punkt F und verlängern sie bis zur Grundlinie. Wir unterteilen die Grundlinie in fünf gleiche Abschnitte.

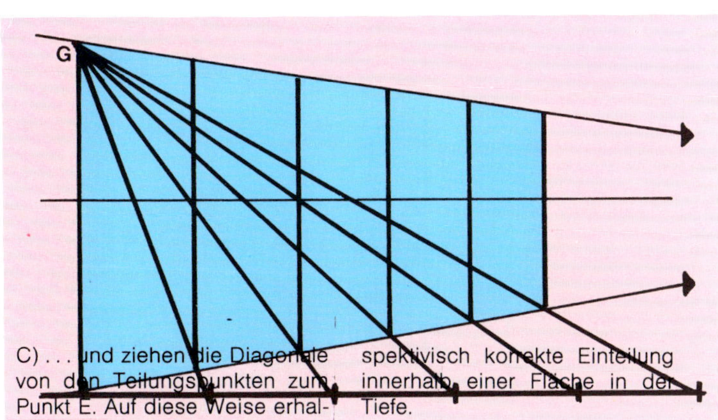

C) ... und ziehen die Diagonale von den Teilungspunkten zum Punkt E. Auf diese Weise erhalten wir automatisch die perspektivisch korrekte Einteilung innerhalb einer Fläche in der Tiefe.

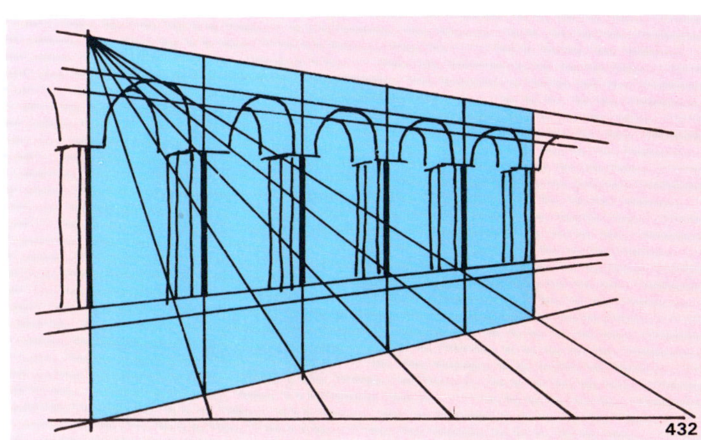

432

Die Perspektive der Schatten

Betrachten Sie Abbildung 433: ein Innenraum in der Schrägperspektive. Sobald wir das Licht einschalten, tauchen Wurfschatten auf. Sehen wir uns an, wie diese Schatten entstehen.
Der erste Faktor, den es zu berücksichtigen gilt, besagt:

Künstliches Licht verbreitet sich strahlenförmig und in gerader Linie (Abb. 434).

Die Lichtquelle bildet gleichzeitig den Fluchtpunkt des Lichtes (FPL).

Gemeinsam mit dem

Fluchtpunkt der Schatten (FPS)

läßt sich nun die Schattenperspektive bei künstlichem Licht ermitteln. Sehen wir uns jetzt an, wie es sich bei natürlichem Licht verhält:

Das Sonnenlicht verbreitet sich in parallelen Strahlen.

Sieht man einen Gegenstand aus der Luftperspektive – also von oben –, besitzen die Schatten keinerlei Perspektive (Abb. 435). Bei der normalen Perspektive mit Gegenständen im Gegenlicht haben wir es mit zwei Fluchtpunkten zu tun:

Dem FPL, der sich in der Sonne befindet, und dem FPS, der unter der Sonne auf dem Horizont liegt (Abb. 436).

Arbeiten wir mit Frontallicht oder mit schräg von vorn einfallendem Licht, entstehen ebenfalls zwei Fluchtpunkte:

Der FPS auf der Horizontallinie unter der Sonne und der FPL, der unterhalb des FPS liegt.

Dabei ist jeweils der Einfallswinkel des Lichtes auf das Modell zu berücksichtigen (Abb. 437). Weitere Fluchtpunkte gibt es glücklicherweise nicht.

43

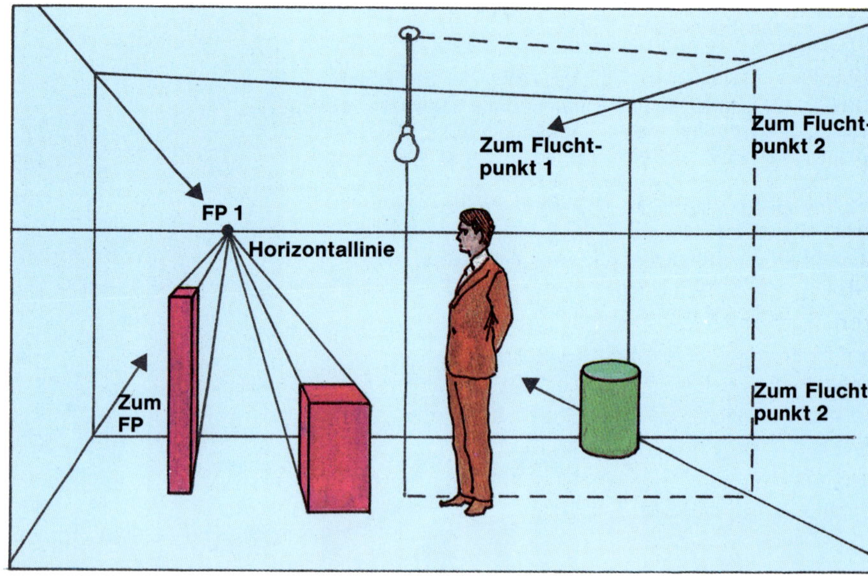

43

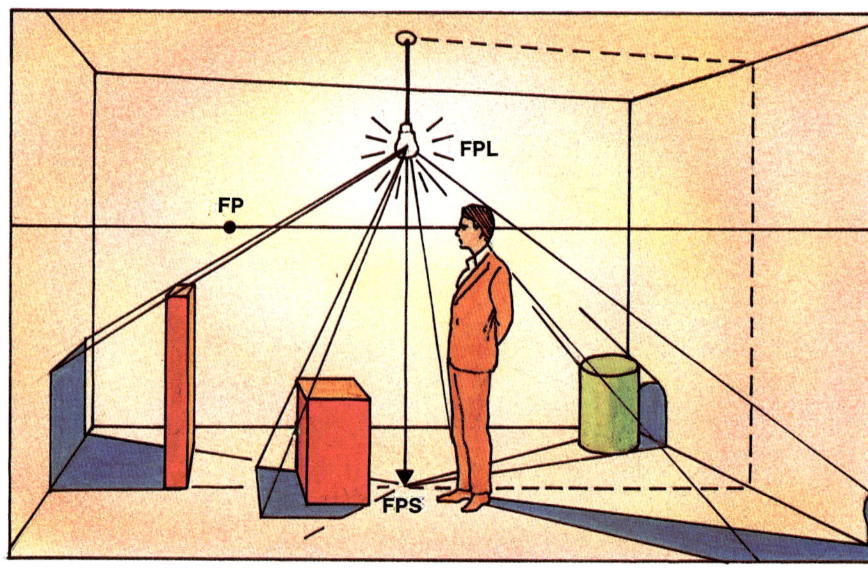

436

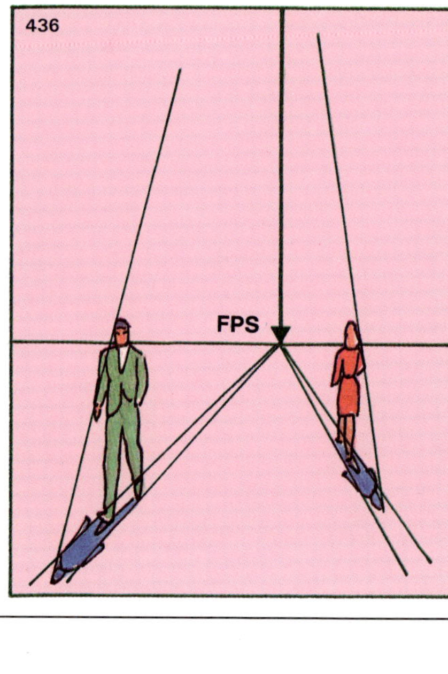

437

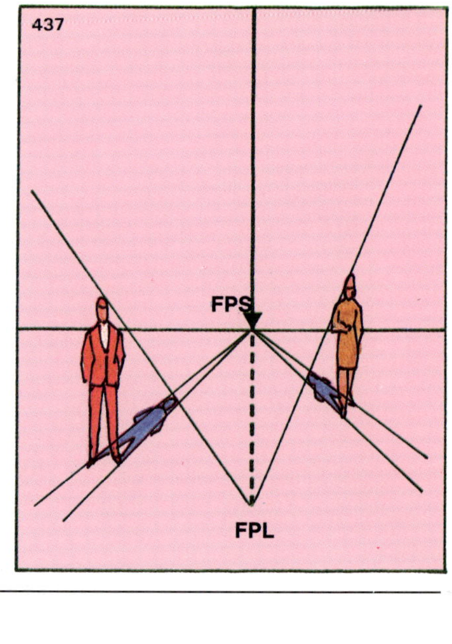

435

Die Hilfslinien für die Perspektive

Zeichnen wir in der Schrägperspektive, was am häufigsten der Fall ist, liegt meistens einer der Fluchtpunkte außerhalb des Bildes; manchmal trifft das sogar auf beide zu. Dies ist zum Beispiel bei dem Haus auf Abbildung 438 auf dieser Seite der Fall. Hier ist es äußerst schwierig, die richtige Perspektive aller Elemente: Schornsteine, Dächer, Fenster, Türen etc. zu bestimmen. Haben Sie die Übungen zum Thema Perspektive der vorigen Seite jedoch sorgfältig ausgeführt, sollten Sie jetzt in der Lage sein, die letzte und vermutlich wichtigste Technik der künstlerischen perspektivischen Zeichnung zu begreifen. Sie besteht darin, die Perspektive dieser Modelle anhand sogenannter Hilfslinien zu bestimmen. Betrachten Sie auf den folgenden Skizzen (Abb. 439 A, B und C) die einzelnen Schritte zur Festlegung dieser Hilfslinien.

438

439

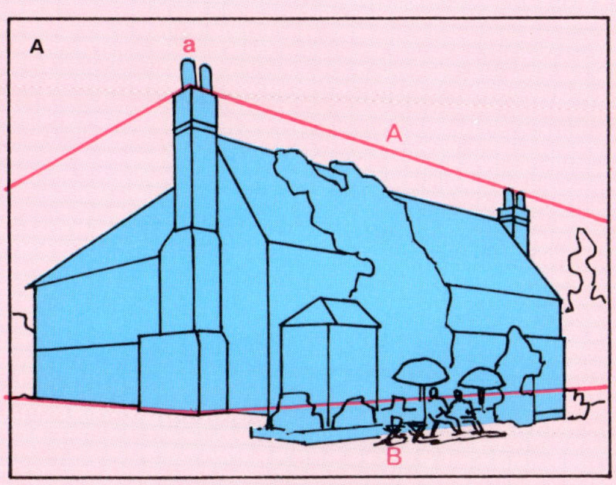

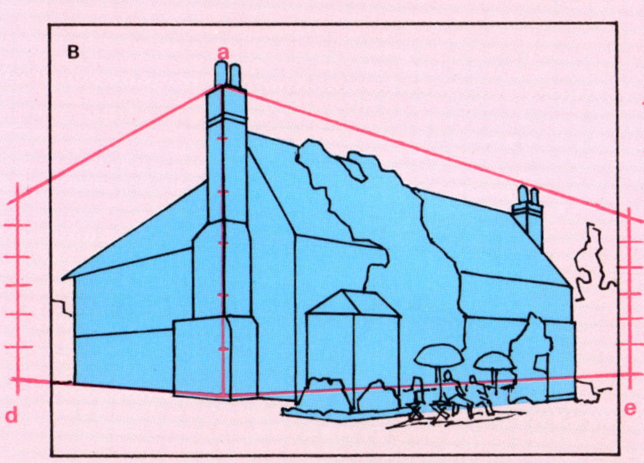

Abb. 438: Beim Zeichnen oder Malen eines Themas wie diesem in der Perspektive, bei dem der Fluchtpunkt außerhalb des Bildes liegt, müssen Sie die Konvergenzlinien nach Augenmaß berechnen. Sie haben jedoch die Möglichkeit, eine Hilfslinie zu ziehen, mit der sich alle Probleme lösen lassen.

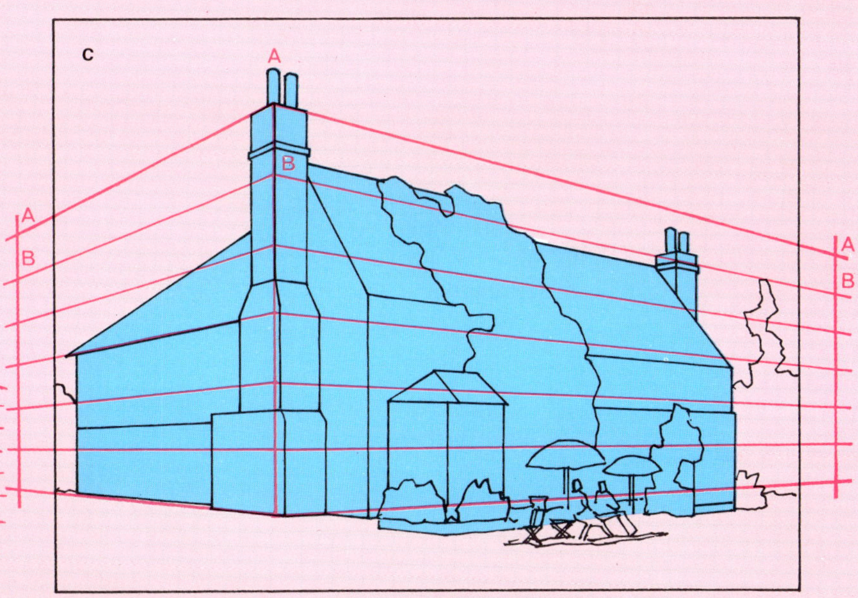

Abb. 439: A. Man umzeichnet das Modell mit großen Strichen und legt besonderen Wert auf die Neigung der Linien zum Horizont (A und B). B. Anschließend zieht man die Senkrechte a, die der vorderen Kante entspricht. Man unterteilt die Senkrechte in gleiche Abschnitte – in diesem Beispiel in sechs. Verlängern Sie die Fluchtlinie um etwa einen Zentimeter, zeichnen Sie eine weitere Senkrechte auf der linken und der rechten Seite (d und e) außerhalb des Bildes, und teilen Sie diese ebenfalls in sechs gleiche Abschnitte. C) Verbinden Sie die Punkte A, B etc. So erhalten Sie Hilfslinien, mit denen sich alle Bestandteile des Modells einwandfrei zeichnen lassen.

Die Perspektive: Beispiele

440

Die Perspektive des Kreises

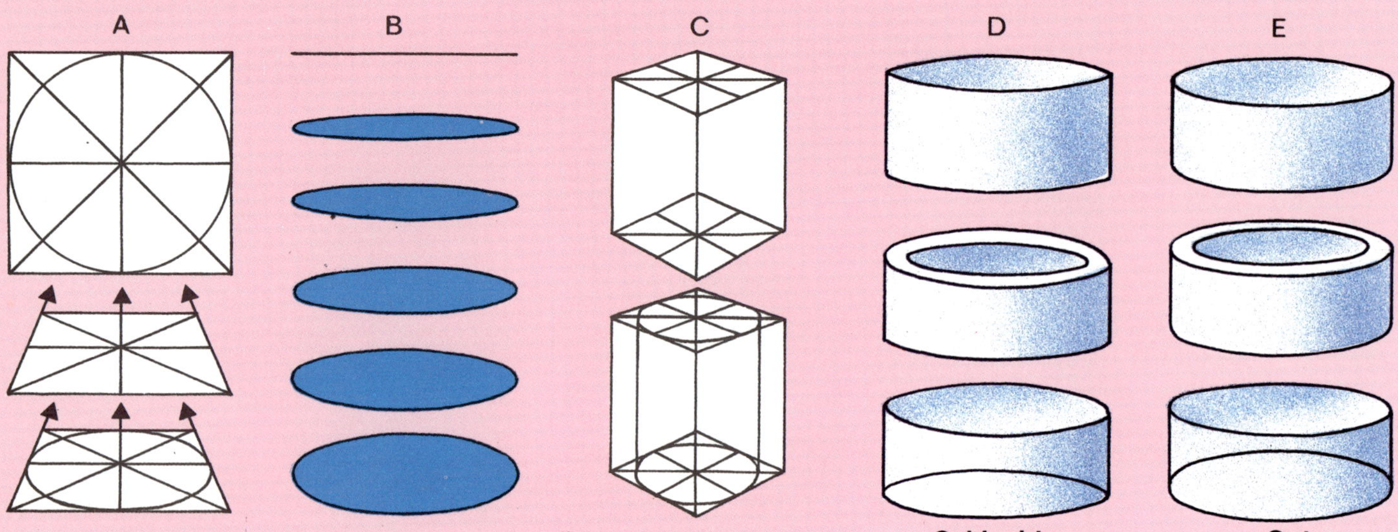

Abb. 440 A: Wollen Sie einen Kreis perspektivisch darstellen, brauchen Sie ihn nur mit einem perspektivischen Quadrat zu umzeichnen und dieses mit einem normalen und einem x-förmigen Kreuz zu unterteilen.

Abb. 440 B: Je weiter sich der Kreis von der Höhe der Horizontallinie entfernt, desto deutlicher wird seine Form. Deshalb wird der auf der Horizontallinie stehende Teller zu einem Strich.

Abb. 440 C: Wie anhand dieser beiden Abbildungen zu erkennen, muß ein perspektivisch korrekter Zylinder zuvor in einen Würfel oder in ein rechteckiges Prisma passen.

Abb. 440 D, E: Hier sehen Sie drei weitverbreitete Fehler beim Aufbau von Zylindern. Oben: der typische Fehler von Winkeln am Zylinder. Mitte: Die Weite des Zylinders ist perspektivisch falsch, denn er sollte oben und unten dünner sein als an den Seiten. Unten: Der Fehler besteht darin, daß der obere Kreis in derselben perspektivischen Verkürzung erscheint wie der untere.

441

442

Abb. 441, 442, 443: Hier drei Beispiele einer Parallelperspektive mit einem einzigen Fluchtpunkt und der Horizontallinie auf unterschiedlicher Höhe. Deshalb zeigt das Haus auf Abbildung 442 eine normale Perspektive, während das Landhaus links, von oben betrachtet, kleiner zu sein scheint. Die Kirche rechts wird dagegen von unten gesehen und macht einen gewaltigen Eindruck.

443

444

Abb. 444, 445: Zwei Beispiele für die Schrägperspektive mit zwei Fluchtpunkten. Die Horizontallinie befindet sich auf normaler Höhe.

445

Abb. 446: Berechnung des perspektivischen Zentrums nach der Methode des x-förmigen Kreuzes.

Abb. 447: Ein Beispiel für die Einteilung von Flächen in der Tiefe.

446

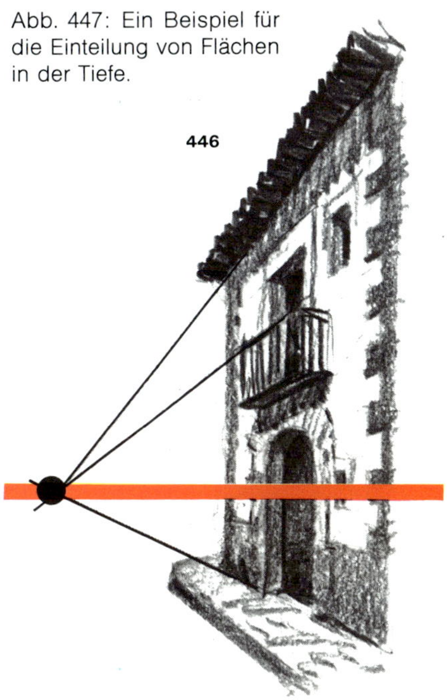

447

Cézannes Lehrsatz

Paul Cézanne starb am 22. Oktober 1906 im Alter von 67 Jahren. Im Monat vor seinem Tod schrieb er eine Reihe von Briefen an den 29 Jahre jüngeren Maler Emile Bernard. Bernard hatte den Meister zwei Jahre zuvor kennengelernt. Die beiden Männer schlossen Freundschaft, und Cézanne wurde Bernards Lehrer. Sie malten eine Weile gemeinsam und korrespondierten anschließend miteinander. Die Briefe an Bernard sind das einzige geschriebene Zeugnis von Cézannes Kunsttheorien. Deren bekannteste besagt, daß sich alle Formen der Natur auf die Grundformen zurückführen lassen. Am 15. April 1904 schrieb Cézanne an Bernard:

Lassen Sie mich wiederholen, was ich Ihnen bereits gesagt habe: Behandeln Sie die Natur als Würfel, Kugel und Zylinder, und zwar jeweils in der richtigen Perspektive.

Peter Paul Rubens hatte diesen Gedanken schon früher ausgesprochen. Er schrieb: „Die Grundstruktur der menschlichen Gestalt kann auf Würfel, Kugeln und Rechtekke zurückgeführt werden." Cézanne erweiterte jedoch diesen Grundsatz auf jeden einzelnen Körper des Universums und wiederholte seine Vorstellungen in Gesprächen mit Monet, Pissaro, Picasso und anderen. Es ist kein Zufall, daß Picasso die kubistische Periode einleitete und dabei Cézannes bestens bekanntes Schema anwendete.

448

Abb. 448: Paul Cézanne, *Selbstporträt*, Bleistiftzeichnung, Kunstinstitut Chicago, Ill. Wie Cézanne unzählige Male sagte, lassen sich alle Modelle der Natur auf die Grundformen Würfel, Zylinder und Kugel zurückführen.

Analysieren Sie die Struktur eines beliebigen Gegenstandes Ihrer Umgebung. Gehen Sie auf die Straße oder wandern Sie durch die Landschaft, und betrachten Sie zum Beispiel ein Haus, ein Auto oder einen Blumentopf, stellen Sie fest, daß diese sich tatsächlich auf eine der Grundformen reduzieren lassen. Sind Sie also in der Lage, eine Kugel, einen Würfel oder einen Zylinder zu zeichnen, sollte Ihnen zeichnerisch alles gelingen. Auf Seite 100 dieses Buches bat ich Sie im Kapitel „Die Lavierung in der Praxis" bereits, einen Zylinder, einen Würfel, eine Pyramide und ein rechteckiges Prisma aufzubauen. Jetzt benötigen Sie nur noch eine Kugel, die zum Beispiel aus einem weißen Ball bestehen kann. (Sollte der Ball farbig sein, können Sie ihn mit einer Sprühfarbe weiß färben.) Ich rate Ihnen, diese Formen in unterschiedlichen Größen und Lagen aus der Parallel- und der Schrägperspektive von oben und unten gesehen etc. nach dem Modell zu zeichnen. Dies ist ein sehr nützlicher und notwendiger Schritt, der sogar Spaß macht. Anschließend befassen wir uns dann mit der Einrahmung und, allgemein gesprochen, mit der Struktur der künstlerischen Zeichnung.

449

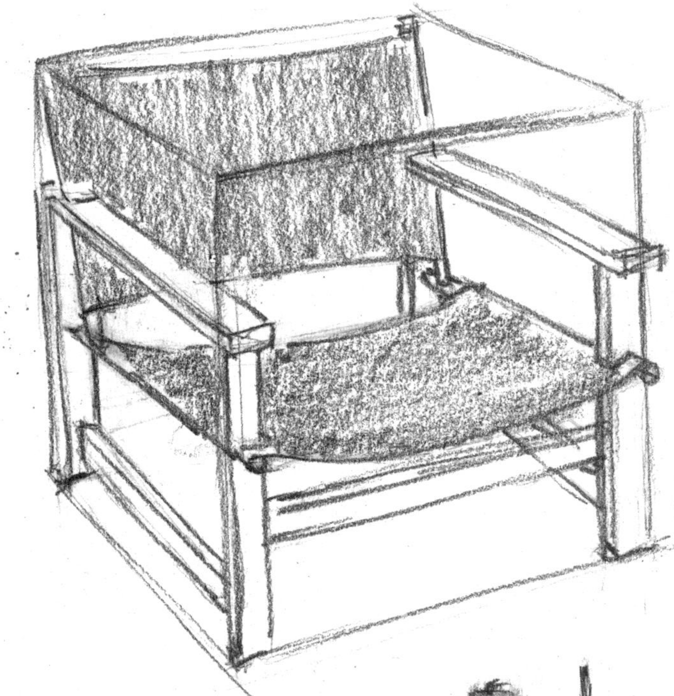

450

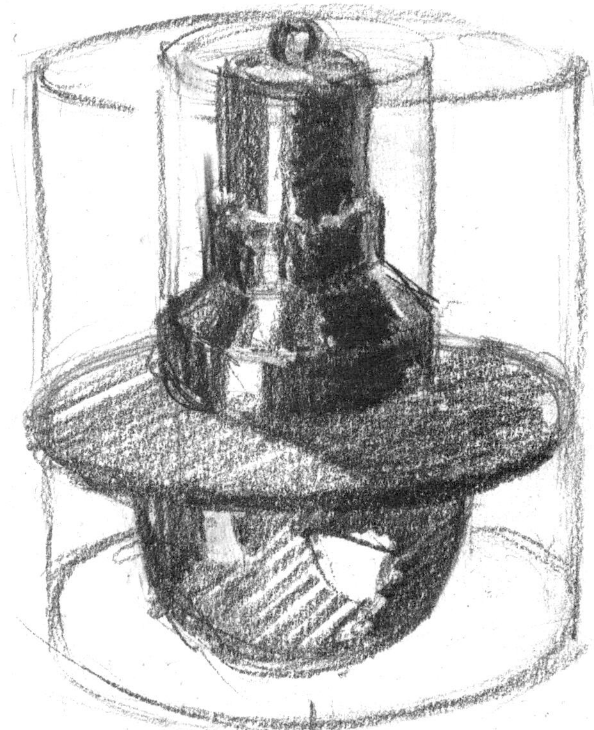

Abb. 449, 450: Wie Cézanne sagte, lassen sich alle Gegenstände und Körper auf einem Würfel, einem rechtwinkeligen Prisma, einer Pyramide, einem Kegel oder einer Kugel aufbauen, ganz gleich, ob es sich um einen Krug, einen Apfel, einen Sessel – oder um einen Wolkenkratzer handelt.

Rahmen, Aufbau und Skizze

Wie beginnt man eine Zeichnung? Manche Zeichner beginnen ihre Arbeit mit einer der Grundformen in der Perspektive; eine große Anzahl zeichnet ein Quadrat oder ein Rechteck oder fertigt eine Skizze der Umrisse des Modells an. Nur ganz wenige wagen sich sofort an das endgültige Profil. Alle fragen sich jedoch als erstes, wie oft die Höhe des Modells in die Breite paßt (oder umgekehrt) und zeichnen dafür eine Schachtel (oder stellen sie sich vor), ein Rechteck, einen Würfel oder ein Prisma, in das sie das Modell einfügen.
Genau das werden wir jetzt und hier ebenfalls tun. Dabei unterscheiden wir zwei große Gruppen von Modellen:

1. *Modelle, deren Struktur auf eine der Grundformen reduziert werden kann;*
2. *Modelle, deren Struktur nur auf eine flache geometrische Struktur reduziert werden kann.*

Zur ersten Gruppe gehören alle Körper, deren Form durch einen Würfel und seine Ableitungen wie Prismen, Zylinder, Kegel, Pyramiden oder Kugeln gekennzeichnet sind. In die zweite Gruppe fallen alle Körper, deren Struktur die zuvor erwähnten Formen nicht aufweist, zum Beispiel die menschliche Gestalt, Tiere, Pflanzen, Blumen, Kleidungsstücke etc.
Beginnen wir mit der einfacheren Gruppe.

Der Würfel

Können Sie perspektivisch korrekt einen Würfel zeichnen, gelingt Ihnen beinahe jeder Gegenstand, der auf einem Tisch liegt oder auf dem Boden steht, angefangen vom Möbelstück bis zum Wolkenkratzer. Auf der folgenden Seite sehen Sie am Beispiel einer kleinen Kirche Schritt für Schritt das Verfahren, das dafür notwendig ist.

Abbildung 454: Ich beginne mit den beiden Senkrechten (A und B), die den naheliegendsten Kanten der Kirche entsprechen. Zuvor habe ich bereits die proportionale Länge oder Höhe bei der Geraden sowie den Abstand zwischen ihnen berechnet. Nun ziehe ich die Horizontallinie. Anschließend bestimme ich nach Augenmaß die Neigung der Fluchtlinien zum Fluchtpunkt 1 und 2 und zeichne sie. FP 2 liegt außerhalb des Zeichenpapiers. Deshalb ziehe ich die Senkrechte C. Ich teile die Geraden C und A in gleiche Abschnitte und schaffe mir – entsprechend dem, was wir auf Seite 123 erfahren haben – eine Hilfslinie.

Abbildung 455: Ich berechne die Maße und Proportionen der beiden Körper der Kirche. Ich vergleiche Höhe und Breite und zeichne die Struktur des Modells in der Perspektive.

Abbildung 456: Ich beginne die Zeichnung der eigentlichen Umrisse und lege gleichzeitig auch die Schatten an. Die Hilfslinie läßt mich die Dachspitze des Kirchturms und die Seitenfenster perspektivisch richtig anlegen. Beachten Sie, wie das perspektivische Zentrum berechnet wurde, um das Kirchenkreuz auf der Dachspitze darzustellen.

Abbildung 457 und 458: Bleibt nur noch ein Problem zu lösen: die perspektivisch richtige Verteilung der Seitenfenster, die durch die Methode zur Einteilung einer Fläche in der Tiefe gelöst werden könnte (Seite 121). Ich habe diese jedoch mit Hilfe einiger Anhaltspunkte am Modell nach Augenmaß berechnet. Der Rest ist eine Angelegenheit der korrekten Verteilung von Licht und Schatten; außerdem müssen noch die Zusatzelemente wie die Zypressen, die Hügel etc. gezeichnet werden.

451

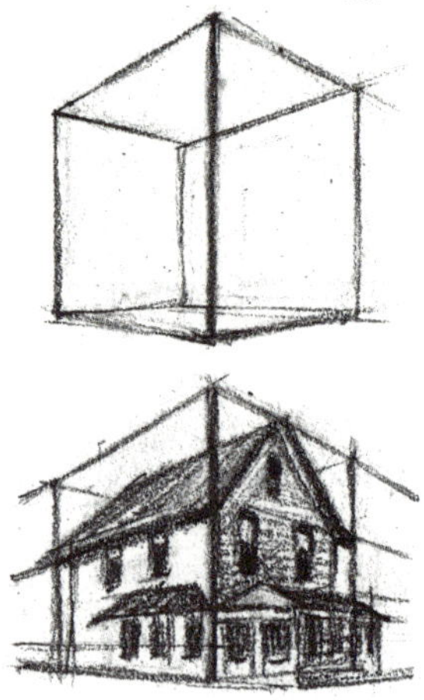

Abb. 451: Manche Künstler beginnen mit einer Grundform, die das Modell umzeichnet.

452

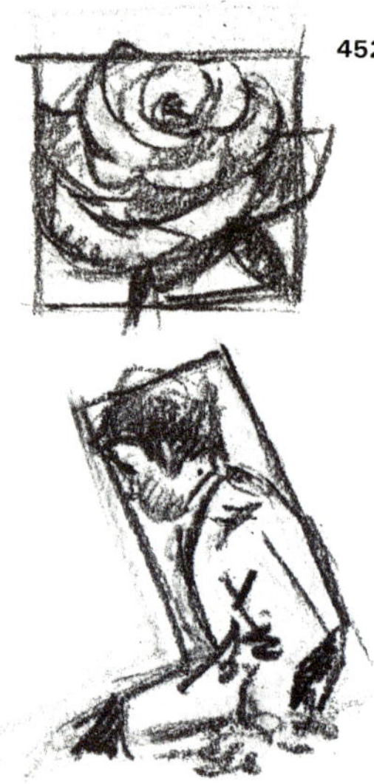

Abb. 452: Die meisten Künstler wählen dafür ein Quadrat oder Rechteck.

453

Abb. 453: Andere wagen sich von Anfang an an die endgültigen Umrisse, die die Form des Modells deutlich wiedergeben.

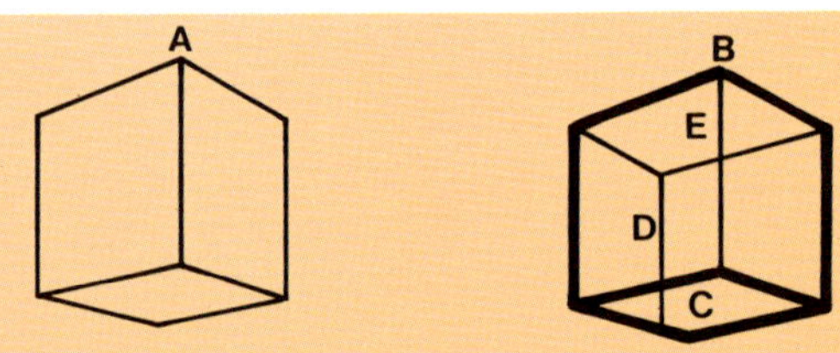

Der Glaswürfel

Immer wenn Sie eine Grundform in der Perspektive zeichnen, rate ich Ihnen, auch die inneren Linien der Struktur zu zeichnen, als bestünde der Körper aus Glas. Auf diese Weise können Sie beim Zeichnen nach Augenmaß die Proportionen überprüfen und strukturelle Fehler erkennen. So sehen Sie zum Beispiel anhand des Glaswürfels B, daß es sich bei dem Körper A im Grunde nicht um einen Würfel, sondern um ein Prisma handelt. Die Innenseite C macht das ganz deutlich; sie besitzt völlig falsche Proportionen. Die Konvergenz einiger Fluchtlinien ist falsch. Die Senkrechte D endet nicht im Scheitel des Winkels E etc.

454

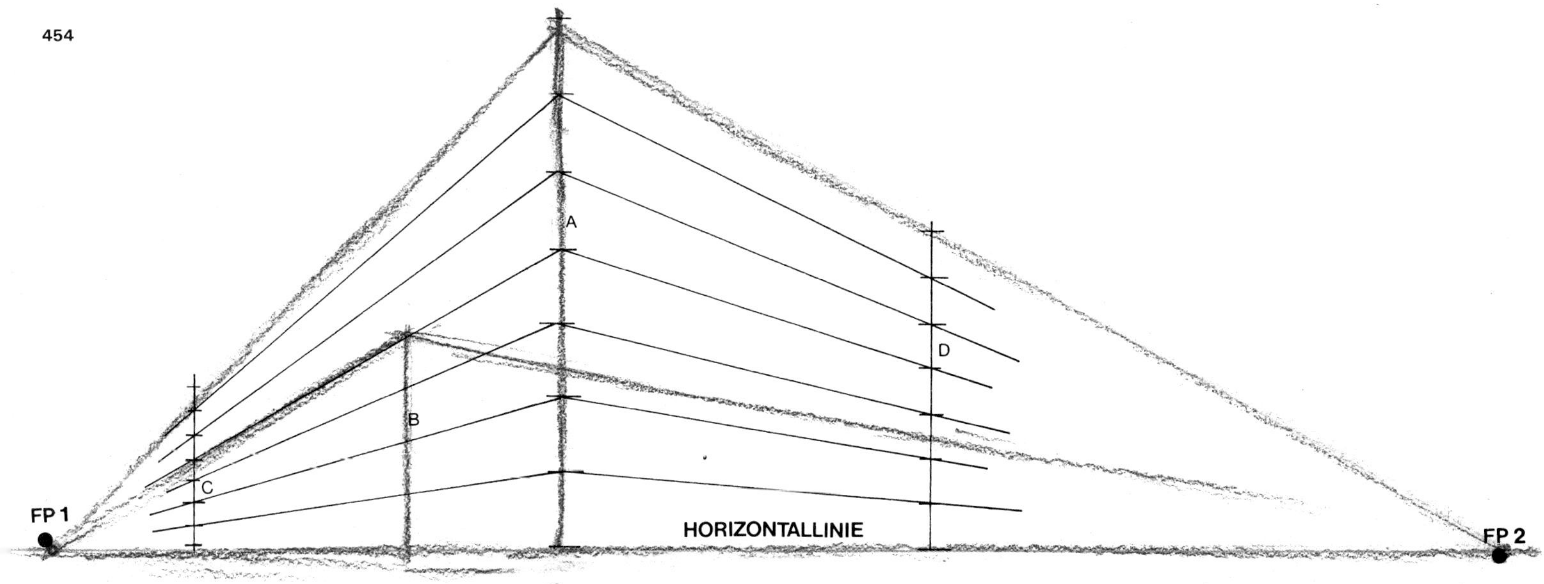

455

456

457

458

Rahmen, Aufbau und Skizze

Der flache geometrische Rahmen

Unser Modell besteht aus einem deutschen Schäferhund (Abb. 460). Ihn können wir nicht auf eine der Grundformen reduzieren. Wir benötigen weder einen Würfel noch die Perspektive. Jedes Modell, ganz gleich, wie kompliziert es ist, kann jedoch mit einem Viereck oder einem Rechteck gerahmt werden. Natürlich müssen wir die Höhe des Modells im Verhältnis zur Breite berechnen. Häufig besitzt das Modell einen Hauptkörper und mehrere zusätzliche Formen, die außerhalb des Hauptkörpers liegen (Abb. 459 A). In solch einem Fall muß der Rahmen den Hauptkörper einschließen; die Nebenformen bleiben außer acht (Abb. 459 B).

Der engere Rahmen und die „Gegenform"

Als nächsten Schritt gehen wir vom flachen geometrischen Rahmen, dem Viereck oder Dreieck, zu einem engeren Rahmen über (Abb. 460 C), in dem wir die Struktur dichter an die Form des Modells heranführen. Das sollte in vergröberter Form und unter Mißachtung kleiner Einzelheiten erfolgen. Kurz gesagt: Die Zeichnung wird aus gebogenen und gebrochenen Linien bestehen.
Nun kommt der Augenblick der Analyse der „leeren Flächen" (Abb. 460 E). Wir sollten versuchen, sie als klare Formen zu erkennen und als eine Art Vertiefung zu betrachten. Das trägt dazu bei, die Formen genauer anzupassen.

Einrahmung anhand von Schatten

Die Begrenzungen der Schatten sind ebenfalls gute Anhaltspunkte für Umzeichnungslinien. Das gilt besonders für ein Modell mit scharfen Kontrasten. Licht und Schatten können durchaus der Ausgangspunkt für eine Zeichnung sein. Nicht beginnen sollte man jedoch abwechselnd mit Linien und Schatten. Man betrachtet vielmehr das Modell sehr genau und legt die beleuchteten und unbeleuchteten Flächen großzügig an. Kleinere Einzelheiten bleiben zunächst noch unberücksichtigt. Die Anzahl der Töne wird reduziert; man zeichnet mit hellen Grautönen, damit man später die endgültigen Schatten intensivieren und vervollständigen kann.
Ich möchte an dieser Stelle vor allem dem Hobbyzeichner, der noch nicht über ausreichende Erfahrung in der künstlerischen Zeichnung verfügt, einen Rat geben: Benutzen Sie beim Zeichnen zunächst einen Bleistift niedriger Gradation, wie den HB, und greifen Sie erst anschließend nach weicheren Stiften, falls Sie eine Bleistiftzeichnung anfertigen wollen. Achten Sie vor allem darauf, daß Sie sehr leichte Striche ziehen, damit Sie sie, falls nötig, mit einem Radiergummi wieder entfernen können. Benutzen Sie unbedingt gutes Zeichenpapier, auf dem sich mühelos radieren läßt.
Zahlreiche Künstler arbeiten nach diesem Verfahren. Sie müssen schon ein sehr guter Zeichner sein und über große Erfahrung verfügen, um auf Anhieb mit einem weichen Bleistift korrekt zeichnen und ohne Zuhilfenahme des Radiergummis sozusagen „alla prima" – wie der Fachmann sagen würde – Licht und Schatten richtig bewerten und verstärken zu können. Beim Einrahmen arbeiten Sie zunächst mit leichten, aber sicheren Strichen. Das bedeutet schnelles und doch sehr sorgfältiges Zeichnen. Man muß ständig die Maße und Proportionen im Auge behalten, laufend die Abstände vergleichen, Anhaltspunkte suchen und sich Hilfslinien, Umrisse, Formen etc. vorstellen.

Abb. 459: Bei der Eingangsrahmung sehen wir uns manchmal einem Modell gegenüber, dessen Gesamtstruktur (A) auf einen Hauptblock reduziert werden muß. Die Nebensächlichkeiten bleiben dabei draußen (B).

Abb. 460: VISUELLES VERFAHREN ZUR EINRAHMUNG MIT EINEM FLACHEN ODER GEOMETRISCHEN RAHMEN. Unser Modell (A) besteht aus einem Hundekopf (B). Wir beginnen unsere Skizze mit einem geometrischen Rahmen, einem Rechteck, das die Gesamthöhe und die Gesamtbreite des Modells umfaßt. C. In dieses zeichnen wir ein Schema der Umrisse des Modells mit folgenden Anhaltspunkten: die Hundenase, die sich in Höhe des ersten Drittels des Rahmens befindet (a); die rechte Ohrenspitze und die Zungenspitze (imaginäre Senkrechte b); den Punkt c in der Hälfte des ersten Drittels mit einer weiteren imaginären Linie, die den Winkel des Ohres mit der Oberkante der Stirn (d) bildet. D. Eine gedachte schräge Linie von a nach d ergibt die Oberkante der Schnauze. Durch eine waagerechte Linie unterhalb der Schnauze entsteht die Form e, und wir können den Umriß der oberen Lefze zeichnen. Ich ziehe die Linien f und g für das linke Ohr und die Oberkante des Kopfes und beende dieses Stadium mit dem anderen Ohr und dem schwarzen Fleck auf der Hundeschnauze. E. Jetzt überprüfe ich die leere Fläche h und betrachte sie als Gegenstück der Umrisse. Manchmal analysiere ich auch die Winkel, z. B. bei i und j. F. Anlage der Linien, die die grauen und dunklen Flecken begrenzen. G. Allgemeine Überprüfung der Maße und Proportionen, evtl. Korrektur mit dem Radiergummi, Ausführung der Grisailles und Abstufungen bei gleichzeitigem Abschluß des Aufbaus. H., I. Studium der Tonwerte, der Kontraste und Abschlußarbeiten.

60

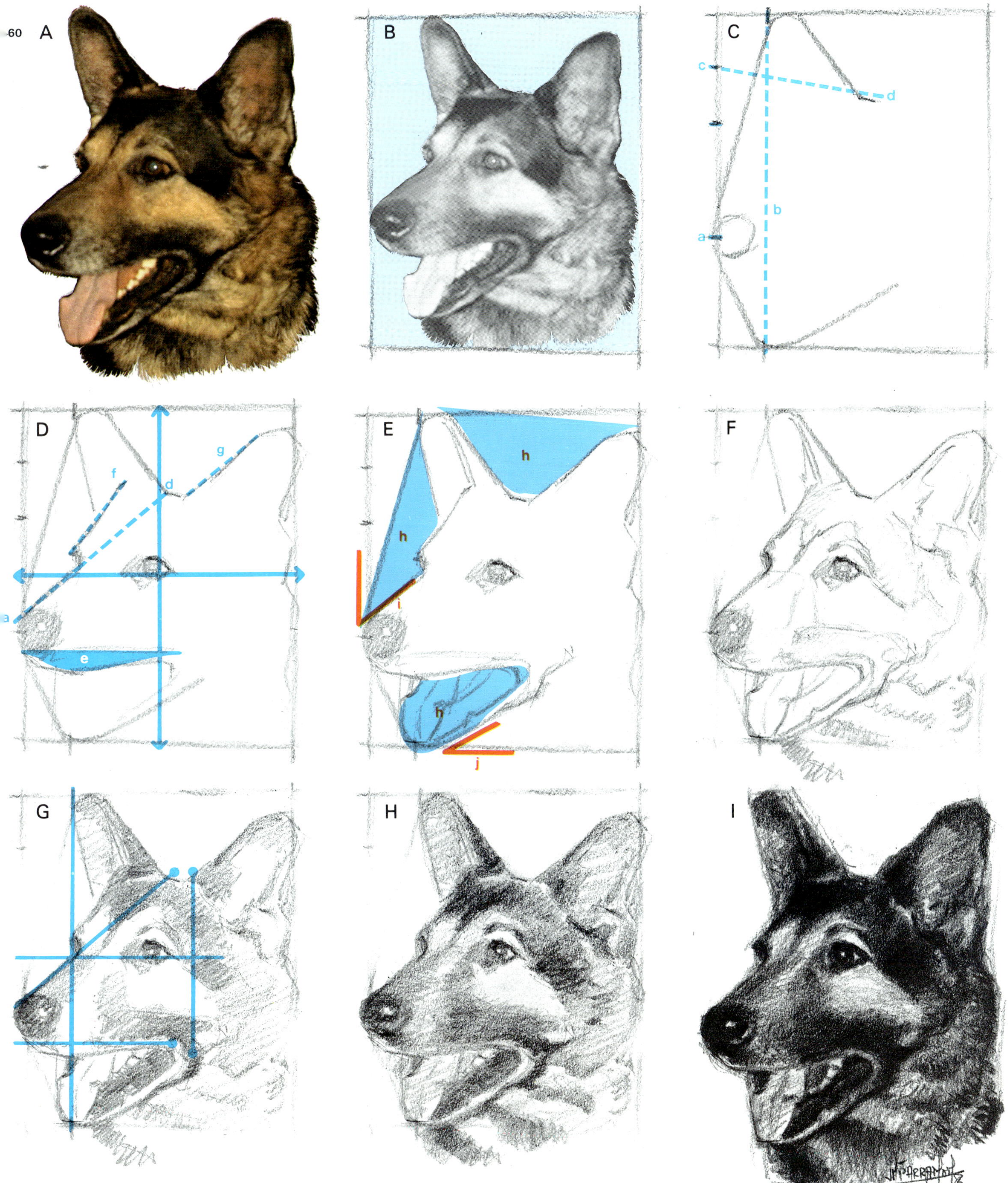

Licht und Schatten

Der Historiker Heinrich Wölfflin kam nach dem Vergleich zahlreicher Gemälde und Zeichnungen zu der Feststellung, daß sich die künstlerische Zeichnung seit dem Barock im 17. Jahrhundert verändert hatte. Sie stützte sich nicht mehr auf Linien und Umrisse, sondern entwickelte sich zu einer bildhaften Kunst, bei der man ganze Farbflekken statt Linien entdeckte. Dies ist die eigentliche Grundlage des malerischen Zeichnens. Drei Faktoren ermöglichen es dem Künstler, seine Gedanken durch das Licht auszudrücken und darzustellen:

die Lichtrichtung,
die Lichtmenge,
die Lichtqualität.

Beim Zeichnen und Malen stehen uns fünf Lichtrichtungen zur Verfügung. Diese sind:

1. *Frontales Licht:* Es beleuchtet das Modell von vorn und wirft praktisch keine Schatten. Die Körper werden nicht anhand ihrer Volumen, sondern an ihrer Eigenfarbe erkannt. Diese Beleuchtung ist zum Zeichnen nicht sehr geeignet (Abb. 461).

2. *Schräg einfallendes Licht:* Das Licht fällt mit einem Winkel von 45 Grad auf das Modell. Diese Richtung ist für alle Modelle geeignet (Abb. 462).

3. *Seitliches Licht:* Das Licht fällt von einer Seite ein und läßt die andere im Schatten. Normalerweise wird seitliches Licht für Körperstudien und manchmal auch für Porträts benutzt (Abb. 463).

4. *Gegenlicht oder halbes Gegenlicht:* Das Licht kommt von hinten und taucht die Flächen, die der Künstler sieht, in den Schatten. Diese Beleuchtung wird von der modernen figurativen Malerei verwendet (Abb. 464).

5. *Zenitales Licht:* Dieses Licht fällt durch eine Öffnung oben in der Wand. Richtung und Qualität eignen sich vorzüglich zum Zeichnen und Malen (Abb. 465).

Abb. 461 bis 465: Die Lichtrichtung. Oben: Frontallicht. Von links nach rechts: seitliches Licht, schräges Licht, Gegenlicht, Zenitallicht. Dies sind die am meisten verwendeten Beleuchtungsarten.

461

462

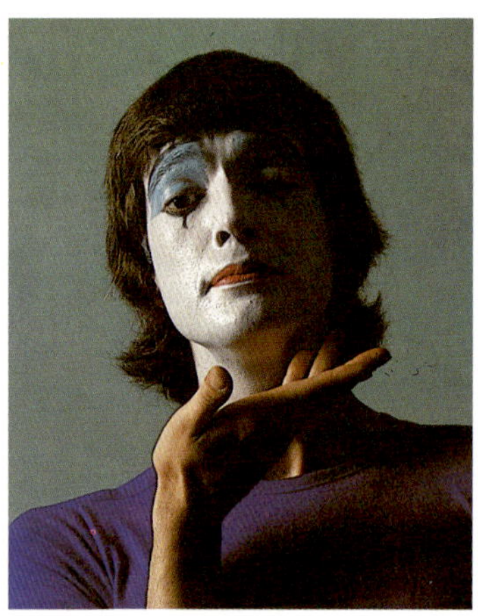

463

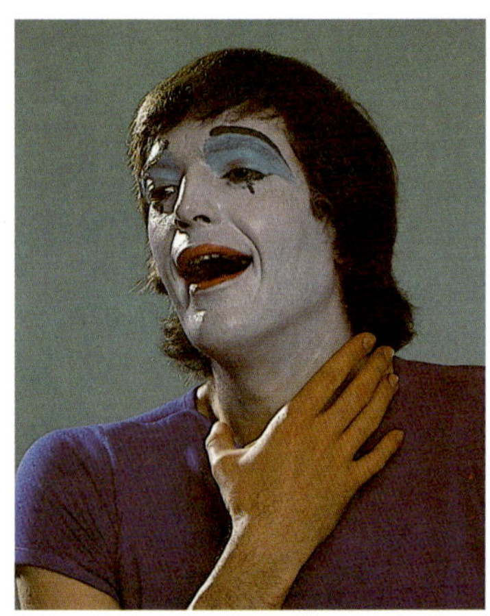

464

465

466

467

Abb. 466, 467: Die Lichtqualität beeinflußt die Tonwerte und die Kontraste der beleuchteten Zonen und der Schatten. Links ein Modell unmittelbar unter einer elektrischen Lampe; rechts: dasselbe Modell bei diffuser Beleuchtung weist weniger Kontraste auf, und das Spiel von Licht und Schatten ist nicht so ausgeprägt.

Abgesehen von diesen Beleuchtungsarten haben wir die Möglichkeit, Licht von unten heraufsteigen zu lassen. Diese Beleuchtung wird für ganz bestimmte Situationen verwendet (Goya „Der dritte Mai").
Der zweite Faktor, *die Lichtmenge*, beeinflußt in erheblichem Maße die Kontraste. Ein schwach oder schlecht beleuchtetes Modell wirft sehr dunkle, beinahe schwarze Schatten; andererseits verringert ein sehr kräftiges, vor allem diffuses Licht die Intensität der Schatten und Kontraste.
Die Qualität des Lichtes wird von der Lichtmenge bestimmt. Im Hinblick auf die Qualität unterscheiden wir zwei Lichtarten:

A) *Direktes Licht:* Dieses Licht stammt aus der Glühbirne oder von der Sonne, die das Modell beleuchtet (Abb. 466).

B) *Diffuses Licht:* Dieses Licht finden wir bei bedecktem Himmel oder wenn die Sonne von einer Wolke verdeckt wird. Es kann ebenfalls durch eine Tür oder ein Fenster auf das Modell fallen. Auch das oben erwähnte Zenitallicht gehört dazu (Abb. 467).
Sprechen wir zum Abschluß über die Faktoren, die die Wirkung von Licht und Schatten bestimmen:
A) Licht: Beleuchtete Stellen, an denen sich die Eigenfarbe des Modells zeigt.
B) Reflex: Eine Wirkung, die mit Hilfe von Konstrasten erreicht wird. Denken Sie immer daran, daß „ein Weiß um so heller wirkt, je dunkler der umgebende Ton ist".
C) Eigenschatten: Dieser zeigt sich am Modell, wo es keinerlei direktes Licht empfängt. Wir unterscheiden dort das Helldunkel und das reflektierte Licht.
D) Reflektiertes Licht: Hierunter versteht man Licht, das auf die schattigen Stellen des Modells fällt. Es taucht immer dann auf, wenn ein Gegenstand von kräftiger Farbe sich auf der der Lichtquelle gegenüberliegenden Seite befindet.
E) Der „Buckel": Dies ist die dunkelste Stelle des Schattens.
F) Helldunkel: Dies ist der Teil zwischen der beleuchteten Stelle und den schattigen Flächen. Man nennt ihn auch clair-obscur oder „Licht im Schatten".
G) Wurfschatten: Diesen Schatten wirft auf das Modell auf die Fläche, auf der es steht.

468

Abb. 468: Beispiel für die Wirkung von Licht und Schatten in einer Bleistiftzeichnung nach einer Kopie des „Sklaven" von Michelangelo.

Die Tonwertbestimmung

Wertbestimmung bedeutet, daß man die verschiedenen Töne, die am Modell zu erkennen sind, analysiert und ermittelt. Werte sind in diesem Zusammenhang ein anderer Ausdruck für Töne. Dank der Tonwerte können wir das Volumen der Körper, die dritte Dimension und die Tiefe darstellen. *Bewerten heißt vergleichen.* Die Bewertung bedeutet eine gedankliche Klassifizierung der Töne und Schatten. Dieses Verfahren muß man wieder und wieder anwenden, um festzustellen, welche Töne heller und welche dunkler sind und welche dazwischen liegen. Sehr viel mehr ist zu diesem Thema nicht zu sagen. Es gibt jedoch ein paar Regeln, die diesen Vergleich vereinfachen.

1. Beobachten und zeichnen Sie das Licht: Im wirklichen Leben werden die Formen der Körper nicht durch Linien begrenzt. Die Form wird durch Farbflecken angegeben, durch eine Ansammlung von Flächen, die vom Licht moduliert werden.
Ideal wäre es, wenn wir unsere Zeichnungen direkt mit Grisailles und Abstufungen beginnen könnten, ohne irgendwelche Bezugslinien zu Hilfe zu nehmen. Dann würden wir genau das wiedergeben, was wir vor uns haben: Licht (und Schatten, denn Schatten ist eine Auswirkung des Lichtes – wenn auch in geringerer Menge – Abb. 469). Beachten Sie die beleuchteten Umrisse von der Taille bis zu den Knien. Die Darstellung geschieht durch leichte Grautöne im Hintergrund, von denen sich das Profil so abhebt, daß zwar keine Linien, aber doch eindeutige Begrenzungen entstehen.

2. *Fortschreitende Bewertung:* Gehen wir nun zur nächsten Phase, der Einrahmung (eingeschlossen die Einrahmung durch Schatten). Wir müssen die Form des Modells verbessern und sie mit Hilfe des Lichtes bewerten. Beide Faktoren sollten gleichzeitig in Aktion treten. Der einzig korrekte Weg besteht darin, fortschreitend aufzubauen und zu bewerten und alles gleichzeitig zu beenden:

Wie ein Bild auftaucht und
nach und nach immer klarer wird.

Sie müssen also Ihr Modell Schritt für Schritt studieren und bewerten. Beginnen Sie mit einer hellen Grauskala (Abb. 470), gehen Sie anschließend zu intensiveren Tönen über, und erweitern Sie Ihre Skala (Abb. 471), bis Sie nach und nach dunkle Grautö-

469

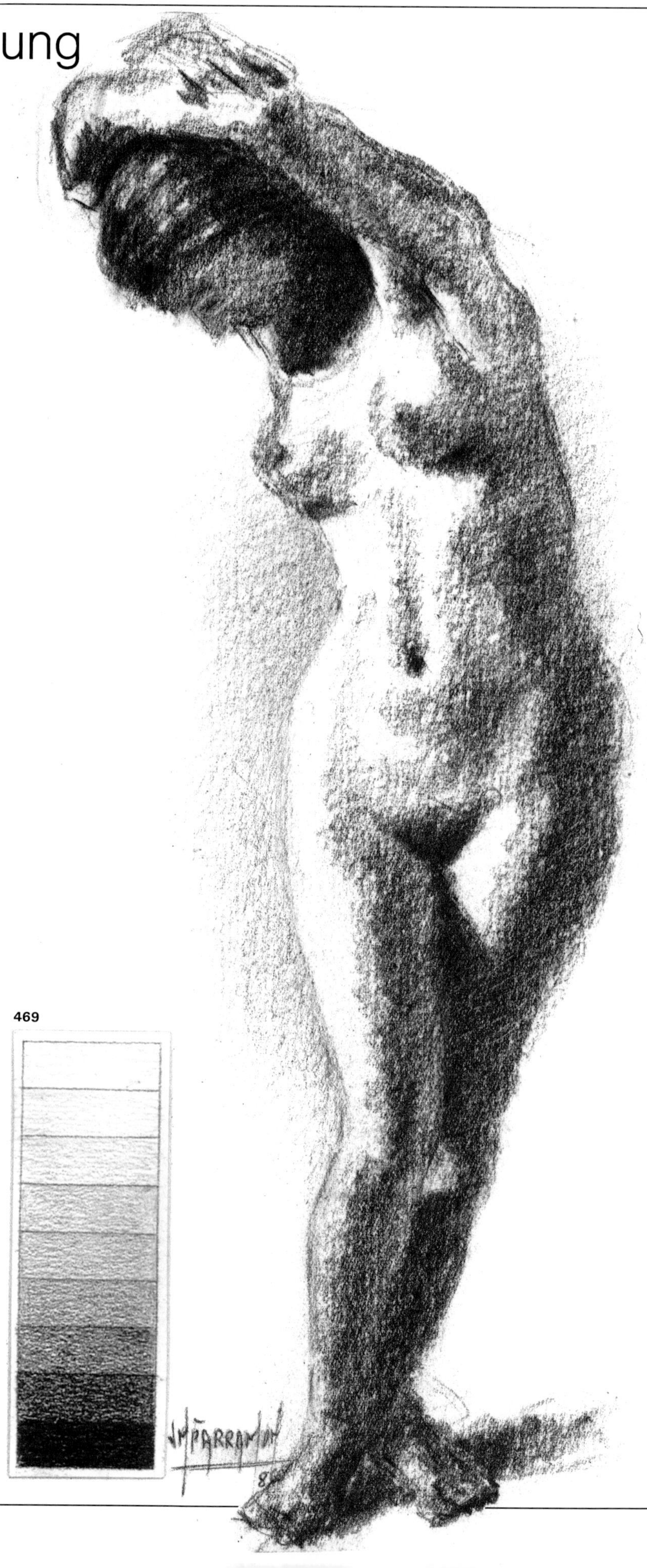

470

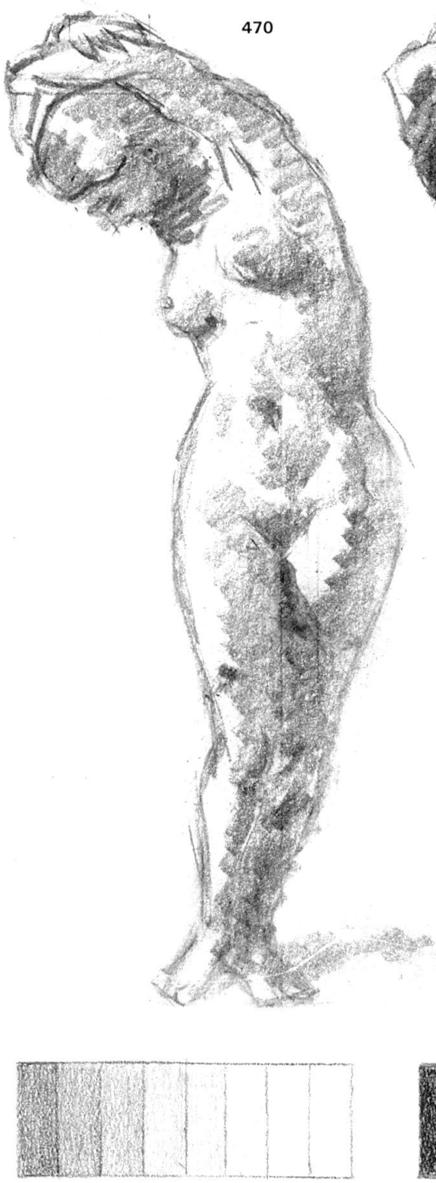

471

472

Abb. 469 (gegenüberliegende Seite): Mit einer breiten Skala von intensivem Schwarz bis Hellgrau oder schmutzigem Weiß können wir das Volumen eines Körpers so darstellen, wie wir es im täglichen Leben sehen – also nicht linear, sondern aus Flächen zusammengesetzt, die vom Licht modelliert werden.

Abb. 470, 471, 472: Hier die schrittweise Darstellung der Tonwertbestimmung. Die Bleistiftzeichnung wurde nach und nach hergestellt, aber das ganze Modell gleichzeitig behandelt. Das Bild war also von Anfang an vorhanden und wurde dann immer präziser.

ne und Schwarz innerhalb einer so breiten Tonwertskala wie möglich erhalten (Abb. 472).

3. *Der alte Trick mit den halbgeschlossenen Augen.* Schließen Sie die Augen zur Hälfte, sehen Sie Ihr Modell leicht verschwommen.

Schaut man mit halbgeschlossenen Augen, schließt man die Einzelheiten aus und erkennt die Kontraste besser.

Man sieht beinahe nur noch die Töne. Da unser Blick gleichzeitig unschärfer wird, werden die Gegenstände etwas dunkler und weisen bessere Kontraste auf. Das alles macht den Vergleich und die Bestimmung der Werte viel leichter. Und diese Werte bedeuten Töne und Volumen – mit einem Wort: Tiefe.

Die Strichrichtung

Im Kapitel über Licht und Schatten seines Buches „Traktat über die Malerei" schreibt Leonardo da Vinci: „. . . und vergleiche die Richtung der Striche, berücksichtige, welche dieser Striche in die eine und welche in die andere laufen und wann sie kräftiger und stärker ausfallen . . ."
Der Bleistiftstrich der Zeichnung oder der Pinselstrich der Malerei kann senkrecht, waagerecht, diagonal oder kreisförmig und wellenartig sowie umschließend verlaufen. Mit sehr wenigen Ausnahmen benutzen die meisten alten Meister und zahlreiche zeitgenössische Künstler die „logische Richtung" ihrer Striche. Das heißt, sie folgen der Form, dem Aufbau und der Struktur ihres Modells. So umschließen sie zum Beispiel einen Kopf, einen Arm, einen Körper oder ein Bein. Der Himmel wird mit waagerechten Strichen angelegt, Wolken erhalten runde Striche, das Meer wird waagerecht, die Wellen wellig, das Gras der Prärie senkrecht etc. dargestellt. Das ist völlig logisch. Muß das Haar eines Menschen nicht wellenförmig erscheinen? Und ist es nicht sinnvoll, diagonale und umschließende Striche für die zylindrischen Formen eines menschlichen Körpers zu verwenden?
Es gibt allerdings bemerkenswerte Ausnahmen. Für seine zahlreichen Pastellzeichnungen, insbesondere die weiblichen Akte, hat Edgar Degas für den Hintergrund, die Gestalt und die kleinen Einzelheiten ausschließlich senkrechte Striche verwendet. Die Strichrichtung benutzt man manchmal auch für Landschaften.
Es gibt jedoch eine allgemeine Regel, die sich folgendermaßen zusammenfassen läßt:

Wann immer möglich, muß die Strichrichtung die Form umschließen, ihr folgen und sie ausdrücken.

Bleibt noch zu sagen: diagonale Striche werden äußerst häufig und vor allem für rasche Skizzen verwendet. Das ist völlig logisch.

Abb. 473: Hier zwei Modelle, bei denen die Strichrichtung durch die Form oder die Struktur vorgegeben ist. Bei einem Gesicht, einem Arm oder einem Bein kann die Strichrichtung schräg von oben nach unten und von rechts nach links verlaufen (das ist die geläufigste). Sie folgt aber, vor allem an den Armen und Beinen, auch der zylindrischen Form. Beim Haar wird die Strichrichtung ausschließlich durch die Frisur bestimmt.

473

474

Abb. 474: Die Regel, immer der Form zu folgen, läßt jedoch Ausnahmen zu. Manchmal benutzt man nur senkrechte Striche, wie zum Beispiel bei dieser Landschaft.

Der Kontrast

Vergleichen wir zwei oder mehrere Töne in einer Zeichnung, sehen wir uns einem neuen Phänomen gegenüber: dem Kontrast. Er kann weich sein, wenn er sich auf Töne gleicher Intensität gründet, ganz gleich, ob sie leuchtend oder dunkel sind. Er kann normal sein mit einer breiten Tonskala von Tiefschwarz über Dunkelgrau, Mittelgrau usw. bis Reinweiß. Schließlich kann er auch hart und beinahe ohne irgendwelche Zwischentöne ausfallen und aus eher hellen als dunklen Tönen bestehen [1].

Kontraste sind zusammen mit den richtigen Tonwerten und der Richtung des Lichtes ein ausgezeichnetes Mittel des künstlerischen Ausdrucks. In seinem Werk „Das System der Kunst" schreibt der Philosoph G. F. Hegel: „Der Charakter der Gegenstände hängt weitgehend von der Art und Weise ab, wie sie beleuchtet werden."

Um einige praktische Beispiele zu nennen: Das Alter, die zarte Haut und der Charakter eines Kindergesichtes kommen mit weichen Kontrasten viel besser zum Ausdruck. Einer der Ratschläge von Ingres an seine Schüler lautet: „Frauenporträts dürfen nicht sehr dunkel sein, sondern sollten so hell wie möglich ausfallen." Der Tonwertkontrast enthält außerdem einige wesentliche physiologische Phänomene. Eines davon ist der *Simultankontrast*, der folgendes besagt:

1. **Weiß wirkt um so weißer, je dunkler der umgebende Ton ist.**
2. **Ein Grau erscheint um so intensiver, je heller der umgebende Ton ist.**

Sie können diese optische Wirkung sofort nachprüfen. Legen Sie ein weißes und ein schwarzes Blatt Papier (normales Schreibpapier) vor sich auf den Tisch. Geben Sie nun ein etwa vier Quadratzentimeter großes weißes Blatt in die Mitte des schwarzen Blattes. Sie werden feststellen, daß das kleine weiße Quadrat aufgrund des Simultankontrastes heller wirkt als das weiße Blatt Papier. Zeichnen Sie eine Gestalt oder eine graue Form auf weißem Hintergrund, wirkt diese heller als zuvor.

Vom praktischen Standpunkt erinnert uns das Gesetz der Simultankontraste daran, daß man die Umgebung abschatten muß, will man den Glanz von Glas oder das Funkeln eines metallischen Gegenstandes, das Vibrieren des Lichtes oder, allgemein gesprochen, eine glänzende Fläche darstellen. Daneben sagt es uns, daß der hellere zweier nebeneinanderliegender Töne noch aufgehellt wird, wenn man den zweiten abschattet; dadurch verstärkt sich der Kontrast zwischen den beiden.

Kein Künstler ist in der Lage, ein Glitzern, einen Reflex oder einen Glanz wiederzugeben, ohne das reine Weiß des Papiers diesen Stellen vorzubehalten und die weißen Flächen und Formen des Modells ganz leicht hellgrau abzuschatten. Vergessen Sie nie folgenden Grundsatz:

Kein Gegenstand ist absolut weiß.

Der Dichter, Philosoph, Maler und Stückeschreiber Leon Baptista Alberti schrieb 1436: „Denken Sie daran, daß Sie eine Fläche niemals so weiß anlegen, daß es nicht weißer geht. Der Maler besitzt kein weißeres Weiß, um das Blitzen eines Schwertes wiederzugeben. Halten Sie also beim Malen eines schneeweißen Kleides inne, bevor Sie den weißesten Ton erreicht haben."

Abb. 475 A und B: Das Gesetz des Simultankontrastes besagt: ein Weiß erscheint um so weißer, je dunkler der umgebende Ton ist. Und ein Grau ist um so tiefer, je heller der umgebende Ton ist. Dieser Grundsatz wird auf den beiden Abbildungen der Venus deutlich: Die Figur A wirkt auf weißem Grund entschieden grauer als die Figur B auf schwarzem Grund, die wegen des Gesetzes des Simultankontrastes ein optisch helleres Grau zu besitzen scheint.

475 A

B

[1] Da dieses Buch die künstlerische Zeichnung zum Thema hat, erwähnen wir an dieser Stelle nicht die Farbkontraste. Diese sind bereits auf Seite 88 im Kapitel über die Farbentheorie kurz behandelt worden.

Kontraste und Atmosphäre

Stellen Sie sich vor, Sie wollten ein Stilleben zeichnen. Sie wählen Ihr Modell, legen die Komposition fest, untersuchen die Beleuchtung. Geben Sie acht! Dieser Augenblick ist besonders wichtig. Sie können jetzt einen schärferen oder einen weicheren Kontrast, je nach der Richtung, der Menge und der Qualität des Lichtes schaffen. Sie können den Hintergrund beleuchten oder im Dunkeln belassen. Sie können Leonardos Rat berücksichtigen, der sagte: „Der Hintergrund sollte im Dunkeln bleiben, wenn das Modell beleuchtet ist, und aufgehellt werden, wenn sich das Modell im Schatten befindet."
Velasquez, El Greco, Delacroix, Cézanne – alle großen Meister schufen derartige Kontraste, um die Formen zu betonen.

Und nun zur Atmosphäre

Tonwerte, Kontraste und die Atmosphäre, also die Luft, die Weite, die dritte Dimension und damit die Tiefe, sind die wichtigsten Faktoren einer Zeichnung.
Zwischen dem Platz, an dem Sie sitzen und lesen, und der nächstgelegenen Wand befindet sich ein Raum, und in diesem Raum gibt es eine Atmosphäre. Diese Atmosphäre gilt es, in Ihrer Zeichnung darzustellen. Als typisches Beispiel von Atmosphäre betrachten Sie bitte die nebenstehende Zeichnung, die am frühen Morgen auf dem Fischerkai von Barcelona angefertigt wurde (Abb. 478). Der Himmel war etwas bewölkt. Bei diesem Wetter herrscht immer ein leichter Dunst, der sich wie ein Schleier zwischen die Formen und uns legt und den Abstand zwischen den einzelnen Körpern verdeutlicht. Im Vordergrund zeichnet sich ein altes Schiff und ein weiteres, das halb versunken ist, klar in lebhaften Tönen mit hellen und dunklen Kontrasten ab. Das klare Wasser bewegt sich mit glasigen Reflexen und metallischen Kontrasten. Weiter entfernt liegt eine Gruppe von drei oder vier Schiffen, deren Formen nicht so gut erkennbar sind, als betrachtete man sie durch Milchglas. Im Hintergrund sehen wir schließlich Dunst, Atmosphäre und einige Farbflecken, deren Silhouetten an ein Schiff, an Gebäude oder Schornsteine erinnern.
Mit Hilfe dieses Beispiels kann ich die Faktoren zusammenfassen, die ein Gefühl von Atmosphäre vermitteln:

1. Klare Kontraste im Vordergrund im Vergleich zu den weiteren Ebenen.
2. Schwächere Farben und ein Graustich bei zunehmender Entfernung.
3. Bewußte Klarheit im Vordergrund im Vergleich zu den entfernteren Ebenen.

Abb. 476: Nach Leonardo da Vinci muß der Hintergrund einer Gestalt auf der beleuchteten Seite dunkel und auf der unbeleuchteten Seite hell sein. Diese Regel wird in der Skizze von Gustave Courbet deutlich.

Abb. 477: Van Gogh, *Baumstudie,* Zeichenkohle auf farbigem Papier mit weißer Kreide, Museum Kroeller-Müller. Die Arabesque aus Stämmen und Zweigen, die mit Grau und intensivem Schwarz auf hellem, beinahe weißem Grund ausgeführt wurde, erzeugt einen starken Kontrast. Dieser bildet das Thema der Zeichnung.

Abb. 478: *Szene in einem Hafen.* Ein Beispiel für Kontraste im Vordergrund und Tonwertwirkungen in entfernteren Ebenen.

Abb. 479, 480: Gewisse Stellen dieses Gesichtes, wie das Auge, sind im Vergleich zum Ohr und dem Umriß des Kopfes sehr präzise gezeichnet. So entsteht ein Gefühl von Atmosphäre oder Tiefe.

476

477

Ich möchte noch einmal den Philosophen G. F. Hegel und sein Werk „Das System der Künste" zitieren. Hegel verweist darin auf die Beziehungen zwischen der Atmosphäre und den Kontrasten und sagt: „Die Leute nehmen normalerweise an, daß der Vordergrund am hellsten und der Hintergrund am dunkelsten ist. In Wahrheit ist jedoch der Vordergrund gleichzeitig am hellsten und am dunkelsten. Das heißt, die Kontraste von Licht und Schatten im Vordergrund sind intensiver, und die Umrisse erscheinen gleichzeitig klarer. Je weiter sich die Gegenstände entfernen, desto stärker verblassen sie und werden graustichiger. Ihre Kontraste sind wegen des geringeren Gegensatzes von Licht und Schatten nicht mehr so ausgeprägt und nehmen mit zunehmender Entfernung ab." Doch was ist zu tun, wenn sich alle Gegenstände im Vordergrund befinden? Wie läßt sich die Atmosphäre in einem Stillleben, bei einem Porträt oder einer Menschengruppe vermitteln? Beginnen wir mit der Feststellung, daß alle Körper eine dritte Dimension besitzen und wir daher einen Raum zwischen ihnen darstellen müssen. Natürlich ist die Atmosphäre nicht so sichtbar wie in einer Landschaft. Trotzdem gibt es ein Hilfsmittel: Wir verwischen die Umrisse der entfernteren Gegenstände, selbst wenn der Abstand weniger als einen Meter beträgt. Es sei daran erinnert, daß man beim Betrachten eines weniger als zwei Meter entfernten Gegenstandes spontan einen Punkt fixiert und die übrigen Gegenstände davor und dahinter allesamt verwischt sieht. So weit, so gut. In einem Stilleben müssen daher alle Gegenstände im Vordergrund ziemlich präzise erscheinen und die im Hintergrund etwas unschärfer. Ich sage bewußt „ziemlich präzise", weil die Gegenstände nicht steif, nicht mathematisch und klar umrissen scheinen sollen. Die Gegenstände sind lebendig, denn sie besitzen Farbe und reflektieren das Licht. Und Licht vibriert.
All diese Gegebenheiten führen dazu, daß eine gute Zeichnung in gewisser Weise immer etwas ätherisch wirkt. Selbst beim Porträt unterstreichen wir beinahe instinktiv die Schärfe der Augen und vernachlässigen die Umrisse des Kopfes oder der Ohren, um ein Gefühl dafür zu schaffen, daß der Kopf nicht völlig flach ist. Mit anderen Worten: wir erzeugen Tiefe.

478

479

480

Der weibliche Akt

481

Abb. 481: Aktzeichnen an der Akademie der schönen Künste in Barcelona. Dreißig Schüler umsitzen ein Modell. Die Beleuchtung besteht aus Kunstlicht: Neonlicht für die Studenten und eine starke Birne im Gegenlicht für das Modell.

Ein Zeichenkursus in einer Akademie. Thema: Aktzeichnen nach einem Modell. Der Saal ist ziemlich groß. Mehr als dreißig Schüler sind versammelt; die meisten sind jung, zwei oder drei etwas älter. Zwei Personen stehen Modell: nahe an der Wand auf einem Podest ein nackter Mann mit Proportionen ähnlich den Gestalten von Velasquez in seiner „Schmiede des Vulkans". Auf der anderen Seite eine Frau mit üppigem Körper, jung wie die Badenden von Renoir. Es ist Tag. Doch die Fensterläden sind geschlossen, und man arbeitet bei Kunstlicht. Die Schüler haben Neonlicht, die Modelle werden von einer Wolframbirne beleuchtet. Die Aufmerksamkeit ist groß, das Interesse total. Man hört nur ein undeutliches Gemurmel und das Kratzen von Zeichenkohle auf dem Papier. Es handelt sich beinahe um eine religiöse Handlung: wirklich faszinierend!

In der ganzen Welt, in allen Städten, Schulen und Akademien steht Aktzeichnen nach einem Modell auf dem Programm. Professionelle Modelle, Männer und Frauen, begeben sich in das Künstleratelier, um dort zu posieren. Eine andere Möglichkeit besteht darin, daß sich mehrere Künstler aus wirtschaftlichen Gründen zusammentun. Auf jeden Fall kommt man an dem Studium und

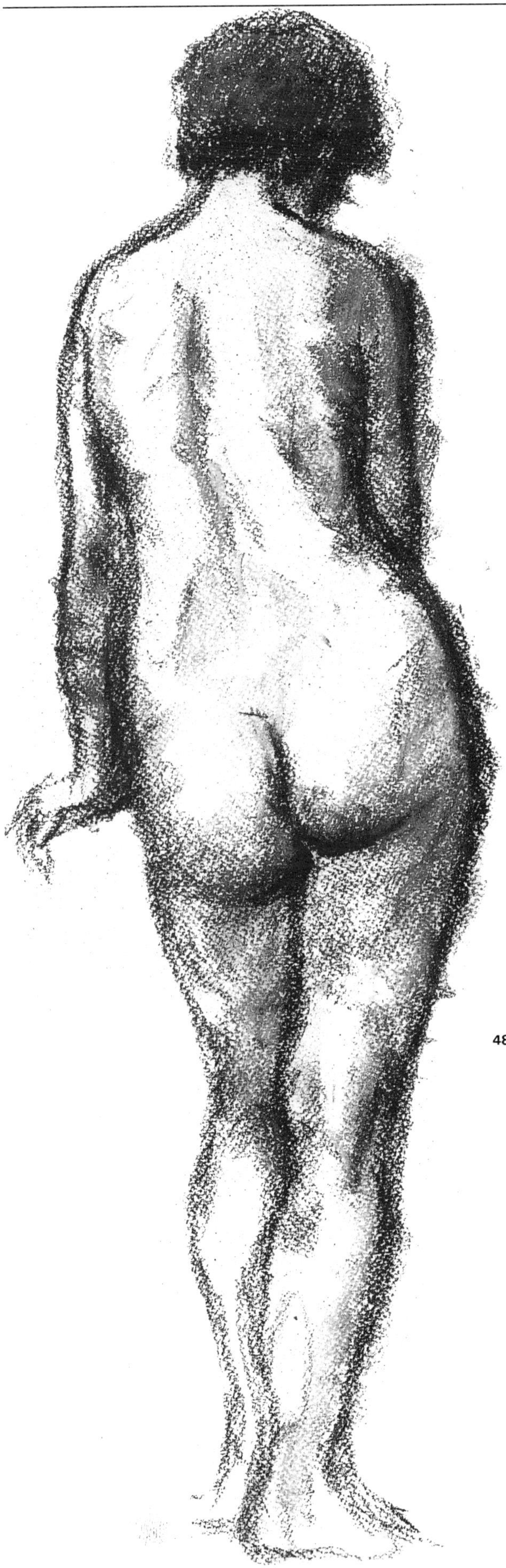

482

Abb. 482: Zwei Aktskizzen nach der Natur mit schwarzer und grauer Kreide von Badia Camps. Beachten Sie den Hüftknick des stehenden Modells und die Verschiebung des Beckens, des Oberkörpers und der Schulterblätter, die von der Linienführung der Wirbelsäule dargestellt wird.
Beachten Sie ferner, wie der Künstler mit wenigen Strichen bei der sitzenden Gestalt das Gesicht, das Haar und das Ohr wiedergibt.

der Praxis des Aktzeichnens nach einem Modell nicht vorbei. Kein anderes Modell gleicht dem Menschen an Schönheit sowie künstlerischem und didaktischem Wert ... Mitte des vorigen Jahrhunderts gab es in Paris einen Maler namens Troyon. Er liebte die Freiluftmalerei, und die jungen Impressionisten folgten seinem Rat. Der Impressionist Claude Monet schrieb am 19. März 1859 an Eugène Boudin: „Ich habe Troyon besucht, und wir haben über das Zeichnenlernen gesprochen. Er hat mir folgendes gesagt: ‚Um Zeichnen zu lernen, müssen Sie in ein Atelier gehen, in dem man die Gestalt ausschließlich nach der Natur zeichnet‘."

Der Kanon des menschlichen Körpers

Der Kanon des menschlichen Körpers nimmt die Kopfhöhe als ideales Grundmaß. Er ist eine hervorragende Methode, um den menschlichen Körper zu umzeichnen und ihm die korrekten Proportionen zu verleihen. Der Kanon wurde von dem antiken griechischen Bildhauer Polyklet im 5. Jahrhundert v. Chr. aufgestellt.
Zahlreiche Künstler der Renaissance, unter anderem Dürer und Leonardo da Vinci, untersuchten diesen Kanon. Manche hielten Polyklets Kanon für korrekt, andere stell-

483

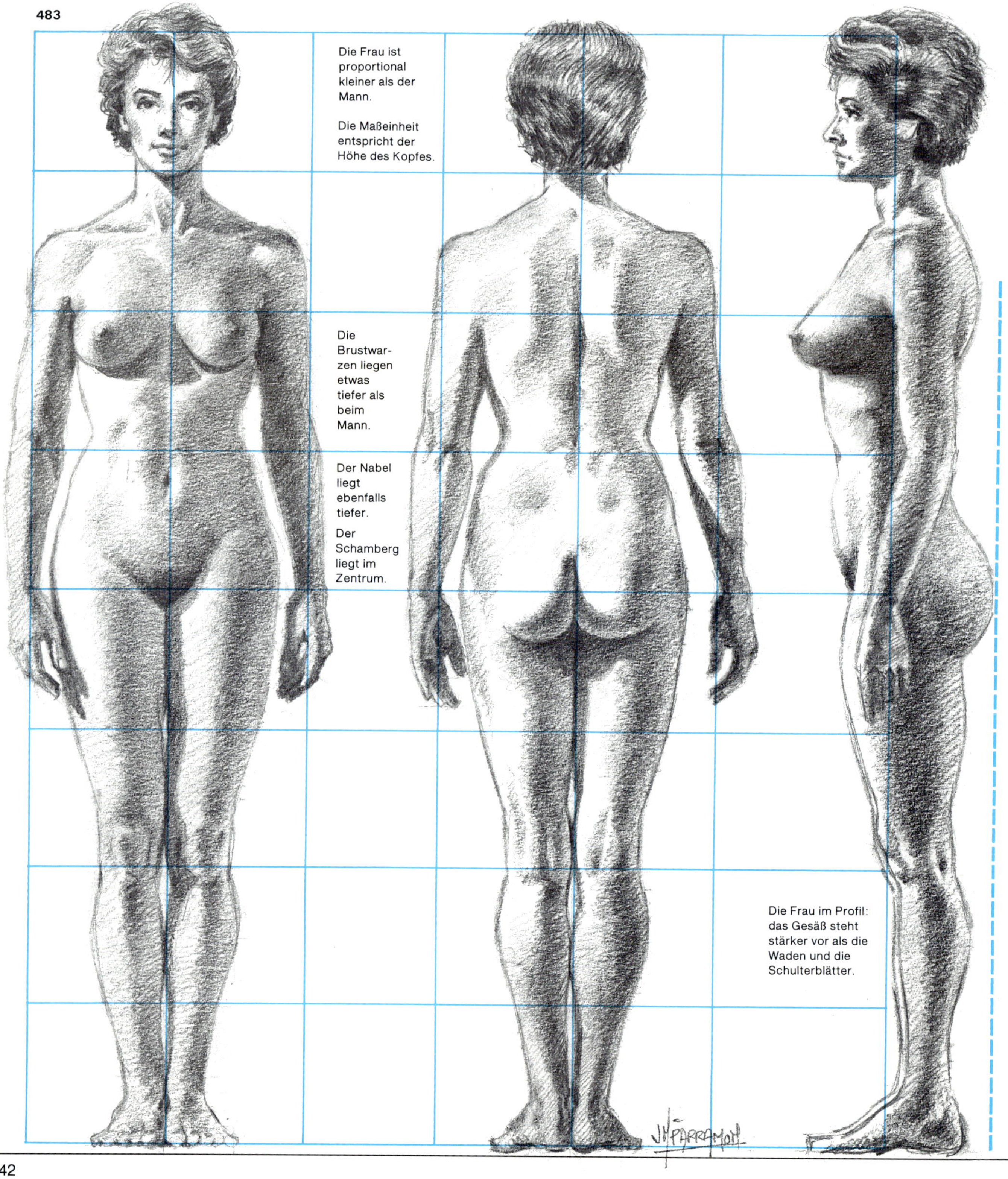

ten eine neue Formel mit acht oder achteinhalb Kopfhöhen auf. Leonardo war zum Beispiel der Ansicht, daß man zehn Kopfhöhen benötige. Zu Beginn dieses Jahrhunderts erklärte der Anthropologe Stratz:

Der Kanon des idealen menschlichen Körpers besteht aus acht Köpfen in der Höhe und zwei Köpfen in der Breite.

Diese Maße beziehen sich auf die ideale Größe. Die normale Größe eines Menschen beträgt siebeneinhalb Kopfhöhen. Sogenannte Heldengestalten wie Moses, Tarzan oder Superman messen dagegen achteinhalb Kopfhöhen.

Soweit mir bekannt, zeichnet kein Künstler systematisch nach dem Kanon. Aber alle Profis kennen ihn. Nämlich (Abb. 483):

1. Die Proportionen des von vorn gesehenen menschlichen Körpers entsprechen acht Köpfen in der Höhe und zwei Köpfen in der Breite.
2. Die Schultern befinden sich auf dem ersten Drittel der zweiten Maßeinheit.
3. Die Brustwarzen liegen genau auf der unteren Teilungslinie der zweiten Maßeinheit.
4. Der Abstand zwischen den Brustwarzen entspricht einer Maßeinheit.
5. Der Nabel liegt etwas unterhalb der Maßeinheit Nr. 3.
6. Die Ellbogen liegen in Taillenhöhe.
7. Der Schamberg befindet sich in der Mitte des Körpers und stimmt genau mit der Maßeinheit Nr. 4 überein.
8. Das Knie liegt unmittelbar oberhalb der Maßeinheit Nr. 6.
9. Betrachten Sie den Körper im Profil, stellen Sie fest, daß die Waden über die verlängerte Senkrechte von den Schulterblättern zum Gesäß hinausragen.

Untersuchen wir jetzt, wo der weibliche Körper in den Proportionen vom männlichen Körper abweicht (Abb. 484):

1. Der weibliche Körper ist kleiner als der männliche (etwa 10 cm).
2. Die Schultern sind proportional schmaler.
3. Die Brüste und die Brustwarzen liegen ein wenig tiefer.
4. Die Taille ist etwas schmaler.
5. Die Hüften sind proportional breiter.
6. Im Profil ragt das Gesäß über die Senkrechte von den Schulterblättern zu den Waden hinaus.

Denken Sie an diesen Kanon, wenn Sie eine Gestalt nach der Natur zeichnen.

484

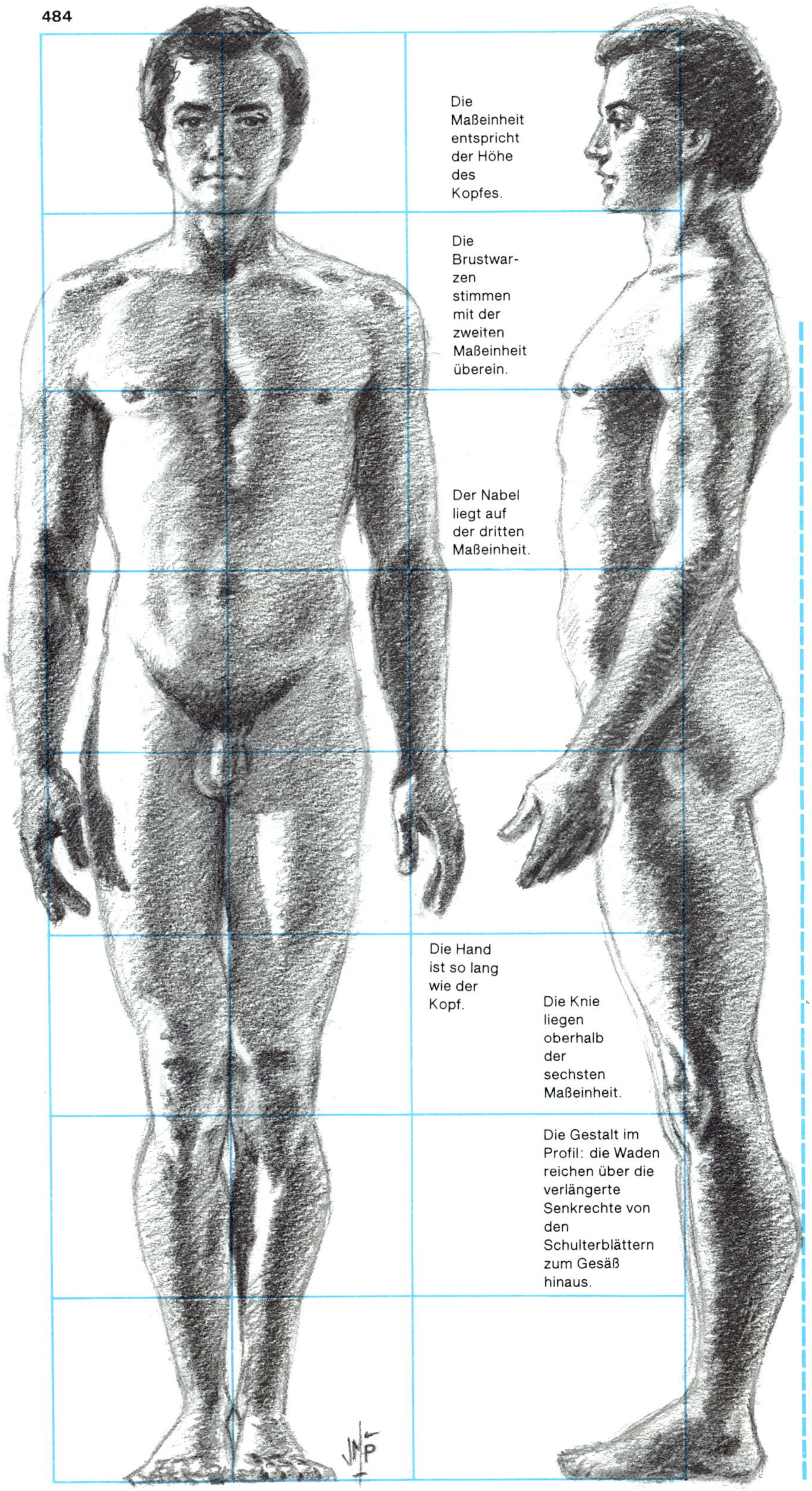

Anatomie: die Struktur des menschlichen Körpers

Polyklet und Praxiteles schufen herrliche Plastiken, ohne etwas über die Anatomie zu wissen. Sie betrachteten ihr Modell äußerst genau und interpretierten es nach der Natur. Michelangelo und alle Künstler der Renaissance haben jedoch nachgewiesen, daß eine vertiefte Kenntnis der künstlerischen Anatomie unbedingt erforderlich ist. Ingres sagte dazu: „Um die Oberfläche des menschlichen Körpers richtig darzustellen, müssen wir zunächst einmal sein Skelett kennen."
Die künstlerische Anatomie ist das Thema zahlreicher Lehrbücher und Abhandlungen. Deshalb will ich gar nicht erst versuchen, hier in einigen Absätzen und anhand weniger Illustrationen alle erforderlichen Punkte der Anatomie zusammenzufassen.
Wir wollen an dieser Stelle jedoch eine in der figürlichen Zeichnung sehr verbreitete Pose näher untersuchen, die besser verständlich wird, wenn man gute Kenntnisse in der künstlerischen Anatomie besitzt.

485

Abb. 485: *Anatomiestunde,* Kupferstich eines anonymen Künstlers, Zeichenkabinett, Louvre, Paris. Perspektive und Kenntnisse in der Anatomie setzten sich in der Renaissance als Grundlagen der künstlerischen Zeichnung durch. Um die Anatomie gründlich zu studieren, sezierten Leonardo da Vinci und Michelangelo sogar Leichen, was als Gotteslästerung galt und daher verboten war.

Abb. 486, 487: Gute anatomische Kenntnisse sind zum Zeichnen von Gestalten unerläßlich. Man kann sie anhand von Abbildungen des Skeletts, der Muskeln, der Sehnen, der Gelenke etc. erwerben.

486

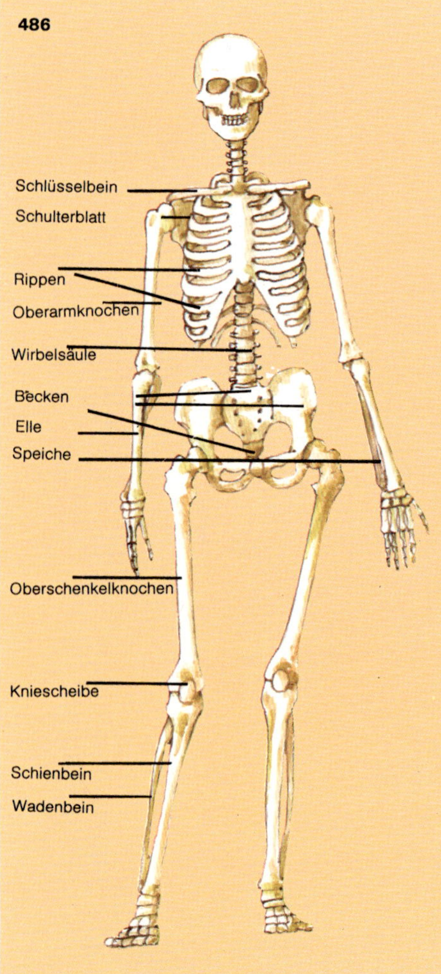

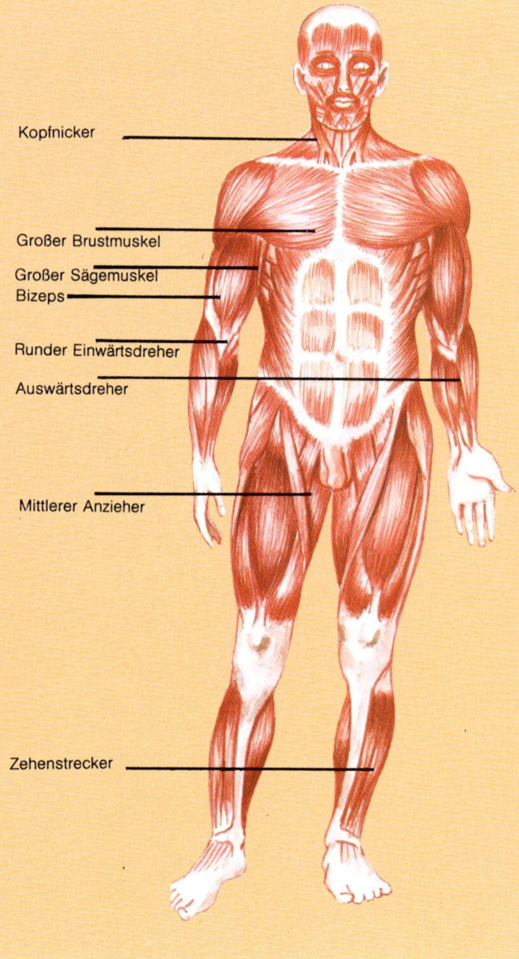

487

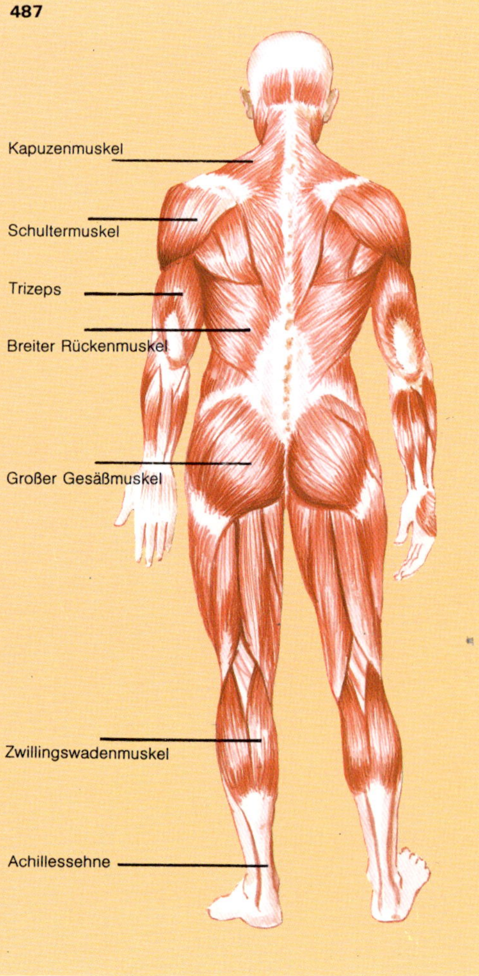

Der Hüftknick

Ruht das Körpergewicht des Modells auf einem Bein und ist das andere entlastet, nimmt die Gestalt eine Position ein, die die italienischen Maler der Renaissance als *contrapposto* bezeichneten. Wir nennen sie den Hüftknick oder die Sitzbeinstellung (nach den beiden Knochen am unteren Teil des Beckens, die bei der Bewegung hin und her schwanken). Diese Stellung beeinflußt auch die Haltung des Oberkörpers und der Schlüsselbeine, die sich entgegengesetzt neigen und dabei die Schultern senken und die Wirbelsäule biegen (Abb. 488).
Beachten Sie auf der linken Abbildung 489a) die hervorspringende Darmbeinkante des Beckens, b) die weiche Vertiefung aufgrund fehlender Knochen nahe der Oberfläche und c) einen weiteren Vorsprung durch den geraden vorderen Muskel des Oberschenkels.

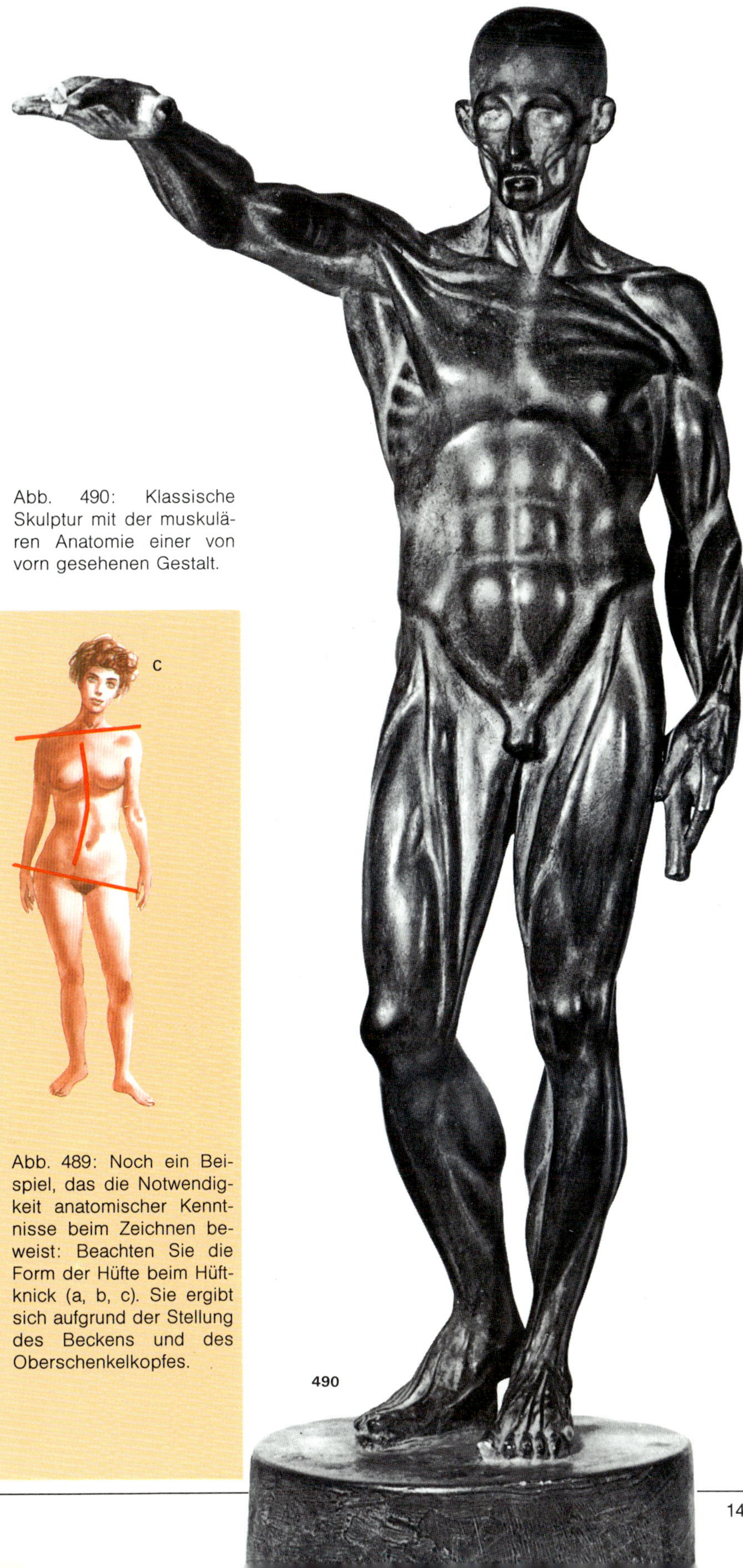

490

Abb. 490: Klassische Skulptur mit der muskulären Anatomie einer von vorn gesehenen Gestalt.

488

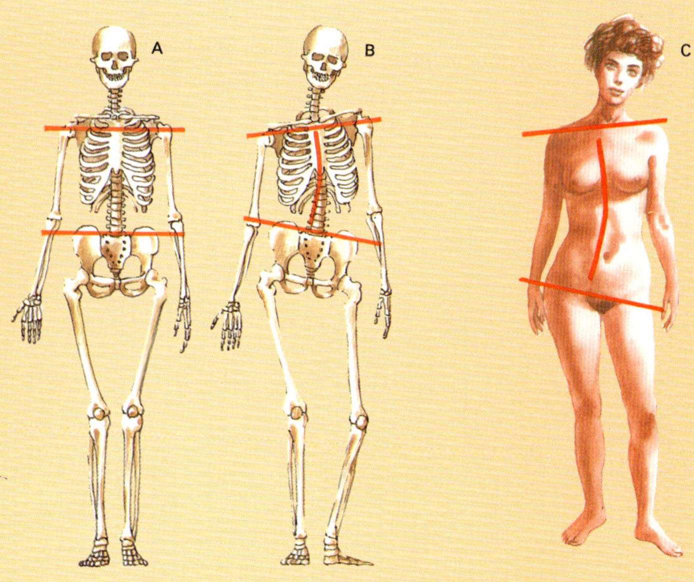

489

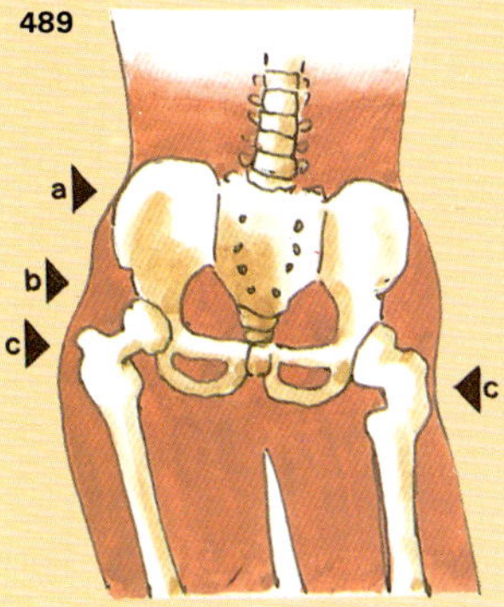

Abb. 488: Der Hüftknick ist eine geläufige Position des stehenden Modells. Das Körpergewicht ruht dabei auf einem Bein, während das andere entspannt und leicht gebeugt ist. Deshalb verschiebt sich das Becken auf eine Seite und der Oberkörper sowie das Schlüsselbein auf die andere. Die Wirbelsäule geht entsprechend mit.

Abb. 489: Noch ein Beispiel, das die Notwendigkeit anatomischer Kenntnisse beim Zeichnen beweist: Beachten Sie die Form der Hüfte beim Hüftknick (a, b, c). Sie ergibt sich aufgrund der Stellung des Beckens und des Oberschenkelkopfes.

Der Akt

491

Abb. 491, 492: Francesc Serra. Oben: *Akt* mit Rötel auf cremefarbenem Papier. Rechts: *Akt,* Kreide in Sepia und Gouache auf cremefarbenem Papier, Privatsammlung. Beide Zeichnungen wurden nach der Natur im Atelier des Künstlers angefertigt. Sie erkennen auf der obigen Abbildung die Strichrichtung und eine Zenitalbeleuchtung. Bei der Zeichnung auf der gegenüberliegenden Seite hat der Künstler die Perspektive des Hintergrunds berücksichtigt und eine Beleuchtung schräg von hinten gewählt. Beide Zeichnungen beweisen völlige Sicherheit des Aufbaus, die sich aus der genauen Berechnung der Maße und Proportionen sowie guten praktischen Kenntnissen der Beleuchtung, des Kanons des menschlichen Körpers und der Strichrichtung ergibt.

Die bekleidete Gestalt

Ich schlage Ihnen eine Übung vor: Zeichnen Sie zahlreiche Faltenwürfe aus unterschiedlichem Material und in wechselnden Drapierungen auf einem Tisch liegend, über einer Stuhllehne oder von einer Wand herunterhängend.

Zum einen hilft Ihnen diese Übung, zwei Hauptprobleme zu lösen: das Volumen und die Herausarbeitung des Modells. So alt diese Probleme auch sein mögen, sie sind – wie das Beispiel aller großen Meister beweist – höchst interessant. „Die Kleidung muß sich dem Körper anpassen und darf innen nie leer aussehen", sagte Leonardo da Vinci. Ferner untersuchen Sie bei dieser Übung das Erscheinungsbild oder die Struktur der Stoffe, und Sie lernen das Anlegen von Falten und Kräuseln, was Ihnen später bei der Darstellung bekleideter Gestalten zugutekommt.

Bei dieser Übung sollten Sie mit Kunstlicht arbeiten. Wählen Sie helle Stoffe von unterschiedlicher Struktur, zum Beispiel ein Stück Baumwolle, eine dicke Wolldecke und ein Kleid aus glänzendem Satin oder Seide. Zeichnen Sie auf einem großen Blatt Papier mit Zeichenkohle, schwarzer Kreide oder Rötel. Versuchen Sie, die Fläche sehr schnell zu füllen, schwärzen Sie sie und legen Sie die weißen Zonen mit einem Radiergummi an. Mit anderen Worten: malen Sie!

Zeichnen Sie rasche Skizzen nach der Natur. Streben Sie eine Synthese an, und versuchen Sie, mit wenigen Strichen die Fältchen eines Jackenärmels aus dünnem Stoff wiederzugeben.

Versuchen Sie – natürlich zeichnerisch – zu begreifen, wie sich der Stoff in bezug auf den menschlichen Körper und seine Bewegung verhält. Finden Sie den Punkt heraus, der die Spannung des Stoffes auslöst; überprüfen Sie die Faltenbildung, die diesem Punkt gegenüberliegt.

Sie können die Gestalt übrigens auch erst beim Zeichnen bekleiden. Das heißt: Sie skizzieren zunächst mit wenigen Strichen den nackten Körper und „bekleiden" ihn anschließend.

Abb. 493: Das Studium feiner und dicker Stoffe mit Falten oder Kräusel ist eine gute Übung.

Abb. 494: Ein feiner Stoff wie dieses Hemd (A) weist viel mehr Falten auf als solch ein dicker Mantelstoff (B).

Abb. 495: Fertigen Sie Skizzen bekleideter Gestalten an, und versuchen Sie, das komplizierte Faltenspiel zum Beispiel eines Ärmels (A) zusammenzufassen und nur die wichtigsten Linien darzustellen (B).

Abb. 496: Untersuchen Sie die Falten eines Stoffes bei unterschiedlicher Körperbewegung anhand eines Modells. Finden Sie deren Ausgangspunkt.

493

494 A, B

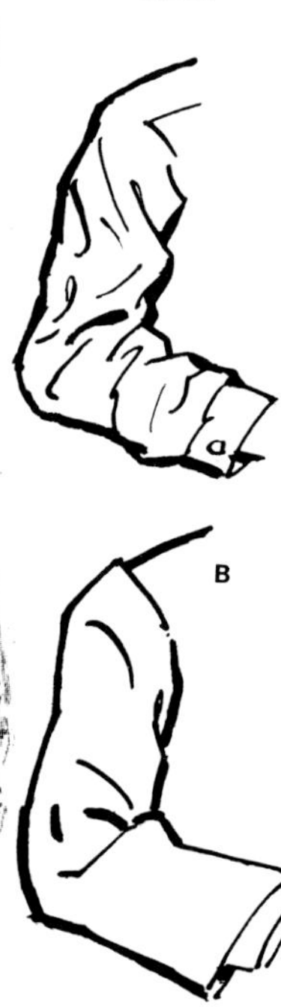

495 A, B

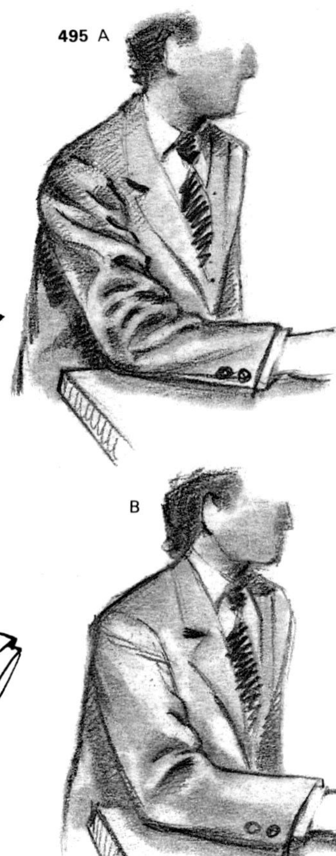

496

497

Abb. 497: Badia Camps, *Skizze einer bekleideten Gestalt,* Kreidezeichnung in Sepia mit Rötel, Privatsammlung. Ist man gewohnt, Aktzeichnungen anzufertigen, fällt einem das Zeichnen bekleideter Gestalten relativ leicht. Das beweist Badia Camps mit diesen Vorstudien für die Komposition eines Ölgemäldes.

Der Kanon des menschlichen Kopfes

Wie Sie anhand der Abbildung unten auf dieser Seite feststellen können, bezieht sich der Kanon auf die Höhe des Kopfes vom oberen Rand der Schädeldecke (ohne Berücksichtigung des Haars) bis zur Kinnspitze. Beachten Sie auf Abbildung 499, daß der Kanon des Kopfes eines Erwachsenen, von vorn gesehen, 3,5 Maßeinheiten hoch und 2,5 Maßeinheiten breit ist, wobei die Stirnhöhe eine Maßeinheit bildet. (Überprüfen Sie diese und die folgenden Merkmale des Kanons anhand von Abbildung 499 und 500.) Beachten Sie ebenfalls, daß die Fläche zwischen den Augenbrauen, die Nase und der Mund auf einer senkrechten Achse liegen, während die Augen mit der waagerechten Achse zusammenfallen.

Überprüfen Sie nun die Lage der Gesichtsteile auf den waagerechten Linien des Kanons:

A) Die obere Begrenzung des Schädels ohne das Haar.
B) Den Haaransatz.
C) Die Lage der Augenbrauen.
D) Die Lage der Augen.
E) Die untere Begrenzung der Nase.
F) Die Umrißlinie der Unterlippe.
G) Die Unterkante des Kinns.

Beachten Sie ebenfalls die Höhe und die Lage der Ohren, die mit der Lage der Augenbrauen und der unteren Nasenkante (Maßeinheit C/E) zusammenfallen. Stellen Sie den Unterschied zwischen dem Kanon des Kopfes eines Erwachsenen und dem eines Kindes anhand der Abbildung 504 und 505 im Kasten auf der folgenden Seite fest.

Der Kanon ist besonders hilfreich beim Zeichnen und Malen von Köpfen und Porträts. Natürlich kann man ihn nicht mathematisch genau auf alle Köpfe und Gesichter übertragen, denn glücklicherweise besitzt jeder Mensch seine ureigenen Züge. Manche Maße und Proportionen lassen sich jedoch allgemein anwenden, zum Beispiel die Tatsache, daß der Abstand zwischen den beiden Augen genau der Breite eines weiteren Auges entspricht; desgleichen stimmt die Höhe und die Lage der Ohren in etwa mit dem Abstand zwischen den Augenbrauen und dem unteren Nasenrand überein, und die drei Maßeinheiten Stirn, Nase und Nase-Kinn bilden die beim Zeichnen eines Kopfes zu berücksichtigenden Grundmaße.

Abb. 498 bis 501: Studieren Sie anhand der Schemata 498 A, B und C den schrittweisen Aufbau des Kopfes mit Hilfe einer einfachen geometrischen Berechnung. Beachten Sie die Übereinstimmung von Begrenzungen oder Kopfteilen mit den Linien von Abb. 499 bis 501: A) Schädelumriß ohne das Haar, B) Haaransatz, C) Lage der Augenbrauen, D) Lage der Augen, E) Unterkante der Nase, F) Umriß der Unterlippe, G) Unterkante des Kinns.

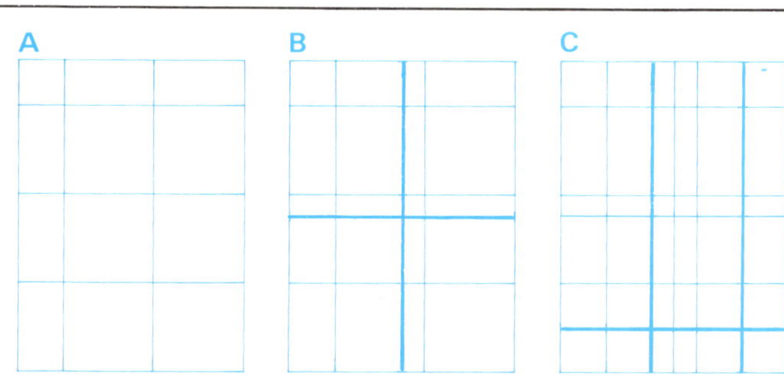

498

499

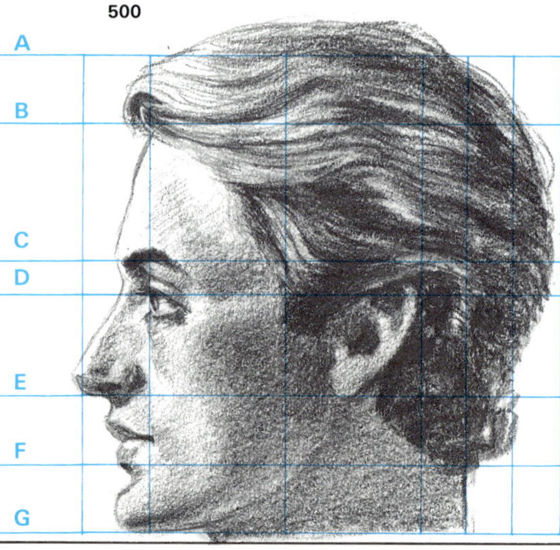

500

501

502

503

Abb. 504, 505: Die Proportionen eines zwei- bis fünfjährigen Kindes entsprechen einem anderen Kanon als dem des Erwachsenen. Die Stirn ist breiter und hat oben und an den Seiten weniger Haar. Die Augenbrauen – und nicht die Augen – stimmen mit der Kopfmitte überein. Der Abstand zwischen den Augen ist etwas größer als eine Augenbreite. Die Augen sind größer, die Nase ist kürzer und aufgerichtet, das Kinn ist runder etc.

504

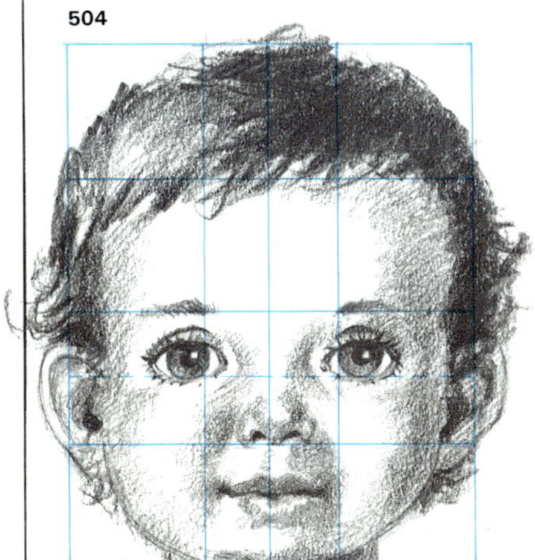

505

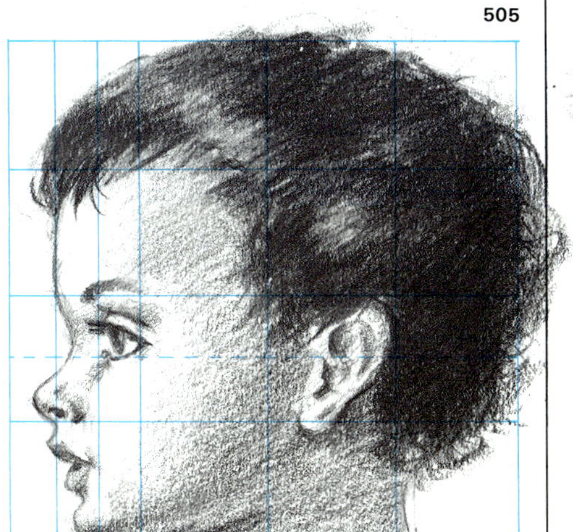

506

Abb. 502, 503 und 506: Zeichnungen von Francesc Serra mit Bleistift und blauer Kreide: männlicher Kopf von vorn, Frauenkopf im Profil, Kopf einer Zweijährigen.

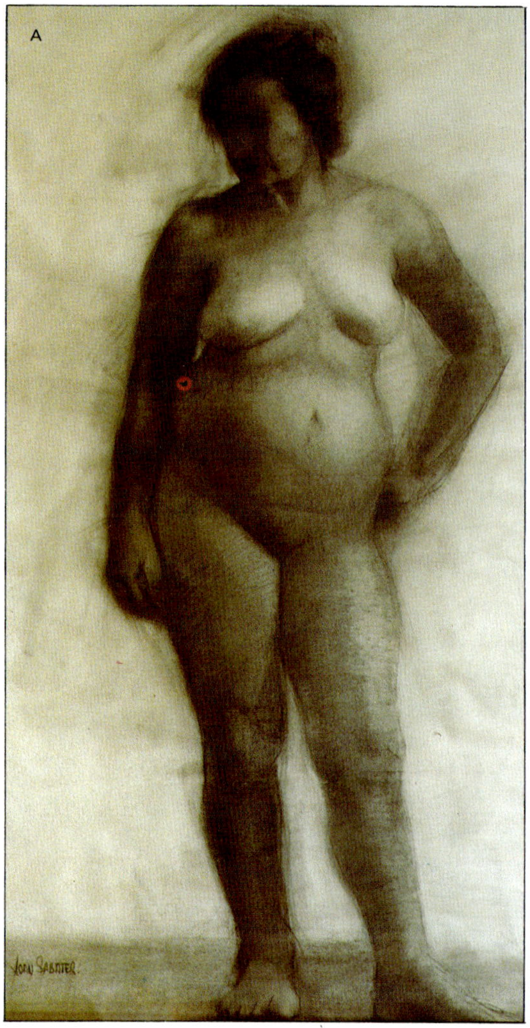

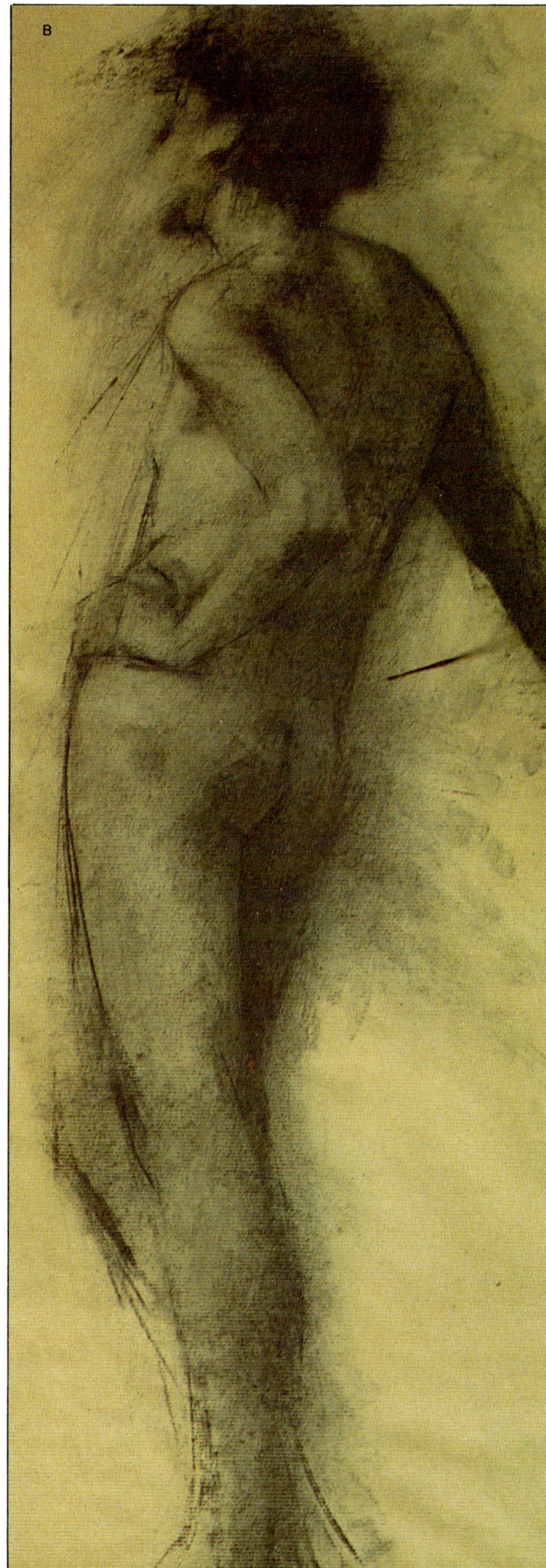

Abb. 507: Als Beispiel für eine künstlerische Zeichnung und deren Ausdrucksmöglichkeiten hier einige Akte, die von Professor Francesc Crespos Schülern an der Hochschule der schönen Künste in Barcelona angefertigt wurden: Joan Sabater (A), Maria Perelló (B), José Juan Aguera (C) und Raimon Vayreda (Abb. 508, gegenüberliegende Seite). Diese Zeichnungen wurden uns freundlicherweise von der Hochschule zur Verfügung gestellt.

507

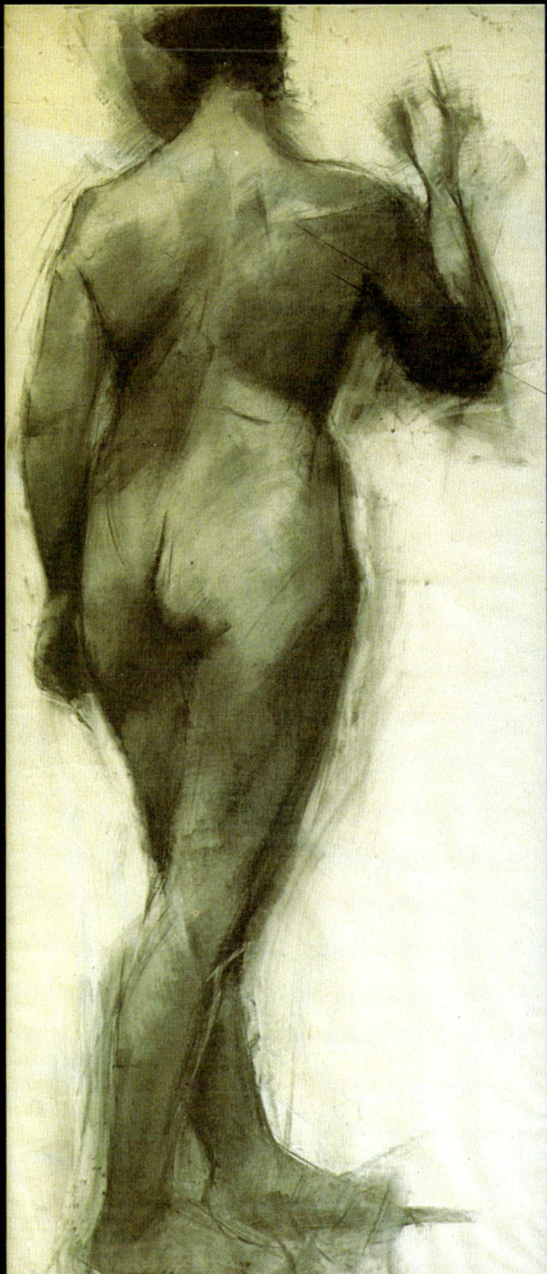

508

Die Zeichnung eine Kunst

„Nicht die Leuchtkraft der Farben macht ein Gesicht schön, sondern die Qualität der Zeichnung."

Tizian (1487/90–1576)

Das Porträt

Die beiden Porträts auf dieser Doppelseite stammen von dem 1976 verstorbenen bekannten spanischen Maler und Zeichner Francesc Serra. Er war ein meisterhafter Maler von Gestalten in Öl und ebenfalls ein hervorragender Zeichner, ganz gleich, mit welchem Material er arbeitete. Diese Porträts wurden mit einem Bleistift von Koh-i-noor HB und 2B auf satiniertem Zeichenpapier angefertigt. Serra benutzte dazu Kunstlicht – eine 100 Watt Wolframlampe –, die sich etwa zwei Meter vom Modell entfernt befand. Für Porträts wie dieses benötigte Francesc Serra zwischen fünf und sieben Arbeitsstunden, aufgeteilt in ein- oder anderthalbstündige Sitzungen.

Francesc Serra hatte sich eine Weile auf Bleistiftporträts spezialisiert. Jedoch erklärte er mir eines Tages: „Ich habe wieder damit aufgehört, weil ich zuviel Aufträge bekam. Dadurch bleibt mir nicht genügend Zeit zum Malen ... Außerdem engt die Porträtkunst ein. Natürlich ist die Ähnlichkeit für den Künstler wichtig; wichtiger ist ihm jedoch die Zeichnung als eigenständige künstlerische Arbeit. Für die porträtierte Person zählt dagegen vor allem die Ähnlichkeit. Sie möchte ihr Bild sogar noch verschönert sehen. Am Ende ist der Künstler nicht wirklich frei, denn er muß den Kunden ja zufriedenstellen."

Serras Ansicht stimmt mit der Meinung des Bildhauers Auguste Rodin überein: „Aufgrund eines fatalen Gesetzes stellt sich die zu porträtierende Person dem Talent des Künstlers, den er sich selbst gewählt hat, in den Weg."

Einer der berühmtesten Maler und Zeichner war zweifellos Jean-Auguste Dominique Ingres. Er hinterließ eine Reihe von „Ratschlägen für seine Schüler", die eine hervorragende Lektion über die Porträtmalerei darstellen. Hier die wichtigsten Punkte:

1. Die Ähnlichkeit beruht auf der Physiognomie, die sich stets als Karikatur darstellen läßt.
2. Der Körper darf der Bewegung des Kopfes nicht folgen.
3. Vor Beginn der Arbeit sollte man sich mit dem Modell unterhalten (um es besser kennenzulernen).
4. Zeichnen Sie die Augen nicht zu stark.
5. Vermeiden Sie ein Übermaß an Reflexen; diese könnten die Blöcke auflösen.

Die erste Sitzung für ein Porträt muß dem Studium der Pose, der Beleuchtung und der Ähnlichkeit gelten. Dazu benötigt der Künstler zahlreiche Vorskizzen. Das Modell muß sich dabei wohlfühlen. Es sollte bequem gekleidet und natürlich frisiert sein. Es sieht den Künstler an und hält seine Augen in Höhe der des Künstlers.

Hier noch die am häufigsten verwendeten Papiermaße für ein Porträt: *Kopf oder Kopf und Oberkörper:* etwa 35 × 45 cm; *Ganzbild:* etwa 50 × 70 cm. *Höhe des Kopfes:* Kopf allein: 12 bis 15 cm; Darstellung von Kopf und Oberkörper: 10 bis 12 cm, Ganzbild: 7 bis 9 cm. Die Illustration auf der folgenden Seite zeigt ein klassisches Porträt: einen sorgfältig ausgearbeiteten Kopf, mit Angabe von Licht und Schatten, und einen nur linear skizzierten Körper.

509

Abb. 509: Francesc Serra. Bei diesem Bleistiftporträt fallen der Aufbau und die Ausarbeitung des Kopfes im Vergleich zur linearen Zeichnung des nur skizzierten Körpers auf. Beachten Sie die originelle Pose.

Abb. 510: Francesc Serra hat hier ein sehr schönes Bleistiftporträt geschaffen und dabei den Kopf durch starke Ausarbeitung betont. Der Körper ist nur mit wenigen präzisen Strichen skizziert. Beachten Sie den klassischen Stil mit dem scharfen Kontrast zwischen Kopf und Körper.

510

Die Skizze

Einen Bleistift und ein Blatt Papier: Mehr braucht man nicht, um zu üben, zu lernen, und sich in der Kunst des Zeichnens zu verbessern. Am besten benutzen Sie dazu einen Zeichenblock, der etwas größer als dieses Buch ist. Die Blätter sollten rundum verleimt sein, damit Sie eine feste Unterlage besitzen und nicht mit einem Zeichenbrett zu arbeiten brauchen. Dadurch können Sie überall zeichnen. Benutzen Sie einen weichen Bleistift 4B oder einen noch weicheren, und denken Sie auch an die Möglichkeit, mit einem Graphitstift zu arbeiten. Ein paar schwarze Filzschreiber oder ein Satz mit drei oder vier Stiften – zum Beispiel Schwarz, Grau, Ocker und Siena – reichen vollkommen aus. Mit Hilfe dieser Farbskala können Sie bereits ein wenig Farbe in Ihre Skizzen bringen.

Das Motiv ist kein Problem. Motive gibt es überall; alles eignet sich zum zeichnen: Bäume, Seeszenen, Schiffe und tausend andere Dinge zu Hause, auf der Straße, im Zug, im Wartezimmer, im Hotel, auf dem Bauernhof, im Zoo . . . Haben Sie schon einmal einen ganzen Morgen mit dem Zeichnen von Tieren im Zoo verbracht? Das ist einfach faszinierend. Zum einen ist es ein gutes Training für das Gedächtnis, denn die Tiere bewegen sich bekanntlich, zum anderen macht es riesigen Spaß. Wenn ich „Zoo" sage, schließe ich auch einen Bauernhof ein, wo – um Renoirs Worte abzuwandeln – „ein paar Hühner, drei Enten, ein Kaninchen, ein Hund und eine Katze zum Malen ausreichen."

Abgesehen von dem Vergnügen, die sie einem bereiten, sind Skizzen die beste Übung, um die eigenen zeichnerischen Fähigkeiten zu verbessern. Wie van Gogh an seinen Bruder Theo schrieb: „Skizzen anzufertigen gleicht dem Säen, damit man später Bilder ernten kann!" Es sei hier an die alte Redensart „je kürzer, desto besser" erinnert. Zeichnungen und Gemälde sind um so besser, je „verkürzter" sie erscheinen. Rasches Arbeiten verlangt Sicherheit und Spontaneität. Beim Malen eines Bildes machen wir uns ständig Gedanken über das Endergebnis. Diese Furcht verschwindet nur, wenn wir mit derselben „Philosophie" malen, mit der wir skizzieren: eine wunderbare Philosophie, die aus dem Abenteuer, der Spontaneität und der absoluten Freiheit entsteht.

511

512

Abb. 511, 512: Der Kopf und die bekleidete Gestalt sind äußerst geeignete Modelle für Skizzen nach der Natur. Ihre Freunde oder Familienmitglieder können dabei als Modell dienen, aber auch jeder andere Mensch, der Ihnen im Park, im Zug, auf der Caféterrasse etc. begegnet. Versichern Sie sich nur, daß Sie Ihr Modell nicht belästigen. Allerdings ist es nicht schwierig, ein Modell unbemerkt zu zeichnen.

Abb. 513: Der Zoo mit seinen vielen unterschiedlichen Tieren, das Landhaus mit seinen Haustieren und der Bauernhof mit seinem Geflügel liefern unerschöpfliche Motive.

513

Abb. 514: Landschaftsskizzen haben Vorteile. Einerseits übt man das Zeichnen nach der Natur, andererseits kann man die Wahl des Ausschnitts, die Komposition, die Interpretation, den Kontrast etc. untersuchen. Das kommt einem später zugute.

514

Die Skizze

Francesc Serra zeigt uns hier sechs Körperstudien mit Kreide und Rötel auf hellcremefarbenem Papier. Die Skizzen wurden in raschen Sitzungen von je fünfzehn Minuten nach der Natur angefertigt. „Jeden zweiten oder dritten Tag zeichne ich zwischen einem Bild und dem nächsten drei oder vier solcher Skizzen", pflegte Serra zu sagen, „nur so, um in Form zu bleiben." Diese ausgezeichnete Übung muß man so häufig wie möglich durchführen, wenn man wirklich gute Bilder anfertigen möchte.

515

Abb. 515: Francesc Serra, *Aktskizzen nach der Natur* mit farbiger Kreide und Rötelstift. Es handelt sich um klassische Skizzen, die in einer vorgegebenen Zeit von 5, 10 oder 15 Minuten angefertigt wurden. Das bedeutet, der Künstler muß sehr schnell maßnehmen, zeichnen und die Schatten anlegen sowie sein Gedächtnis und seinen Gesamtblick schulen. Derartige Übungen macht man in allen Kunstakademien und Zeichenklassen der Welt, aber natürlich auch im eigenen Atelier.

Der Entwurf

Helmut Ruheman, der Chefrestaurator der National Gallery in London und Verfasser des Buches „Das Restaurieren von Gemälden“, schrieb: „Ich habe in Paris zwei Jahre mit Maurice Denis gearbeitet. Einen seiner Ratschläge werde ich nie vergessen: Zeichnen Sie vor Beginn eines Bildes einen raschen, postkartengroßen Entwurf. Skizzieren Sie anschließend die Grundkomposition und die Anlage der Farbe. Weichen Sie unter keinen Umständen von diesem kostbaren Rat ab.“

Alle guten Bilder begannen als „postkartengroße Entwürfe“. Das trifft zum Beispiel auf sämtliche Werke von Rubens zu, wie in den Museen und Galerien nachzuprüfen ist. Rubens begann mit ein, zwei oder sogar drei Aquarellskizzen in zwei oder mehr Farben; dann fuhr er mit ein oder zwei Skizzen in Öl fort, die er anschließend an sein Atelier weiterreichte (wo er mit van Dyck und Jordaens zusammenarbeitete), damit sie dort ausgeführt wurden. Ursprünglich zeichnete man in erster Linie, um Skizzen und Entwürfe von Gemälden anzufertigen.

Der Künstler Badia Camps zeigt uns hier Skizzen eines Ölgemäldes. Er fertigte zunächst eine kleine Skizze an, dann eine stärker ausgearbeitete Zeichnung mit Kreide in Sepiadunkel und einigen Farbstrichen, ebenfalls in Kreide. Schließlich machte er einen Entwurf in Öl als Projekt für das endgültige Bild. Beachten Sie die Veränderungen der Lage, des Standpunktes, der allgemeinen Formen und insbesondere der Gegenstände auf dem Tisch. Sie sind für eine Studie anhand zahlreicher Skizzen typisch.

Abb. 516, 517: ENTWÜRFE UND VORSTUDIEN FÜR EINE GESTALT IN ÖL. Badia Camps zeigt uns hier das Verfahren, das zu dem Entwurf in Öl führte, den wir auf der nächsten Seite sehen. „Manchmal entsteht eine Idee aus einer kleinen Skizze wie dieser“, sagt er. „Dieses kleine Format ermöglicht es einem, einen Gedanken in zwei oder drei Minuten aufs Papier zu bringen und eine Synthese der Zeichnung, die einem vor Augen schwebt, festzuhalten. Anschließend kommt dann die mühsame Arbeit der Zeichnung mit einem Modell, um die Pose besser untersuchen zu können und manchmal so weitgehende Veränderungen anzubringen wie den Blick zur entgegengesetzten Richtung.“ (Abb. 517).

516

517

518

Abb. 518: (etwas verkleinerte Reproduktion). „Danach“, fährt Badia Camps fort, „kommen die Versuche mit Farben, Tönen und Kontrasten, die ich normalerweise mit Farbkreiden auf Papier im Format 18 × 24 cm ausführe. Dann lasse ich alles bis zum nächsten Tag liegen, damit es ausreift.“

519

Abb. 519: „Schließlich male ich einen Entwurf in Öl auf einem Karton Nr. 1 und versuche, in diesem letzten Entwurf alle Ideen und Konzeptionen der vorigen Skizzen zu vereinen. Zwei oder drei Tage später fertige ich dann das endgültige Bild an.“ Badia Camps nennt hier den richtigen Weg für die Anfertigung eines gelungenen Bildes. Alle Meister haben zu diesem Verfahren geraten und es selbst benutzt.

Thema und Interpretation

Bis weit in das neunzehnte Jahrhundert spielte das Thema eines Bildes eine wesentliche Rolle. Sir Joshua Reynolds, einer der wichtigsten britischen Maler, schrieb in einer seiner Reden als Gründungspräsident der Königlichen Akademie von London: „Die Beurteilung, welches Thema sich für ein Gemälde eignet und welches nicht, erfordert ein großes Wissen." Noch 1847 wurde Thomas Couture die Goldmedaille des Pariser Salons für sein Gemälde: „Die Römer der Dekadenz" verliehen.

Die Zuschauer brachen angesichts des historischen Themas, seines Witzes und seiner Argumentation in Begeisterung aus. Wie die jungen Maler jener Zeit zu sagen pflegten: „Die Leute wollen keine Bilder, sondern Themen sehen." Diese jungen Künstler begannen nun, im Wald von Fontainebleau im Freien zu malen. Man nannte sie, durchaus abwertend, die Maler der „Schule von Barbizon". Ihre Gemälde und Themen gefielen dem Publikum nicht. Graf von Nieuwer erklärte: „Das ist die Kunst der Demokratie – jener Leute, die ihre Kleider nie wechseln." Zu jenen Leuten gehörten Rousseau, Corot, Millet, Daumier und Courbet. Gleichzeitig mit ihnen tauchten Manet, Monet, Pissaro, Degas, Renoir, Sisley, Guillaumin usw. auf. Sie alle malten Eindrücke, Impressionen, Alltagsszenen, gewöhnliche Gestalten, kleine Bilder. Sie verwarfen den Gedanken an großartige Themen und suchten nach Motiven. Genauer gesagt, sie suchten sie nicht; denn wie Picasso erklärte: „Ich suche nicht, ich finde." Und sie fanden Straßen voller Menschen, Busse und Autos, Ballettszenen, Badende am Flußufer und Szenen im Zirkus. Sisley malte seine Überschwemmungen, Degas seine Pferderennen, Guillaumin war der erste, der die nähere Umgebung einer Stadt darstellte. Liebermann, der berühmte deutsche Impressionist, sagte: „Für mich ist es dasselbe, ob ich eine Rose oder eine Jungfrau male." Ja, das Thema bestand nicht länger aus etwas Erhabenem. So gewöhnliche Motive wie ein altes Paar Schuhe oder ein Stuhl (van Gogh), ein Fahrrad (John Sargent), das Dach eines Mietshauses (Picasso) schockierten sowohl Publikum als auch Fachwelt. Trotzdem hängen diese Motive inzwischen als Meisterwerke an der Wand. Machen Sie sich also wegen Ihrer Motive nicht allzuviel Sorgen. Falls Sie noch nicht in der Lage sind, sie *zu sehen*, besuchen Sie Museen und Ausstellungen; kaufen Sie Bücher mit guten Reproduktionen, vergleichen Sie die Themen und Orte, die als Vorlage für Meisterwerke gedient haben, mit Themen und Orten, die Sie selbst kennen. Und dann malen Sie sie! Sie werden feststellen – und das ist die goldene Regel des Hobbymalers –, daß der Erfolg eines Motivs von der Interpretation abhängt: von Aufbau, Komposition, Struktur, Hintergrund, Form, Sprache ... „Interpretieren heißt übertreiben, verbessern, verringern, die Formen verändern." (André Lothe). Man interpretiert entsprechend dem, was man innerlich sieht. So entsteht ein Bild.

„Das Motiv sind Sie selbst, Ihr Eindruck und Ihr Gefühl gegenüber der Natur."

Eugène Delacroix

520

Abb. 520: Motive und Themen findet man überall. Man braucht sich nur nach ihnen umzuschauen. Dieses Stilleben besteht zum Beispiel aus Töpfen, Gläsern, Pinseln etc, die sich vor mir auf dem Beistelltisch in meinem Atelier befanden. Auch Sie können dieses Motiv zeichnen.

521 A

a

b

c

d

e

f

g

h

i

Abb. 521 A: Wie Cézanne zu seinem Sohn sagte: „Es gibt unendlich viele Themen." Man muß nur lernen, sie zu sehen. Und dafür gibt es nichts Besseres, als Museen und Ausstellungen zu besuchen, gute Reproduktionen in Kunstbüchern zu betrachten und genau zu beobachten, welche Dinge von anderen Künstlern dargestellt wurden. Auch das Fotografieren, bei dem man einen Gesichtswinkel wählen, die unterschiedlichen Elemente des Bildes untersuchen und sich schließlich für einen Ausschnitt entscheiden muß, ist eine gute Übung. Die Abbildungen auf dieser Seite zeigen einige Beispiele für Zeichenmotive. Von links nach rechts und oben nach unten: a) eine Landschaft, gleich welcher Art, eignet sich immer zum Zeichnen oder Malen.

b) Eine Stadtszene, die aus einer Gasse in einem alten Viertel oder einer Reihe von Gebäuden bestehen kann.

c) Der Kopf eines Menschen für ein Porträt oder eine Studie.

d) Menschen im Park oder auf Plätzen sind ideale Vorlagen für Skizzen.

e) Hafenszenen sind ein unerschöpfliches Thema.

f) Blumen, einzeln oder als Strauß, bei dem man außerdem die Komposition untersuchen kann.

g) Stilleben, deren Komposition kann man im Atelier untersuchen.

h) Dorfstraßen mit ihren alten Häusern.

i) Zootiere liefern unzählige Vorlagen für Skizzen und Zeichnungen.

521 B

Abb. 521 B: Nachdem das Motiv feststeht, muß der Künstler den besten Rahmen dafür wählen. Dazu wechselt er mehrmals den Blickwinkel, bis er den interessantesten Ausschnitt gefunden hat.

Die Kunst der Kompostion

Der junge Maler Louis Le Bail hatte Gelegenheit, Cézanne bei der Komposition eines Stillebens zu beobachten. Le Bail schrieb die folgenden Eindrücke darüber nieder: „Er bedeckte den Tisch zunächst mit einem Tuch und zerknautschte es ein wenig. Anschließend verteilte er Birnen und Pfirsiche darauf. Er legte sie auf einen Teller in die Nähe eines Krugs, damit die Komplementärfarben zu vibrieren begannen: die Grün- und Rottöne, das Gelb der Pfirsiche und das Blau der Schatten. Er veränderte die Lage der Früchte, indem er Geldstücke darunterlegte. Das tat er mit großer Begeisterung und Hingabe."

Paul Cézanne war ein echter Meister der Komposition. Was hat er getan? Welche Regeln wendete er an? Überhaupt keine. Es gibt keine besonderen Regeln für die Kunst der Komposition. Sie ist eine Frage der Kreativität und der Intelligenz. Trotzdem wollen wir Ihnen Mittel und Wege zeigen sowie einige Vorschläge machen. Der Historiker Wölfflin stellt zu Recht fest, daß „der Maler anderen Bildern wesentlich mehr verdankt als der eigentlichen Beobachtung der Natur". Sie müssen sich also zunächst einmal informieren. Betrachten Sie die großen Werke guter Maler, und untersuchen Sie deren Komposition. Ingres sagte: „Gute Formen sind jene, in denen die kleinen Details die großen Flächen nicht in Frage stellen." Dieser Gedanke bedarf der Ergänzung durch Delacroix: „Achten Sie stets auf die Masse, auf das Ganze, das Ihre Aufmerksamkeit erregt hat." All dies steht im Zusammenhang mit einigen wenigen Kompositionsregeln, die Platon im antiken Griechenland so formulierte:

Komponieren bedeutet, Vielfalt in der Einheit zu finden und darzustellen.

Vielfalt in der Form, der Farbe, der Lage der dargestellten Elemente, so daß Abwechslung entsteht, die die Aufmerksamkeit des Betrachters auf sich zieht und sein Interesse weckt. Mit anderen Worten: Ordnen Sie die Vielfalt innerhalb einer gewissen Einheit, so daß sich beide Faktoren ergänzen und

Einheit in der Vielfalt und
Vielfalt in der Einheit

entsteht. Die nebenstehenden Bilder sind eine visuelle Erklärung für Platons Gesetz.

522

Abb. 522: SCHLECHT. Übermaß an Einheit. Die Verteilung hat nichts Originelles, sie ist langweilig, inspiriert nicht und weckt keinerlei Interesse. Betrachten Sie das obige Schema: Der Horizont liegt in der Mitte, die Schale und die Früchte bilden einen einzigen Block.

523

Abb. 523: SCHLECHT. Zu große Vielfalt. Hier sind die Elemente zu zerstreut, zu weit voneinander entfernt. Sie reizen nicht zum Betrachten.

524

Abb. 524: SCHLECHT. Nochmals ein Übermaß an Einheit. Dieser Fehler wird hier zum Teil überspielt, wie Sie selbst feststellen können. Trotzdem ist die Komposition zu geometrisch; das schadet der Vielfalt.

525

Abb. 525: GUT. Beispiel für Einheit in der Vielfalt. Der Faktor Einheit wird durch die Anordnung des Ensembles erreicht. Gleichzeitig erhalten wir dank des Gesichtswinkels, des Bildausschnitts und der Verteilung der Bildelemente eine gewisse Vielfalt.

Das Gesetz des Goldenen Schnitts

526

Abb. 526: Bei dieser Landschaft haben wir mit Hilfe der Regel des Goldenen Schnitts die beste Komposition erhalten. Die Linie des Goldenen Schnitts liegt in Höhe des Blocks aus den vier Gebäuden und der Kirche. Auf A ist die Lage des Hauptmotivs akzeptabel, aber die Wirkung ist etwas langweilig. Bei B haben wir das Hauptmotiv auf die Seite verlagert, dadurch ist es zu dezentralisiert. Das schadet einer guten Komposition. Bei C legen wir die vier Gebäude und den Kirchturm auf die Linie des Goldenen Schnitts und erhalten eine perfekte, ästhetische Verteilung der Elemente.

Im ersten Jahrhundert vor Christus schrieb der römische Architekt Vitruvius eine Abhandlung mit dem Titel „De architectura“ (Über die Architektur) und widmete sie Kaiser Augustus. Vitruvius kannte sich in der Malerei aus. Während er in Pompeji arbeitete, untersuchte er die Anordnung der Formen und Flächen und forschte nach der besten Lage des Hauptmotivs und damit des wichtigstens Elementes des Wandgemäldes (bzw. des Bildes oder einer Zeichnung).
Die einfachste, wenn auch nicht gerade originellste Möglichkeit besteht darin, das Hauptelement in den Mittelpunkt des Bildes zu legen. Um ein Übermaß an Symmetrie und Einheit zu vermeiden, könnte man dieses Zentrum auf eine Seite verlagern. Aber wie weit? Vitruvius fand die Lösung dieses Problems und stellte seine berühmte Regel des Goldenen Schnitts auf:

„Damit eine in gleiche Abschnitte eingeteilte Fläche angenehm und ästhetisch wirkt, sollte zwischen dem größten Abschnitt und der Gesamtfläche dasselbe Verhältnis bestehen, wie zwischen dem kleinen und dem großen Abschnitt.“

527

Die Regeln des Goldenen Schnitts

Stellen Sie sich einen Abschnitt von insgesamt 5 cm vor

2 cm 3 cm

Teilen wir diese Strecke in zwei Abschnitte von 2 cm und 3 cm, stellen wir fest, daß entsprechend dem Gesetz des Vitruvius zwischen dem kleinen (2 cm) und dem großen Abschnitt (3 cm) dasselbe Verhältnis besteht wie zwischen dem großen Abschnitt (3 cm) und der Gesamtlänge der Strecke (5 cm), nämlich: $5/3 = 3/2$.

Lösen Sie diese einfache Division auf, erhalten Sie jeweils 1,6. Vitruvius hielt dieses zahlenmäßige Verhältnis für allgemeingültig und stellte fest:

der arithmetische Ausdruck des Goldenen Schnitts entspricht der Ziffer 1,618.

In der Praxis brauchen Sie die Gesamtlänge einer Fläche nur mit 0,618 zu multiplizieren, dann erhalten Sie die Unterteilung nach dem Goldenen Schnitt. Betrachten Sie dazu die obigen Beispiele.

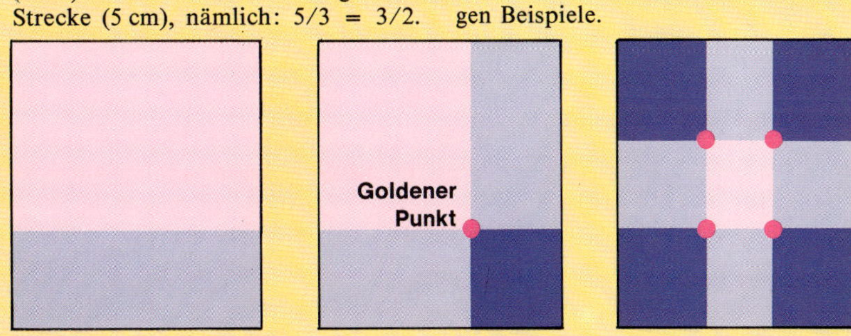

Die Kompositionsschemata

528

Abb. 528: Delacroix' Ausspruch: „Achten Sie auf die Blöcke, auf das Ensemble, das Sie beeindruckt hat" ist in der Tat ein Grundprinzip der Kunst der Komposition, dessen praktische Anwendung man wie folgt zusammenfassen könnte: Versuchen Sie, die Form in einen geometrischen Rahmen zu fassen. Man hat festgestellt, daß geometrische Formen oder Schemata von fast allen Menschen am meisten geschätzt und natürlichen Formen wie den Blättern eines Baumes und abstrakten Gebilden vorgezogen werden. Die Komposition nach einem geometrischen Schema nahm in der Renaissance mit dem Dreieck ihren Anfang (A), das in allen symmetrischen Kompositionen zu finden ist. Im Barock kam das diagonale Schema (B) hinzu, das Rembrandt zugeschrieben wird. Bis heute ist das geometrische Schema in der Komposition eines Bildes geblieben. Die Abbildungen C, D, E, F und G zeigen einige solcher Schemata, die die Komposition einer Zeichnung oder eines Bildes bestimmen.

Die dritte Dimension

529 A

529B

529A

529B

530

530

531

531

532

532

Wie man die Tiefe oder die dritte Dimension darstellt. Wir malen auf einer ebenen Fläche mit zwei Dimensionen: Höhe und Breite, doch unsere Modelle weisen in Wirklichkeit drei Dimensionen auf: Höhe, Breite und Tiefe. Letztere muß der Künstler im Prinzip durch das richtige Verhältnis der Proportionen zwischen dem Vorder-, Mittel- und Hintergrund wiedergeben. Es gibt jedoch einige weitere Faktoren, die die Tiefenwirkung unterstützen. Diese sind:

Abb. 529 (A) und B): Die erste Zeichnung zeigt die Skizze einer Landschaft mit einer Kirche als Hauptmotiv. Auf der zweiten Zeichnung habe ich einen Baum im Vordergrund eingeführt, der durch den Vergleich seiner Größe mit der der Kirche auf der ferneren Ebene den Eindruck von Tiefe erzeugt.

Abb. 530: Hier wird der Eindruck von Tiefe durch die Überlagerung von Ebenen erzeugt, die an eine Theaterkulisse erinnern.

Abb. 531: Die Perspektive ist eine der geläufigsten und wirksamsten Mittel zur Darstellung von Tiefe.

Abb. 532: Der Eindruck von Atmosphäre entsteht durch schrittweise Entfärbung der entfernteren Ebenen. Dies ist ein entscheidender Faktor für den Eindruck von Weite und Tiefe, die die dritte Dimension erzeugen.

Die optische Verkürzung

Optisch verkürzt erscheint uns ein Körper, der schräg oder senkrecht in unserer Augenhöhe liegt. Betrachten Sie diese Beispiele, und denken Sie an all die Künstler der vergangenen Jahrhunderte, die Stunde um Stunde normalerweise als ersten Schritt zu einer richtigen Arbeit mit dem Studium der optischen Verkürzung verbrachten.

Weshalb bereitete sie ihnen soviel Sorgen? In allen Verkürzungen stellt sich das Problem der sogenannten zweidimensionalen Barriere. Betrachten Sie die beiden Hände, die ich optisch verkürzt dargestellt habe. Ein Bildhauer würde die Hände völlig realistisch modellieren, sie körperlich darstellen und ihnen Volumen verleihen. In der Physik würden wir sagen, daß ein Bildhauer dreidimensional mit Höhe, Breite und Tiefe arbeitet. Beim Zeichnen stehen uns jedoch nur zwei Dimensionen zur Verfügung: Höhe und Breite. Die dritte Dimension, die Tiefe, muß mit Hilfe des Spiels von Licht und Schatten dargestellt werden, um eine Vorstellung von Volumen zu erzeugen.

Das ist keine einfache Aufgabe. Wir sind daran gewöhnt, die Körper dreidimensional zu sehen. Unser Gehirn legt instinktiv gewisse Teile eines Körpers auf eine zweite Ebene. Auch hier gilt es, eine Regel zu befolgen.

Wir müssen genau hinsehen und die drei Dimensionen, die wir erkennen, auf zwei Dimensionen reduzieren.

Untersuchen wir nun die drei Grundfaktoren, die für dieses Ziel erforderlich sind.

1. *Betrachten Sie das Modell ohne die dritte Dimension.* Mit anderen Worten, betrachten Sie es als flachen Gegenstand ohne Relief, Verkürzungen oder Tiefe. Das erfordert einen Wechsel in der physischen und geistigen Haltung und eine neue Gewohnheit.
2. *Zeichnen Sie Gegenstände mit einem flachen Relief nach der Natur.* Beginnen Sie mit dem Zeichnen von Gesichtern im Profil. Gehen Sie anschließend langsam auf die Dreiviertelperspektive (halbes Profil) über, und versuchen Sie schließlich, das Gesicht mit allen Problemen der optischen Verkürzung der Nase etc. von vorn darzustellen.
3. *Versuchen Sie, das Modell wie einen völlig fremden Gegenstand zu betrachten.* Wenn Sie ein Gesicht von vorn darstellen und die Nase zeichnen wollen, sollten Sie versuchen, sie wie eine flache Fläche aus Farbflecken zu betrachten ... Tun Sie, als handle es sich um eine zweidimensionale Zeichnung.

Abb. 533: Michelangelo, *Die heilige Familie (Tondo Doni),* Uffizien, Florenz. Alle Künstler der Renaissance bewiesen eine besondere Vorliebe für die optische Verkürzung. In dieser „Heiligen Familie“ ist der linke Arm optisch verkürzt. Ich habe davon eine „Vorstudie“ angefertigt (A).

Abb. 534, 535: Zeichnung zweier optisch verkürzter Hände mit nach vorn weisendem Zeigefinger. Für dieses Beispiel habe ich meine eigene linke Hand gezeichnet, die auf mein Gesicht im Spiegel weist. Versuchen Sie es doch selbst einmal, um die Lösung dieses Problems in der Praxis zu verstehen.

533

A

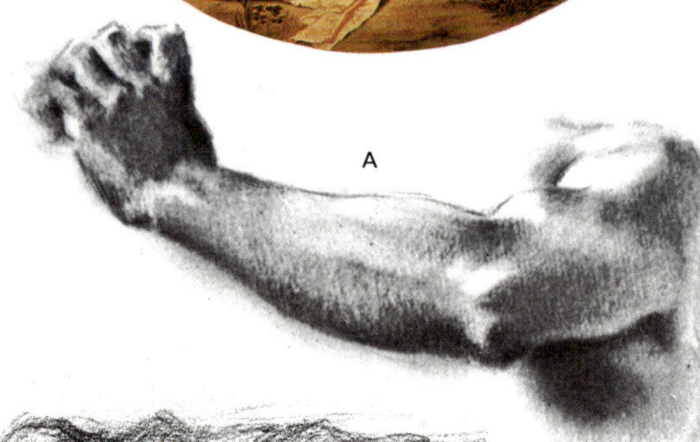

534

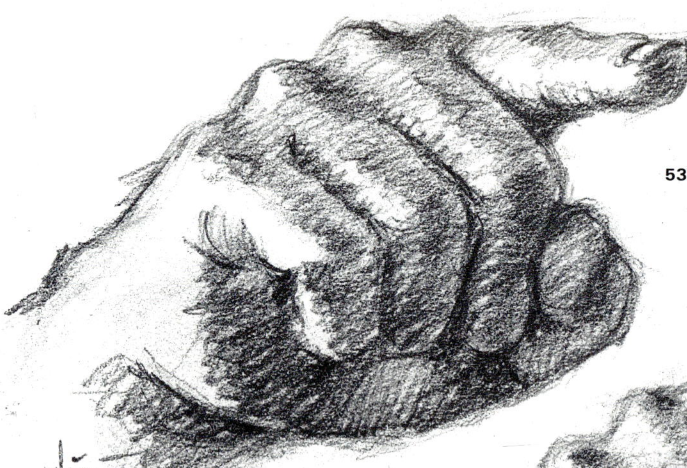

535

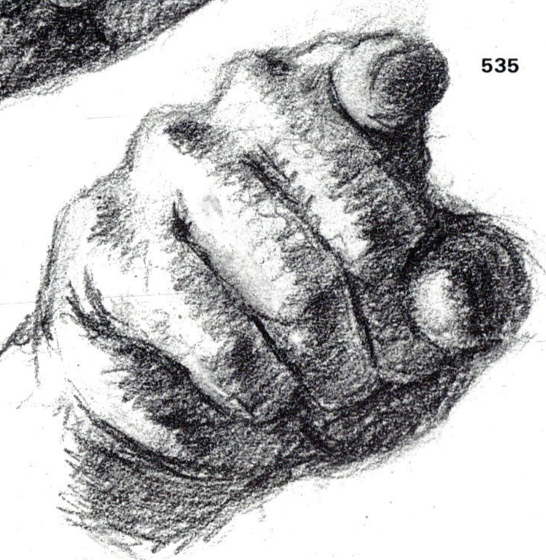

Die Praxis der künstlerischen Zeichnung

Eine Rohrfederzeichnung mit Ölpastellkreide

Zu Beginn schlagen wir Ihnen eine praktische Übung mit einer Rohrfeder, Chinatusche und Ölpastellkreiden vor. Sie können als Modell entweder ein Paar Stiefel wie diese, ein Paar Lederschuhe oder auch Turnschuhe verwenden. Ich selbst habe auf Grumbacher Papier von mittlerem Korn gearbeitet und zum Aufbau der Zeichnung einen Bleistift HB benutzt. Die Rohrfeder habe ich selbst aus dem Stiel eines Ölmalpinsels Nr. 2 hergestellt und dazu ein Ende entsprechend zurechtgeschnitten (Abb. 541). Außerdem habe ich Ölpastellkreiden der Serie „Panda" von Rembrandt verwendet. Abbildung 542 zeigt die Farben, die ich für diese praktische Übung benutzt habe. Ich hoffe, die Übung gelingt Ihnen ebenfalls. Allerdings rate ich Ihnen, zuvor ein paar Versuche auf Papier von mittlerem Korn zu unternehmen.

537

Abb. 537: Hier das Modell. Stellen Sie nach Möglichkeit derartige Schuhe dar. Ich habe bei Tageslicht gezeichnet und die Schuhe zum Studium einer interessanten Position und des geeignetsten Ausschnitts auf den Boden gestellt.

Abb. 538, 539: Auf den ersten Blick scheint das Modell leicht zu zeichnen zu sein. Man erkennt rasch den Rahmen bzw. die vereinfachten Umrisse und beginnt ganz sorglos mit der Arbeit. Die Schuhe müssen jedoch deutlich wiedergegeben werden. Deshalb ist dieses Thema genauso schwierig wie jedes andere.

538

539

540

Abb. 540: Nach der Bleistiftzeichnung besteht der erste Schritt in der Anfertigung einer linearen Zeichnung mit der Rohrfeder und Chinatusche. Achtung! Verhindern Sie, daß die Tinte sich zu stark an der Spitze ansammelt. Machen Sie vor Beginn der Zeichnung einen Probestrich.

541

Abb. 541: Die Rohrfeder ist im Fachhandel erhältlich, man kann sie jedoch auch selbst herstellen und schneidet dafür den Stiel eines alten Pinsels zurecht. Bringen Sie an der Spitze einen Einschnitt an, damit Ihre Rohrfeder die Tinte besser aufnimmt.

542

Abb. 542: Hier die Ölpastellkreiden, die ich für diese Zeichnung benutzt habe.

543

544

545

Abb. 543: Die Rohrfederzeichnung ist fertig. Es fehlt nur noch die Ölpastellkreide. Das Modell muß korrekt mit einer breiten Grauskala ausgearbeitet werden. Davon hängt die Qualität Ihrer Zeichnung ab.

Abb. 544: Mehrere Probestriche auf einem Extrablatt sind notwendig, bevor Sie zufriedenstellende Grautöne und Abstufungen erreichen. Die Rohrfeder ist dabei nur schwach gefüllt, und man streicht energisch über das Papier. Das Ergebnis hängt nicht so sehr davon ab, wie die Rohrfeder die Tusche abgibt, sondern im Gegenteil von ihrer Saugfähigkeit und von der Geschicklichkeit und Erfahrung des Künstlers.

Abb. 545: Die Arbeit mit Ölpastellkreide ist einfach. Man muß nur daran denken, daß sie undurchsichtig und deckend ist. Bei der vorliegenden Mischtechnik sollte der Rohrfederstrich sichtbar bleiben.

Zeichenkohle, Rötel und Spitzlichter mit Kreide

Dies ist mein Freund Francesc Crespo (Abb. 546). Er ist ein anerkannter Künstler, Professor und war bis vor kurzem stellvertretender Dekan der Akademie der schönen Künste der Universität Barcelona. Crespo hat zahlreiche Preise, sowohl für seine Zeichnungen als auch für seine Gemälde erhalten, und seine Werke auf mehr als zwanzig Ausstellungen in Spanien und Italien gezeigt. Er zeichnet und malt zahlreiche Themen, bevorzugt jedoch Stilleben mit Töpfen, Vasen und Blumen sowie Aktbilder. „Der menschliche Körper stellt für mich eine Herausforderung dar", erklärt Crespo. „Ich lehre an

546

zwei Tagen in der Woche an der Akademie der schönen Künste. Abgesehen davon, daß ich mich ständig üben möchte und sie für die Vorbereitung meines Unterrichtes benötige, ist die menschliche Gestalt ein gutes Modell, dessen man nie überdrüssig wird." (Siehe die nebenstehenden Abbildungen Nr. 547 und 548 mit Professor Crespos bevorzugten Themen.)

Crespos Atelier liegt im obersten Stock und besteht aus zwei Räumen, aus einer Küche und einer Terrasse. In einer Ecke steht ein Podest für das Modell.

Das weibliche Modell erscheint, geht in die Küche, die gleichzeitig als Umkleideraum dient, und zieht sich aus. Crespo stellt den Plattenspieler an. Er hat schon eine klare Vorstellung von der Pose des Modells und beginnt zu zeichnen, während der Chor aus Verdis Oper „Nabucco" erklingt.

Crespo zeichnet und malt immer im Stehen. Er umzeichnet nicht, sondern beginnt sofort mit den Umrissen. Er berechnet die Gesamtmaße des Modells nach Augenmaß. Mit Zeichenkohle zieht er Striche und legt rechts

547

Abb. 547, 548: Hier zwei Kohlezeichnungen von Francesc Crespo. Sowohl die Gestalt links als auch das Stilleben wurden auf einem 1 m breitem Papier angefertigt.

548

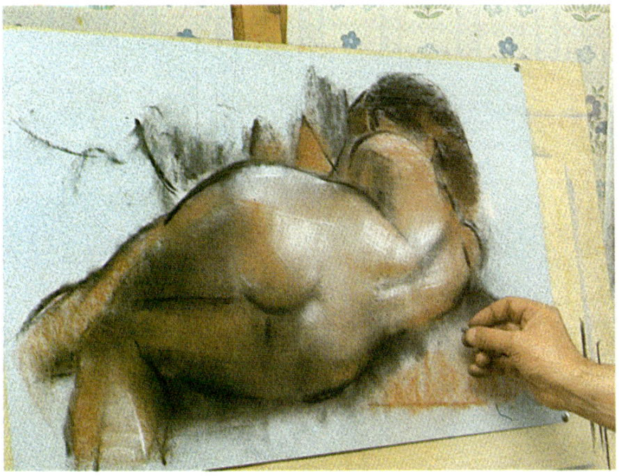

549

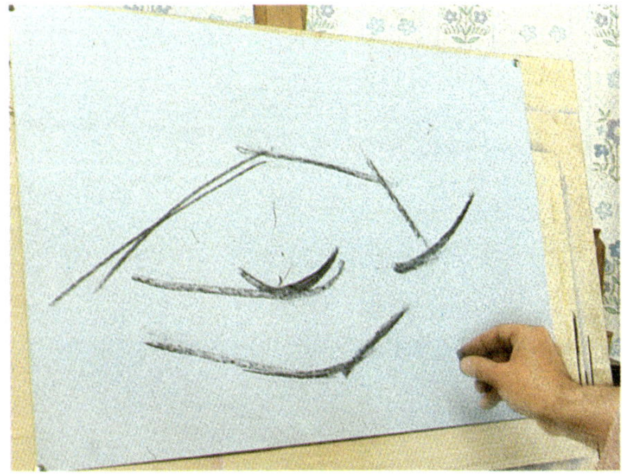

550

Abb. 549, 550: Links die Zeichnung im letzten Stadium, rechts die Anfangsphase.

Abb. 551, 552: Crespo zeichnet die Grundstruktur des Modells klar und deutlich und beginnt rasch, Fläche für Fläche zu schattieren.

551

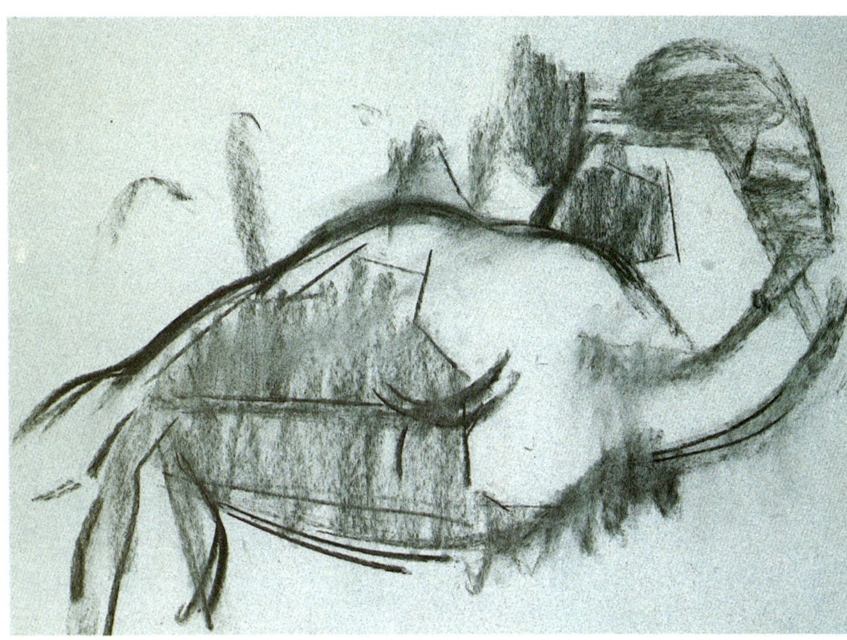

552

und links in den Ecken Punkte an . . . Er betont die Linien, ohne schon richtig zu zeichnen, und schwenkt dabei von den Hüften zu den Schenkeln . . . Er bewegt seine Hand von der einen Seite zur anderen über das Papier. Dann zeichnet er plötzlich eine starke Linie, eine weitere und hält inne. Er vergleicht das Modell mit der Zeichnung und ist tief in Gedanken versunken . . .
Crespo zeichnet immer mit bemessenen, berechneten, intensiven, sicheren Strichen (Abb. 550, 551). Seine Eingangszeichnung weist einen soliden Aufbau aus Linien und Flächen auf. Ein weiteres Kennzeichen seiner Zeichenkunst besteht darin, daß er die Kohle beim Anlegen der Schatten flach auflegt. Er zeichnet und verwischt, zeichnet und verwischt, beendet das Verwischte jedoch nie, als wollte er es bewußt unfertig lassen. „Weshalb?“ frage ich ihn. „Weil ich auf diese Weise die Vorstellung, daß alle Teile dem Gesamtwerk untergeordnet bleiben müssen, aufrecht erhalten kann und alles gleichzeitig fortschreitet. Verwischte ich diese Wirbelsäule vollständig, bedeutete es, daß ich ihr einen größeren Wert verleihe als dem Rest.“
Crespo beginnt, die Zeichnung mit Rötel zu kolorieren. Er zeichnet mit einem etwa drei Zentimeter langen Stück und reibt vorsichtig mit der Breitseite über das Papier. Auch hier verwendet er die zuvor erwähnte Methode: zeichnen, verwischen, innehalten . . . zeichnen, verwischen, innehalten . . . „Benutzt du zum Verwischen immer die Finger?“ frage ich ihn. „Ja. Ich besitze zwar einige Wischer, verwende sie aber nur selten.“
Jetzt greift Crespo zur weißen Pastellkreide und legt die Spitzlichter an. „Weshalb benutzt du dafür keine weiße Kreide?“ frage ich ihn. „Pastellkreiden sind weicher, schmiegsamer. Mit ihnen kann man rascher

Zeichenkohle, Rötel und Spitzlichter mit Kreide

zeichnen und Flächen ausfüllen." Crespo arbeitet mit der Pastellkreide ebenso wie mit der Zeichenkohle und dem Rötelstift. Er begrenzt die Flächen mit Strichen, behandelt alle Stellen gleichzeitig und malt überall, ohne zunächst zu verwischen (Abb. 554).

Er verwischt, zeichnet, verwischt erneut (Abb. 557). „Jetzt muß ich die Zeichnung fixieren", erklärt er. „Nur ganz schwach, damit das bisher Gemalte erhalten bleibt." Crespo hält einige Minuten inne, damit das Fixativ trocknen kann.

Als er an die Zeichnung zurückkehrt, tut er es mit derselben Entschlossenheit wie zuvor, arbeitet jedoch immer langsamer . . . Er vergleicht jetzt häufiger Zeichnung und Modell und macht nur noch wenige Striche. Endlich erklärt er: „Das wär's" und signiert sein Werk (Abb. 558).

Eine halbe Stunde später, als der Fotograf seine Arbeit beendet hat und das Modell schon gegangen ist, sagt Crespo plötzlich: „Warte mal!" Er macht sich noch einmal an die Zeichnung. „Diese senkrechte Linie der Schulter . . . und diese Begrenzung des Rükkens . . ." Dann fügt er hinzu: „Verwende das Bild noch nicht. Ich möchte es mir heute nachmittag noch einmal in Ruhe ansehen – nur für den Fall, daß etwas nicht in Ordnung ist. Ich mag eine solche Arbeit unter Zeitdruck nicht."

Das ist typisch für Crespo.

553

Abb. 553 (links): Spitzlichter mit weißer Pastellkreide, die im Augenblick noch nicht verwischt werden.

554

Abb. 554 (unten): Die Absicht, alle Partien dem Ganzen unterzuordnen, ist klar zu erkennen. Sie zeigt, wie sich die Zeichnung weiterentwickelt.

555

Abb. 555: Leicht verwischte Rötelkreide taucht in der gesamten Zeichnung auf. Sie wird stellenweise durch die gleichzeitige Anwendung von weißer Pastellkreide betont, um Licht auf dem grauen Grund darzustellen.

Abb. 556: Bevor er mit dieser vorletzten Phase beginnt, fixiert Crespo die Zeichnung, um das bisher Erarbeitete zu schützen.

Abb. 557, 558: Crespo verleiht seiner Arbeit Charakter, indem er sie durch Weiterzeichnen und Verwischen ausarbeitet und Licht, Schatten und Farbe hinzufügt, bis er die letzte Etappe erreicht hat: eine herrliche, stark ausgearbeitete Zeichnung (unten).

556

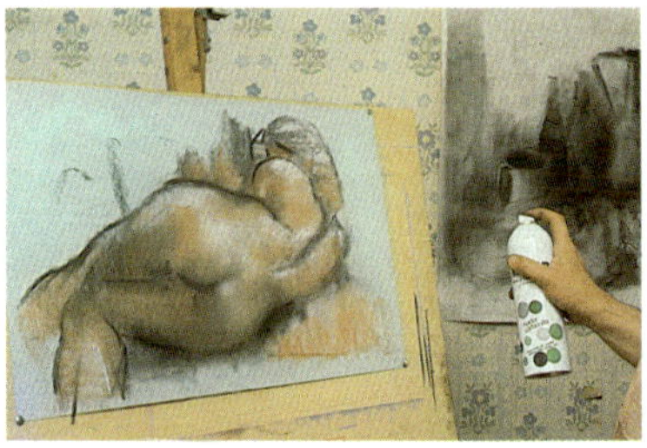

557

558

Ein weiblicher Akt mit Bleistift

559

560

561

562

56

Ich habe bereits darauf hingewiesen, daß der nackte menschliche Körper das beste Modell zum Erlernen des Zeichnens ist. Hinzufügen möchte ich, daß das Zeichenvergnügen nach der Natur um so größer ist, wenn die Körperstudien mit einem Bleistift durchgeführt werden, denn der bietet hervorragende Möglichkeiten, Grautöne anzulegen und zu schwärzen. Sie können verfolgen, wie ich dieses Modell nach der Natur gezeichnet habe. Ich habe die junge Frau gebeten, einige Posen einzunehmen, (Abb. 559 bis 563) und wähle jene, die sie von hinten zeigt (Abb. 563). Ich werde auf satiniertem Papier von Arches in einem Format von 50 × 50 cm arbeiten. Der Durchmesser des Kopfes beträgt sieben oder acht Zentimeter. Ich benutze Graphitstifte mit der Gradation 3B und 6B. Zum Umzeichnen verwende ich allerdings einen normalen Bleistift HB und einen saugfähigen, geschmeidigen Radiergummi. Wie die nebenstehende Abbildung zeigt, ist mein Bild praktisch quadratisch angelegt, wobei die Kompositions- oder Grundstruktur aus einem Dreieck besteht. Die Höhe des Kopfes im Verhältnis zum Körper leitet sich vom Kanon des menschlichen Körpers ab, nachdem das Maß bis zum Schamberg vier Kopfhöhen beträgt (Abb. 564). Ich benutze den Bleistift als Maßstab, stelle mir senkrechte und waagrechte Anhaltslinien vor und zeichne die Grundstruktur des Modells (Abb. 565). Ich zeichne noch einmal, radiere aus und vergleiche erneut, bis ich eine lineare Zeichnung erhalte, die beinahe endgültig ist. Dann beginne ich mit den Grautönen, noch ohne zu verwischen, und versuche dabei, meine Striche möglichst gleichförmig zu halten.
Achtung: Graphit ist schwarz, fett und schmutzig. Vermeiden Sie beim Zeichnen daher jeden Kontakt der Hand mit dem Papier.
Sorgen Sie ferner dafür, daß keine Schweißtropfen auf Ihre Zeichnung fallen. Diese Schweißflecken aufgrund der natürlichen Transpiration der Hand sind zunächst unsichtbar. Legt man jedoch mittlere oder helle Grautöne an, werden diese Flecken dunkler, als sie eigentlich ausfallen sollten, und sind praktisch nicht wieder zu entfernen.

Abb. 559 bis 563: Hier die Haltung eines Modells, das die klassischen Posen beherrscht und sie natürlich und mit künstlerischem Gespür einnimmt.

564

565

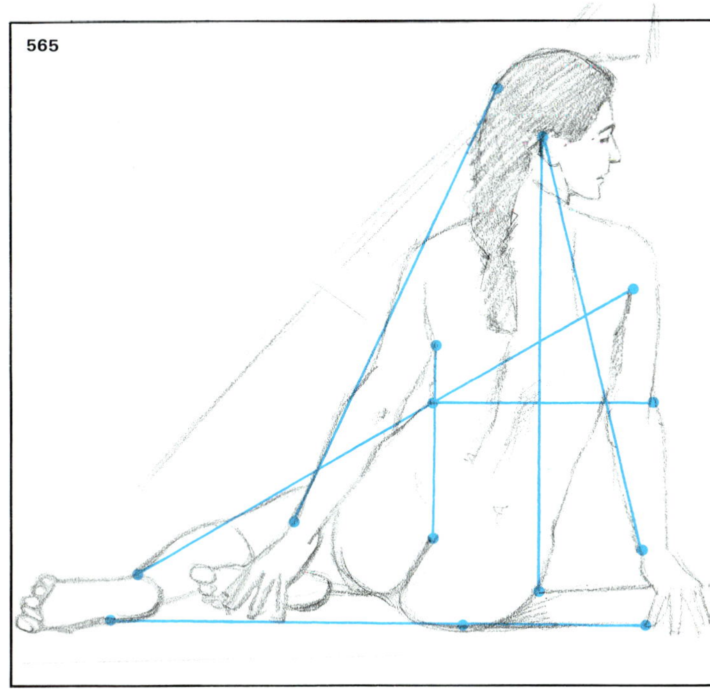

566

567

568

Abb. 564: Bei dieser Pose läßt sich das Modell durch ein Dreieck einrahmen. Da mir der Kanon des menschlichen Körpers bekannt ist, kann ich die Maße des Kopfes nun berechnen.

Abb. 565: Die Grundstruktur wird auf dem Rahmen aufgebaut. Dazu greife ich zu den traditionellen Methoden des Maßnehmens mit dem Bleistift und suche nach Anhaltspunkten und Hilfslinien.

Abb. 566: Das erste Stadium der Zeichnung kann mit einem Bleistift HB erfolgen. Man zeichnet ganz leicht, damit die Striche später bei der Ausarbeitung unsichtbar werden.

Abb. 567: Bei der Anlage der Schatten beginnt die Arbeit mit dem Graphitstift 3B. Hält man den Stift flach, kann man sehr breite Striche ziehen. Das erleichtert die Anlage von Grisailles und Abstufungen.

Abb. 568: Die Strichführung für die Schatten ist ziemlich gleichförmig, um anschließend gleichmäßige Verwischungen zu erzielen.

Ein weiblicher Akt mit Bleistift

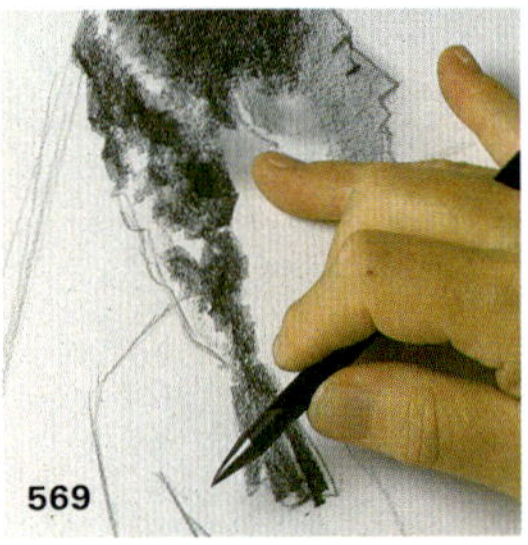

569

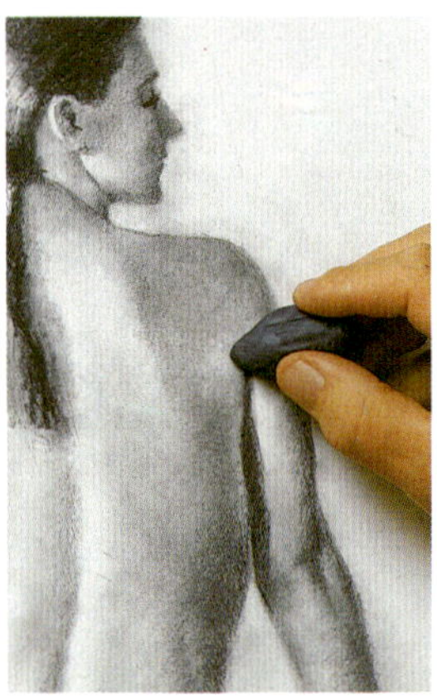

570

571

572

Abbildung 571 zeigt eine halbfertige verwischte Zeichnung, die als Skizze die Figur bereits andeutet. Sobald man dieses Stadium erreicht hat, sollte man folgendes berücksichtigen: Werten Sie die Töne langsam und fortschreitend auf. Vergleichen Sie ständig, und achten Sie stets darauf, daß Sie nicht zu stark schwärzen. Denken Sie daran, daß es leichter ist, nachträglich noch einen Ton zu verstärken; das Aufhellen ist dagegen normalerweise eine schmutzige, schwierige und komplizierte Angelegenheit.
Bedenken Sie, daß die Haut fleischfarben ist. Das ist durchaus keine Platitüde. Mit anderen Worten: Wenn Sie die Fleischfarbe in Schwarz und Weiß umsetzen, erscheinen die beleuchteten Stellen hellgrau. Dieses Grau wird nur vom Weiß eines Spitzlichtes, eines hellen Punktes auf dem Modell, unterbrochen. Überprüfen Sie diese Tatsache anhand der Abbildungen 572 und 574.

Abb. 569: Diese vier Abbildungen stellen eine Folge von Verwischungen mit den Fingern und einem kleinen Wischer dar.

Abb. 570: Mit einem geschmeidigen Radiergummi läßt sich auch „zeichnen“, wie zum Beispiel hier das beleuchtete Ohr. Außerdem kann man mit kleinen Strichen gewisse Stellen aufhellen, wie hier die Schulter.

Abb. 571: Jetzt beginnt die langsame, entschlossene Arbeit des Verwischens der Striche mit den Fingern, um Licht und Schatten herauszuarbeiten; denn die Tonwertbestimmung muß schrittweise von „wenig nach mehr“ erfolgen.

Abb. 572: Die Abschlußarbeiten beginnen mit einem Graphitstift 6B. Mit ihm verstärkt man die Zeichnung und setzt dafür die gesamte Tonwertskala vom intensivsten Schwarz bis zum beinahe unsichtbaren Hellgrau ein.

Abb. 573: Hier ein vergrößerter Ausschnitt der fertigen Zeichnung. Man erkennt die Strichrichtung der Grisailles, die auf einer verwischten Fläche angelegt wurden. Das führt zu einer spontanen künstlerischen Wirkung.

Abb. 574: Die Bleistiftzeichnung kann mit einem Spray fixiert werden, das das Werk schützt. Zuvor sollte man die Zeichnung jedoch wie Tizian drei oder vier Tage beiseitelegen und nicht mehr beachten. Anschließend betrachtet man sie mit neuen Augen, erkennt eventuelle Mängel und kann sie noch korrigieren.

573

Das Fleisch, unser Körper, ist weich. Die Umrisse, Profile und Übergänge von Licht und Schatten müssen daher warm, fließend und weich ausfallen. Überprüfen Sie dies ebenso anhand der oben angeführten Abbildungen. Im dritten Stadium einer Zeichnung (Abb. 572) muß der Prozeß des Zeichnens, der Tonwertbestimmung und der Ausarbeitung langsam und gemessen erfolgen. Das Anlegen der Grautöne und ihr Verschmelzen erfolgt sorgfältig unter ständigem Vergleichen und Überprüfen der Formen, die sich manchmal aufgrund eines dunkleren Tons verändern. Nun kommt der Augenblick, in dem wir mit unserem Graphitstift 6B die Kontraste anlegen. Wir arbeiten das Modell heraus und beenden gleichzeitig die Tonwertbestimmung. Das ist einfach wunderbar.

574

Ein Porträt mit Farbstiften

Ich beginne mit drei Skizzen: Anhand der ersten Skizze untersuche ich die Möglichkeiten eines Modells, das mit einem Buch in der Hand liest. Diese Pose ist falsch, denn sie ist nicht für ein Porträt geeignet. Ich zeichne eine zweite Skizze. Ich male den Sessel in seiner natürlichen Farbe. Dies geht ebenfalls nicht, denn das Rot ist zu tief, so daß ich alle Farben der Gestalt verstärken müßte. Das Bild gliche mehr einem Gemälde als einer Zeichnung.
Die dritte und letzte Skizze führt zum Erfolg: sie zeigt ein Porträt als Zeichnung. Es ist klar zu erkennen, daß ich mit Farbstiften gearbeitet habe (Abb. 577, 578, 579). Ich zeichne mit einem Bleistift HB, um radieren zu können, was bei Farbstiften schwierig ist. Ich lege das Oval des Gesichtes an und rechne dafür eine Höhe von zehn bis zwölf Zentimeter. Auf der Grundlage dieses Maßes kalkuliere ich weiter, bis ich das Stadium der nebenstehenden Abbildung erreicht habe. Anschließend zeichne ich die Gesichtszüge. Ingres behauptete, daß in allem, was wir sehen, eine Karikatur steckt. Wir müssen es ausprobieren und dafür die auffallendsten Gesichtszüge des Modells genau betrachten. Hier handelt es sich um die niedrige Stirn, die großen Augen, die klassische Nase und die Lippen, das kleine Kinn, das ovale Gesicht und das silberweiße lockige Haar. Die Maße des Kanons des Kopfes können auch hier angewandt werden, nicht jedoch für die Stirn. Sie ist in diesem Fall niedriger. Trotzdem bleibt der Abstand Augenbraue – Nase, Nase – Kinn derselbe. Auch die Grundregel, daß der Abstand zwischen den beiden Augen der Breite eines weiteren Auges entspricht, trifft zu. Zum Thema Augen erklärte Ingres: „Zeichne die Augen gemeinsam.“ Das heißt: Zeichnen Sie die Augen nicht getrennt; sie könnten

575

Abb. 576: Hier das Modell, von dem wir ein Porträt anfertigen wollen.

Abb. 577, 578 und 579: Drei Skizzen für die Anfertigung des Porträts: Die Pose der ersten eignet sich besser für ein Gemälde als für ein Porträt. Das kräftige Rot des Sessels der zweiten Skizze erfordert eine intensive Farbskala, die nicht zur Vorstellung einer Zeichnung paßt. Die dritte Skizze ist in Ordnung. So sieht ein Porträt aus.

576

577

578

Abb. 580: Einrahmung auf der Grundlage der Maße des ovalen Kopfes.

579

Abb. 581: Zeichnung des Kopfes und der Gesichtszüge unter Berücksichtigung der charakteristischen Physiognomie des Modells und des Kanons des menschlichen Körpers.

581

580

sonst wirken, als gehörten sie zwei unterschiedlichen Gesichtern an.
Nachdem die Skizze des Kopfes beendet ist, zeichne ich die gesamte Gestalt noch einmal linear und benutze dazu einen Stift in Venedigrot (Abb. 581).
Nun wollen wir malen. Sehen Sie sich jedoch zuvor im nebenstehenden Kasten die Farbstifte an, die ich benutzt habe. Die Numerierung stammt von der Firma Cumberland, die Farbbezeichnungen habe ich hinzugefügt. Ich beginne das Gesicht mit einer allgemeinen Schicht aus Siena gebrannt. Darauf lege ich einige Striche Magentarot

Abb. 583: Das Haar, die Augen, die Bluse und die Hände werden schon in diesem ersten Stadium praktisch mit den Farbstiften beendet. Es bleiben noch ein paar Details wie die Fertigstellung des Gesichtes, das unter Berücksichtigung der roten Farbe des Sessels behandelt werden muß, denn diese verändert die Farben und Kontraste.

582

Ein Porträt mit Farbstiften

und fahre dann mit dem Weiß der Spitzlichter des Gesichtes fort. Unmittelbar darauf male ich die Augenbrauen und die Augen. Für die Brauen benutze ich Dunkelbraun. Ich umreiße die Pupille mit Karmin dunkel (beinahe Schwarz, siehe Abbildung 582), die Iris mit Schwarz und die Pupille mit Ocker. Das Spitzlicht male ich mit Weiß und die Wimpern mit Schwarz und Blaugrau. Ich fahre mit dem Haar fort und benutze dafür links im Schatten Ocker-Siena und Weiß, Französischgrau sowie einige Striche Kobaltblau für die beleuchteten Zonen. Anschließend benötige ich Siena gebrannt und Magenta für den Hals und die Hände; letztere beginne ich mit Karmin dunkel und überarbeite sie mit Siena und Magenta (Abb. 583). Ich beende die Zeichnung mit der Bluse. Hier sind zwei Farbtendenzen zu erkennen, die ich bereits bei den Haaren angedeutet habe: eine warme Skala für die Schattenpartien aufgrund des Kunstlichtes, das den Schatten beleuchtet, und eine kalte

583

584

Abb. 584, 585: Am Gesicht und dem Haar, denen der Künstler besondere Aufmerksamkeit schenkt, erkennen Sie die schrittweise Entwicklung der Zeichnung und der Farbe besonders gut. Beachten Sie außerdem die Zeichnung der Bluse, deren Falten deutlich wiedergegeben werden, sowie die Struktur der Hände, die immer schwierig darzustellen sind.

585

Skala für die mit natürlichem Licht beleuchteten Zonen. Folglich zeichne ich die Schatten mit Flaschengrün, einem dunklen Blaugrau und Karmin dunkel sowie Siena gebrannt, Ocker und Bronze. Das Licht lege ich mit Silbergrau an (Abb. 583).
Ich zeichne jetzt den Rock mit Dunkelgraublau, Preußischblau und Schwarz. Ich verstärke die Farbe der Hände und male die Beine. Anschließend mache ich einen Farbversuch für den Hintergrund des Kopfes und male dafür das Rot des Sessels mit Karmin und einer leichten Abstufung von Kobaltblau unmittelbar an den Umrissen des Kopfes und der Schultern (Abb. 584).

Sie erkennen jetzt auf Abbildung 584, daß der nur blaßrote Hintergrund des Sessels die Farbe des Kopfes aufhellt. Dies bestätigt das Gesetz der Simultankontraste (Seite 137, Abb. 475A und B). Als Ausgleich verstärke ich die Farben des Gesichtes und der Haare und beende den Kopf.
Das Gesicht habe ich mit allen Farben behandelt (Abb. 582); ich mußte das Rot das Hintergrunds abmildern, um einen besseren Kontrast zu erhalten (Abb. 585). Ich beende die Arbeit mit den Elementen des Hintergrunds und den Abschlußarbeiten dieser malerischen Zeichnung (Abb. 586).

Abb. 586: Ich habe dieses Porträt auf Cansonpapier „demi-teintes" in Hellocker mit Farbstiften von Cumberland angefertigt. Die Originalmaße der Zeichnung betragen 42 × 37 cm.

Malerisch zeichnen mit Pastellstiften

Wir sind wieder bei Professor Francesc Crespo. Jetzt wird Crespo einen Blumenstrauß malen: Anemonen in einer zylinderförmigen weißen Keramikvase, die mit Blumen und blauen Ranken verziert ist (Abb. 595).

Weißes Papier von Fabriano
mit mittlerem Korn,
Zeichenkohle und Pastellstifte.

Crespo besitzt zahlreiche Pastellstifte, mehr als 150 Töne, deren Schachteln auf dem Beistelltisch zur Linken liegen (Abb. 589). Die kalten Farben liegen links, die warmen rechts. Auf der leeren Fläche zwischen beiden legt er jene Farben ab, mit denen er gerade arbeitet, um sie besser zur Hand zu haben (Abb. 590, 591).
Francesc Crespo arbeitet in der üblichen Pastelltechnik. Zunächst baut er die Zeichnung mit weicher Zeichenkohle auf. „Sie wissen ja, den Aufbau mit Zeichenkohle kann man leicht wieder auslöschen", sagt er. Dann zeichnet er erneut und betont dabei die Profile und Umrisse mit dem schwarzen Pastellstift. Er hält den schwarzen Stift, als handle es sich um einen Bleistift. Zwischendurch malt er auch mit flach aufgelegten Stücken und verwischt sie mit den Fingern. Fragt man ihn: „Benutzen Sie keine Wischer?", antwortet er stets: „Nein. Ich besitze zwar

586

587

588

589

590

591

592

Abb. 592, 593 und 594: Crespos Technik mit Ölpastellkreiden entspricht dem Material. Er malt mit einer breiten Farbpalette und arbeitet immer mit dem Ende des Stiftes oder einem abgebrochenen Stück Kreide. Zum Konturenzeichnen hält er die Kreide wie einen Stift, für Grisailles oder Abstufungen legt er sie flach auf. Er wechselt ständig zwischen Strichen und Abstufungen, die er übrigens ausnahmslos mit den Fingern herstellt.

einige, aber ich ziehe normalerweise die Fingerspitzen vor."
Francesc Crespo unterscheidet sich jedoch von anderen Künstlern in der Art und Weise, wie er ein Modell umzeichnet und aufbaut. Das ist geradezu fantastisch! In wenigen Augenblicken legt er den Aufbau proportional richtig mit sicheren Strichen fest und zeichnet das Modell, als wäre dies die einfachste Sache der Welt. Aus Abbildung 596 geht das deutlich hervor. Beachten Sie auch Crespos Versuche mit Farbe im Hintergrund. Die kalten Töne und die dichten mysteriösen Schatten sind typische Merkmale eines richtigen Malers (Abb. 597).
Auch das Übrige scheint Crespo nicht besonders schwerzufallen. Wenn man ihm beim Malen zusieht, hat man den Eindruck, das könne jeder. Er zeichnet die Umrisse der Blätter, der Blütenblätter und der Blu-

593

594

595

Abb. 595 (oben rechts): Hier das Modell: Ein Strauß Anemonen in einer Vase mit blauen Ranken.

Abb. 596, 597: Die Schnelligkeit und außerordentliche Sicherheit, mit der Francesc Crespo zeichnet, erstaunt immer wieder. Das beweisen auch diese Zeichnungen, die in fünf Minuten angefertigt wurden.

Malerisch zeichnen mit Pastellstiften

men mit dem schwarzen Pastellstift. Er füllt die Flächen mit unterschiedlichen Farben: Hellviolett, Magentarot, Karmin, Dunkelblau etc.
Er malt den Hintergrund der Blätter. Dann zeichnet er die blauen Ranken auf der Vase. Das ist schon alles. Doch so einfach ist es nun auch wieder nicht. Diese scheinbare Leichtigkeit, mit der Crespo zeichnet und malt, ist ihm nicht über Nacht zugefallen. Natürlich arbeitet er ständig an sich weiter. „Ich zeichne und male jetzt seit 20 Jahren!“ Betrachten Sie die folgenden Abbildungen, und lesen Sie in den dazugehörigen Erläuterungen, wie Crespo mit seiner Arbeit fortfährt und seine Pastellzeichnung beendet. Und dann versuchen Sie es selbst einmal!

Vielleicht können Sie gar nicht mehr aufhören, nachdem Sie erst angefangen haben. Das ist meine Hoffnung, während ich die letzten Zeilen dieses Buches schreibe.

Abb. 599 (links unten): Hier legt Crespo ein Dunkelgrün hinter die Blüten und versucht gleichzeitig, die Kontraste des vorigen Stadiums aufgrund des Weiß des Papiers beizubehalten.

Abb. 598: Crespo beginnt mit der Anlage des Hintergrunds und verhindert auf diese Weise falsche Kontraste und mögliche Farbveränderungen aufgrund des Weiß des Papiers. Die Regel verlangt, daß man die größten Flächen zuerst bearbeitet.

Abb. 600 (unten rechts): Die Gefahr fehlender Kontraste ist gebannt. Die Blumen heben sich gut ab, und das Ensemble wirkt völlig harmonisch. „Manche Leute glauben, es genüge, kleine weiße Stellen, an denen das Papier durchscheint, beizubehalten, um den Eindruck von Spontanität zu erwecken“, sagt Crespo. „Das ist ein Irrtum. Die weißen Flächen erregen zuviel Aufmerksamkeit und können dem Bild schaden.“

596

597

5

599

Abb. 602: Crespo beendet seine Zeichnung. Alle weißen Stellen sind verschwunden. Das Bild wirkt schlicht und harmonisch für den, der sehen kann. Es wird den hübschen Blumen voll gerecht.

600

Worterklärungen

A

Alla prima (italienisch: auf Anhieb): Man benutzt diesen Ausdruck für eine direkte Malerei, bei der das Bild ohne Vorzeichnung in einer einzigen Sitzung fertiggestellt wird.

Asymmetrie: Freie, intuitive Verteilung der Elemente eines Bildes, in dem trotzdem ein gewisses Gleichgewicht der Teile untereinander besteht.

B

Bindemittel: Flüssigprodukt zum Binden von Farbpigmenten oder pulverisierter Farbe. Bei Aquarellfarben handelt es sich um Wasser und Gummiarabikum, denen häufig Honig, Glyzerin und ein Konservierungsmittel zugesetzt werden. Ölfarben werden, wie der Name sagt, mit einer Mischung aus Öl und Terpentinersatz gebunden.

Bleistift: Mit diesem Ausdruck bezeichnet man einen normalen Stift aus Zedernholz und einer Mine auf der Basis von Graphit und Ton.

Büttenrand: Papierrand mit kleinen Unregelmäßigkeiten. Er war bis vor kurzem ein Merkmal für handgeschöpftes Papier, ist heute jedoch auch maschinell herzustellen. Der Büttenrand ist ein Kennzeichen für hochwertiges Papier.

C

Cutter: Verschiebbare Metallklinge in einem Kunststoffgriff zum Schneiden des Papiers. Beim Schneiden empfiehlt sich der Gebrauch eines Metallineals.

D

Dominante: Der Ausdruck stammt aus der Musik und bezeichnet den fünften Ton der diatonischen Skala oder die wichtigste Note. Analog dazu verwendet man das Wort in der Malerei für eine dominierende Farbe, die entweder aus einer Einzelfarbe oder einer warmen, kalten oder gebrochenen Skala bestehen kann.

Drittfarben (Tertiärfarben): Die sechs Pigmentfarben aus der Mischung einer Grundfarbe mit einer Zweitfarbe zu gleichen Teilen. Die Drittfarben der Pigmentfarben sind Orange, Karmin, Violett, Ultramarin, Chromoxydgrün feurig und Hellgrün.

E

Einrahmung: So bezeichnet man die Anlage der Grundstruktur eines Körpers mit Hilfe eines Quadrats, eines Rechtecks, eines Würfels oder eines rechtwinkligen Prismas, mit dem das Modell „eingerahmt" wird.

Enkaustische Malerei: Bei diesem Verfahren arbeitet man unmittelbar mit Wachsfarben auf einer Mauer und fixiert sie anschließend mit einem glühenden Eisen, um sie haltbar zu machen. Beispiele dieser Technik finden sich als ägyptische Mumienbildnisse.

Entwurf: Vorstufe eines gezeichneten oder gemalten Bildes, die als Vorstudie dienen kann. Man bezeichnet den Entwurf auch als Skizze. Die großen Meister stellten oft mehrere Entwürfe her, bevor sie ihre Bilder malten.

F

Fêtes-galantes-Malerei: Darunter versteht man eine Malerei, die die Stimmung und die Festlichkeiten des französischen Rokoko wiedergab. Watteau, Boucher und Fragonard sind die repräsentativsten Maler dieser Stilrichtung.

Fixativ: Eine Flüssigkeit, die man auf Zeichnungen mit Bleistift, Zeichenkohle, Rötel etc. sprüht, um Beschädigungen oder Veränderungen zu vermeiden. Pastellzeichnungen sollten allerdings nichts fixiert werden, da dies ihre Farbe verändern würde.

Fluchtpunkt: Ein Punkt auf der Horizontallinie, zu dem alle parallelen Linien konvergieren.

Flüssiggummi: Er besteht aus flüssiger, leicht gefärbter Gummimilch. Man benutzt ihn zum Aussparen kleiner weißer Flächen. Nach Fertigstellung einer Arbeit kann er mit dem Radiergummi wieder entfernt werden.

Freihandzeichnung: Eine Zeichnung ohne Hilfsmittel wie Lineal, Zirkel oder jedes andere Zeicheninstrument. Es handelt sich um eine wirklich künstlerische Technik.

Freiluftmalerei: Unter diesem Ausdruck versteht man im allgemeinen die Malerei außerhalb der Akademien. Der Ausdruck wurde von den Impressionisten übernommen, als sie in der freien Natur zu malen begannen und sich damit den „offiziellen" Schulen und Akademien der schönen Künste entgegenstellten.

G

Gebrochene Farben: Diese Farben entstehen aus einer Mischung von zwei Komplementärfarben zu ungleichen Teilen und Weiß. Beim Aquarell wird das Weiß durch die Farbe des Papiers ersetzt.

Gegenlicht: Licht, das das Modell von hinten oder schräg von hinten beleuchtet, so daß die dem Künstler zugewandten Stellen im Schatten liegen.

Goldene Ziffer: Ein von dem antiken römischen Architekten Vitruvius ermittelter Faktor zur idealen Unterteilung einer Linie oder Fläche. Hierhin legt der Künstler im allgemeinen sein Hauptmotiv.

Gouache: Der Ausdruck stammt von dem italienischen Wort „Guazzo" (Tempera). Die Gouache ist deckend. Man kann also eine helle Farbe auf eine dunkle tragen. Das getrocknete Bild ist matt. Man bezeichnet ein Bild, das mit Gouachefarben gemalt wurde, ebenfalls als Gouache.

Grundfarbe (Primärfarbe): Die Grundfarben des Spektrums sind Rot, Grün und Blau, die Grundfarben der Pigmentfarben sind Zyanblau, Purpur und Gelb.

Grundierung: Schicht aus Gips und Klebemittel, mit der eine Leinwand, ein Karton oder eine Holztafel vor Beginn des Malens beschichtet wird.

H

Helldunkel: Als Helldunkel bezeichnet man jene Stellen eines Bildes, die zwar häufig im Schatten liegen und sehr dunkel sein können, in denen sich jedoch trotzdem die Formen des Modells erkennen lassen. Man könnte das Helldunkel als die Kunst bezeichnen, Licht im Schatten zu malen. Rembrandt war einer der großen Meister des Helldunkels.

Hieratismus: Charakteristischer byzantinischer Malstil, bei dem die Gestalten einen steifen, ausdruckslosen Charakter annehmen.

Hüftknick: Dieser Ausdruck wurde in Italien während der Renaissance für die Sitzbeinposition eingeführt. Der Körper ruht dabei auf einem Bein, während das andere entspannt ist. Es handelt sich um die „Rührt euch"-Stellung des Soldaten.

I

Induktion von Komplementärfarben: Um eine bestimmte Farbe zu verändern, braucht man nur die sie umgebende Farbe zu verändern.

K

Karton: Als Karton bezeichnet man eine Zeichnung im kleinen Maßstab auf Pappe, die als Entwurf oder Modell für Fresken, Teppiche etc. dienten. Diese „Kartons" wurden mit Hilfe eines Quadratnetzes oder Rasters auf das endgültige Format vergrößert und auf die Wand beziehungsweise den Stoff übertragen.

Keilrahmen: Ein zerlegbarer Holzrahmen für die Montage der Leinwand bei der Ölmalerei.

Koloristen: Als Koloristen bezeichnet man jene Maler, die mehr Gewicht auf die Farben als auf die Tonwerte legen. Sie gehen davon aus, daß die Farbe allein ausreicht, um die Form wiederzugeben. Die heutige Malerei ist in vieler Hinsicht koloristisch.

Komplementärfarben: Bei den Lichtfarben handelt es sich um jene Zweitfarben, denen man nur eine Grundfarbe hinzuzufügen braucht, um erneut weißes Licht zu bekommen (oder umgekehrt). Gibt man zum Beispiel Dunkelblau zu Gelb (aus den Lichtfarben Grün und Rot), setzt man das weiße Licht wieder zusammen.

Korn: Das Korn entscheidet darüber, wie rauh ein Papier ist. Grundsätzlich unterscheidet man Feinkorn, mittleres Korn und Grobkorn.

Kreiden: Zylindrische oder vierecke Stäbe, die durch Reiben aufgetragen werden. Kreide besteht aus pulverisierten Erden, die mit Öl, Wasser und gummimilchhaltigen Substanzen gebunden werden. Sie ähneln Pastellkreiden, sind jedoch stabiler und ergeben einen härteren Strich.

L

Lasur: Hauchdünne transparente Farbschicht. Man trägt sie auf eine andere Schicht und verändert diese dadurch ein wenig. Lasuren werden ebenfalls als Untermalungen verwendet.

Lavierung: Zeichnung mit Chinatusche und Wasser oder ein oder zwei Aquarellfarben mit Wasser. Als Farben wählt man im allgemeinen Schwarz, Sepia und Siena. Man arbeitet mit Aquarellpinseln. Die meisten Künstler der Renaissance und des Barocks stellten Lavierungen her.

Leinöl: Rasch trocknendes Öl aus dem Leinsamen. Man benutzt es als Verdünner für die Ölmalerei und mischt es mit Terpentinersatz.

Lekythos: Grabvasen der griechischen Antike.

Lokalfarbe: Die Eigenfarbe des Körpers an jenen Stellen, wo sie weder von der Wirkung von Licht und Schatten noch von reflektierenden Farben verändert wird.

Worterklärungen

M

Manierismus: Ausdruck aus dem Italienischen, der die Malerei gegen Ende der Renaissance (16. Jahrhundert) bezeichnet. Die Künstler bemühten sich, mit den klassischen Regeln zu brechen. Das Natürlichkeit und einem Natürlichkeit undeinem Übermaß an Affektiertheit.

Maßeinheit: Standardmaß für den Kanon des menschlichen Körpers. Er entspricht der Höhe eines Kopfes. Die idealen Maße einer menschlichen Gestalt entsprechen acht Maßeinheiten in der Höhe und zwei Maßeinheiten in der Breite.

Metallspitze: Eine Art Stift oder Stiel mit einer Spitze aus Blei, Silber oder Gold, den man in der Renaissance zum Zeichnen benutzte. Seine Charakteristiken entsprechen denen eines heutigen harten Bleistiftes.

Monochrom: Man bezeichnet eine Arbeit als monochrom, wenn sie nur mit einer einzigen Farbe hergestellt wurde (Aquarell, Lavierung).

Motiv: In der Malerei ein Synonym für „Thema“ oder „Gegenstand des Bildes“. Der Ausdruck wurde von den Impressionisten für ein nicht künstlich zusammengestelltes Modell aus der Natur eingeführt.

O

Opalglas: Halbtransparentes Glas, das man in einen Rahmen spannt und mit Neonlicht beleuchtet. Auf der beleuchteten Fläche kann man durchpausen, Maße übertragen und Diapositive und Klischees betrachten.

Optische Verkürzung: Darstellung eines senkrecht oder schräg zur Leinwand oder dem Papier zeigenden Gegenstandes, der entsprechend dem Gesetz der Perspektive dargestellt werden muß.

P

Papyrus (lateinisch Cyperus Papyrus): Eine in Ägypten am Nil wachsende Pflanze. Ihr Stiel wurde in Scheiben geschnitten und zu einem Band zusammengefügt. Zum Schreiben auf Papyrus benutzten die Ägypter ein Rohr, das sie wie eine Feder zurechtschnitten.

Pergament: Normalerweise eine Ziegen- oder Schafshaut, die speziell für die Beschriftung hergerichtet wurde. Pergament wurde jahrhundertelang als der beste Untergrund für künstlerische Werke, insbesondere Miniaturen, betrachtet. Sein Entdecker soll Eumenes II. von Pergamon sein

Perspektive: Die Wissenschaft, mit deren Hilfe sich der Einfluß der Entfernung auf die Maße, die Farben und die Umrisse eines Gegenstandes grafisch wiedergeben läßt. Die Zentralperspektive stellt die dritte Dimension – oder die Tiefe – mit Hilfe von Linien und Formen dar. Die Entfernung läßt sich ebenfalls durch die Atmosphäre wiedergeben. Dann wird die Tiefe durch Farben, Tonwerte und Kontraste ausgedrückt.

Pigmente: Bestandteile, die – mit einer Flüssigkeit gemischt – eine Farbe zum Malen ergeben. Pigmente sind meist pulverförmig und organischen oder mineralischen Ursprungs.

R

Radierung: Für die Radierung bestreicht der Künstler eine Metallplatte mit einem Wachs oder einem Firnis und sticht seine Zeichnung mit der Radiernadel tief hinein. Anschließend wird die Platte in ein Bad mit Salpetersäure gelegt, die das Metall an allen freigelegten Stellen angreift. Den Druck von dieser Platte bezeichnet man als Radierung.

Randleiste: Schmückendes Band um den Rand einer Zeichnung oder eines Gegenstandes.

Reflektierte Farbe: Ein Faktor, der sich bemerkbar macht, sobald man umliegende farbige Körper beim Malen berücksichtigen muß.

Retusche: Ausdruck für die Überarbeitung einer mehr oder weniger wichtigen, bereits gemalten Stelle. Derartige Retuschen sind neuerdings bei den alten Meistern durch Infrarotstrahlen nachzuweisen.

Rötel: Eckiger Kreidestift von rötlicher Sepiafarbe mit denselben Merkmalen wie Pastellstifte, jedoch kompakter und härter. Mit Rötel zeichnet man wie mit Kohle oder Pastellstiften.

Rotmarderhaar: Der Rotmarderpinsel ist zweifellos für die Aquarellmalerei am geeignetsten. Er hält die Wasser- und Farbfüllung besser als jeder andere. Der Haarkörper ist fest, aber geschmeidig. Der Pinsel wird aus den Schwanzhaaren des Kolinsky-Rotmarders hergestellt, der in China und der Sowjetunion lebt. Der Pinsel ist teuer, aber sehr haltbar und von ausgezeichneter Qualität.

S

Satiniertes Papier: Papier mit beinahe unsichtbarem Korn, das sich besonders für die Feder- und Bleistiftzeichnung eignet.

Simultankontrast: Eine optische Wirkung, nach der eine Farbe um so dunkler erscheint, je heller ihre Umgebung ist – und umgekehrt.

Skala: Das Wort Skala stammt von dem 1028 von Guido d'Arezzo aufgestellten Notensystem und bezeichnet eine Folge wohlgeordneter Töne. In der Malerei verwendet man den Begriff für die Farbenfolge des Spektrums und davon abgeleitet für jedwede „wohlgeordnete Farb- oder Tonwertfolge".

Stuck: Mischung aus Gips und Bindemittel, die der ägyptischen Wandmalerei als Grundlage diente.

Symmetrie: In der künstlerischen Komposition läßt sich die Symmetrie als die Wiederholung verschiedener Elemente eines Bildes zu beiden Seiten einer Mittelachse bezeichnen.

T

Tonale Farbe: Mehr oder weniger deutlich erkennbare Variante der Lokalfarbe, die sich aus der Widerspiegelung benachbarter Farben ergibt.

Tonwert: Der Tonwert wird vom Verhältnis der verschiedenen Töne eines Bildes zu einander bestimmt. Das Studium dieser Werte ermöglicht die Wiedergabe des Spiels von Licht und Schatten mit Hilfe unterschiedlicher Farbtöne.

V

Vedute (italienisch „Veduta": Ansicht): Landschaftszeichnung, deren zentrales Thema der Blick auf das antike Rom war. Veduten kamen im 18. Jahrhundert in ganz Europa und insbesondere in England in Mode.

Valoristen: Als solche bezeichnet man jene Maler, die das Volumen der Körper durch das Spiel von Licht und Schatten wiedergeben. Der größte Vertreter dieser Technik, die sich den Koloristen entgegenstellte, war Rembrandt.

W

Wachsfarben: Wachsfarben bestehen im wesentlichen aus Pigmenten und anderen Farbstoffen, die man bei einer bestimmten Temperatur mit Wachs und weiteren fetten Substanzen zu einer homogenen Masse verschmilzt und zu zylindrischen Stäben formt. Es handelt sich um stabile Farben, die durch Reiben übertragen werden. Sie sind so stark deckend, daß man eine helle Farbe auf eine dunkle auftragen kann und die dunkle dadurch aufhellt.

Wischer: Eine Art Stift aus Löschpapier oder Ziegenleder, den man zum Anlegen von Grautönen oder Abstufungen von Strichen und Flecken mit Zeichenkohle, Rötel, Kreide oder Pastellstiften benötigt.

Z

Zeichenkohle: Ursprünglich ein dünner Weiden-, Nußbaum- oder Rosmarinzweig, der normalerweise zum Skizzieren verwendet wurde. Zeichenkohle wird heute aus Holzkohle hergestellt und ist ebenfalls als Stift zum Zeichnen erhältlich.

Zweitfarben (Sekundärfarben): Spektralfarben, die sich aus der Mischung von zwei Grundfarben ergeben. Die Zweitfarben der Lichtfarben sind Zyanblau, Purpur und Gelb; die Zweitfarben der Pigmentfarben sind Rot, Grün und Dunkelblau.